新 視 野
中華經典文庫

新 視 野

中華經典文庫

近思錄

名譽主編　饒宗頤

導讀　楊祖漢

譯注　楊祖漢　許惠敏

中華書局

新視野中華經典文庫

近思錄

□
導讀
楊祖漢

□
譯注
楊祖漢　許惠敏

□
出版
中華書局（香港）有限公司
香港北角英皇道 499 號北角工業大廈一樓 B
電話：(852) 2137 2338　傳真：(852) 2713 8202
電子郵件：info@chunghwabook.com.hk
網址：http：//www.chunghwabook.com.hk

□
發行
香港聯合書刊物流有限公司
香港新界大埔汀麗路 36 號
中華商務印刷大廈 3 字樓
電話：(852) 2150 2100　傳真：(852) 2407 3062
電子郵件：info@suplogistics.com.hk

□
印刷
深圳中華商務安全印務股份有限公司
深圳市龍崗區平湖鎮萬福工業區

□
版次
2015 年 7 月初版

□
規格
32 開（205 mm × 143 mm）

□
ISBN：978-988-8310-97-5

出版說明

為什麼要閱讀經典？道理其實很簡單——經典正正是人類智慧的源泉、心靈的故鄉。也正是因此，在社會快速發展、急劇轉型，因而也容易令人躁動不安的年代，人們也就更需要接近經典、閱讀經典、品味經典。

邁入二十一世紀，隨着中國在世界上的地位不斷提高，影響不斷擴大，國際社會也愈來愈關注中國，並希望更多地了解中國、了解中國文化。另外，受全球化浪潮的衝擊，各國、各地區、各民族之間文化的交流、碰撞、融和，也都會空前地引人注目，這其中，中國文化無疑扮演着十分重要的角色。相應地，對於中國經典的閱讀自然也就有不斷擴大的潛在市場，值得重視及開發。

於是也就有了這套立足港臺、面向海外的「新視野中華經典文庫」的編寫與出版。希望通過本文庫的出版，繼續搭建古代經典與現代生活的橋樑，引領讀者摩挲經典，感受經典的魅力，進而提升自身品位，塑造美好人生。

本文庫收錄中國歷代經典名著近六十種，涵蓋哲學、文學、歷史、醫學、宗教等各個領域。編寫原則大致如下：

（一）精選原則。所選著作一定是相關領域最有影響、最具代表性、最值得閱讀的經典作品，包括中國第一部哲學元典、被尊為「群經之首」的《周易》，儒家代表作《論語》、《孟子》，道家代表作《老子》、《莊子》，最早、最有代表性的兵書《孫子兵法》，最早、最系統完整的醫學典籍《黃帝內經》，大乘佛教和禪宗最重要的經典《金剛經》、《心經》、《六祖壇經》，中國第一部詩歌總集《詩經》，第一部紀傳體通史《史記》，第一部編年體通史《資治通鑒》，中國最古老的地理學著作《山海經》，中國古代最著名的遊記《徐霞客遊記》，等等，每一部都是了解中國思想文化不可不知、不可不讀的經典名著。而對於篇幅較大、內容較多的作品，則會精選其中最值得閱讀的篇章。使每一本都能保持適中的篇幅、適中的定價，讓普羅大眾都能買得起、讀得起。

（二）尤重導讀的功能。導讀包括對每一部經典的總體導讀、對所選篇章的分篇（節）導讀，以及對名段、金句的賞析與點評。導讀除介紹相關作品的作者、主要內容等基本情況外，尤強調取用廣闊的「新視野」，將這些經典放在全球範圍內、結合當下社會生活，深入挖掘其內容與思想的普世價值，及對現代社會、現實生活的深刻啟示與借鑒意義。通過這些富有新意的解讀與賞析，真正拉近古代經典與當代社會和當下生活的距離。

（三）通俗易讀的原則。簡明的注釋，直白的譯文，加上深入淺出的導讀與賞析，希望幫助更多的普通讀者讀懂經典，讀懂古人的思想，並能引發更多的思考，獲取更多的知識及更多的生活啟示。

（四）方便實用的原則。關注當下、貼近現實的導讀與賞析，相信有助於讀者「古為今用」、自我提升；卷尾附錄「名句索引」，更有助讀者檢索、重温及隨時引用。

（五）立體互動，無限延伸。配合文庫的出版，開設專題網站，增加朗讀功能，將文庫進一步延展為有聲讀物，同時增強讀者、作者、出版者之間不受時空限制的自由隨性的交流互動，在使經典閱讀更具立體感、時代感之餘，亦能通過讀編互動，推動經典閱讀的深化與提升。

這些原則可以說都是從讀者的角度考慮並努力貫徹的，希望這一良苦用心最終亦能夠得到讀者的認可、進而達致經典普及的目的。

「弘揚中華文化」是中華書局的創局宗旨，二〇一二年又正值創局一百週年，「承百年基業，傳中華文明」，本局理當更加有所作為。本文庫的出版，既是對百年華誕的紀念與獻禮，也是在弘揚華夏文明之路上「傳承與開創」的標誌之一。

需要特別提到的是，國學大師饒宗頤先生慨然應允擔任本套文庫的名譽主編，除表明先生對本局出版工作的一貫支持外，更顯示先生對倡導經典閱讀、關心文化傳承的一片至誠。在此，我們要向饒公表示由衷的敬佩及誠摯的感謝。

倡導經典閱讀，普及經典文化，永遠都有做不完的工作。期待本文庫的出版，能夠帶給讀者不一樣的感覺。

中華書局編輯部

二〇一二年六月

目錄

《近思錄》導讀

楊祖漢

一、《近思錄》的作者及成書

香港中華書局編選《新視野中華經典文庫》，用意是活化古代經典，讓當代的華人，尤其是年輕朋友認識優美的傳統文化，把古代中國人的智慧表現在當前的生活上，體現華人有其深厚的文化傳統而與其他文化不同的特異處，這當然是非常有意義的文化事業。

《近思錄》是南宋朱熹（公元一一三〇——一二〇〇年）邀約呂祖謙（一一三七——一一八一，東萊先生）共同編纂的，書名取自《論語》「切問而近思」之意。[1]朱子的序云：

> 淳熙乙未之夏，東萊呂伯恭來自東陽，過予寒泉精舍，留止旬日，相與讀周子、程子、張子之書，歎其廣大閎博，若無津涯，而懼夫初學者不知所入也。因共掇取其關於大體而切於日用者，以為此編，總六百二十二條，分十四卷。蓋凡學者所以求端用力、處己

1 《論語．子張》：「博學而篤志，切問而近思，仁在其中矣。」

治人，與夫所以辨異端、觀聖賢之大略，皆粗見其梗概，以為窮鄉晚進有志於學而無明師良友以先後之者，誠得此而玩心焉，亦足以得其門而入矣。如此然後求諸四君子之全書，沉潛反覆，優柔厭飫，以致其博而反諸約焉，則其宗廟之美、百官之富，庶乎其有以盡得之。若憚煩勞，安簡便，以為取足於此而可，則非今日所以纂集此書之意也。

據此序可知，《近思錄》是南宋孝宗淳熙二年（一一七五）夏天十天左右編成的。朱、呂二人會面，是因為呂祖謙有鑑於朱子與陸九淵（一一三九—一一九三，象山先生）二人學術見解不同，於是邀約雙方見面論學，這便是有名的鵝湖之會（一一七五年六月）。朱、呂二人在會前見面，短時間便編出了影響後世非常深遠的《近思錄》。此時朱子四十六歲，思想見解已經成熟。[2] 對於北宋四子的學問見解，朱子年輕的時候就已經潛心苦讀，從四十歲到編撰《近思錄》的數年間，朱子對於周敦頤（一〇一七—一〇七三，濂溪先生）、張載（一〇二〇—一〇七七，橫渠先生）、二程（程顥（一〇三二—一〇八五）、程頤（一〇三三—一一〇七），即明道先生、伊川先生。以下簡稱四人為北宋四子）的著作，作出精當的注釋與講解，並且作了

2 朱子的思想見解得以成熟，是在他研討中和問題的時候，也就是他提出中和舊說與新說的幾年間，即三十七歲到四十歲的時候，而朱子在四十歲後的思想變化則不大。

嚴格的考訂[3]。由於他對北宋四子的思想理解與文獻蒐集已經花了很多的時間和工夫，所以可以在呂祖謙來訪的短暫時間內，根據北宋四子的語錄、文集等精選了六百多則，並作了系統性的分類。此書雖然是朱子與呂祖謙共同編纂的，但朱子應該處於主導的地位，後世學者大體將《近思錄》視為朱子個人編纂的作品，認為書中體現了朱子對於北宋四子的理解；然而，呂祖謙在此書的選材上也有相當的發言權，《朱子語類》有兩條有關的記載，可說明此點：

一、近思錄首卷難看。某所以與伯恭商量，教他做數語以載於後，正謂此也。若只讀此，則道理孤單，如頓兵堅城之下；卻不如語孟只是平鋪說去，可以游心。（《朱子語類．論自注書》）

二、陳芝拜辭，先生贈以《近思錄》，曰：「公事母，可檢『幹母之蠱』看，便自見得那道理。」因言：「《易傳》自是成書，伯恭都摭來作閫範，今亦載在《近思錄》。某本不喜他如此，然細點檢來，段段皆是日用切近功夫而不可闕者，於學者甚有益。」（《朱子語類．訓門人七》）

3 據王懋竑《朱子年譜》，朱子在乾道六年（一一七〇）至淳熙二年（一一七五）的著作甚多，有關宋明理學的有《論孟精義》、《西銘解義》、《太極圖說解》、《通書解》，又編成《程氏外書》、《伊洛淵源錄》及《近思錄》等。參考《近思錄》（上海：世紀出版集團、上海古籍出版社，二〇一三）書中嚴佐之的〈導讀〉。

第一條是討論《近思錄》卷首有關道體的文字，他提出此卷義理深微，似乎開首便給了讀者一個難關，不合於「切問而近思」的宗旨，於是朱子請呂祖謙為此作一些說明[4]，可見朱子對於呂祖謙在編纂本書中的地位是相當敬重的。第二條是有關程伊川的《周易程氏傳》（簡稱《易程傳》）的問題，從這條的記載可知，在編纂《近思錄》時，朱子本來不主張選入《易程傳》的一些文字，但由於呂祖謙堅持，朱子就不反對。文中言「段段皆是日用切近功夫而不可闕者」，可知不只有關「事母」一條。在《近思錄》中有相當多《易程傳》的原文，不止是上引有關家道的部分，很多卷也有。朱子對於《易程傳》當然很肯定，就如上條所說的，但他也有作出批

4 呂祖謙為《近思錄》所作的序云：「《近思錄》既成，或疑首卷陰陽變化性命之說，大抵非始學者之事，祖謙竊嘗與聞次緝之意，後出晚進於義理之本原，雖未容驟語，苟茫然不識其梗概，則亦何所底止，列之篇端，特使知其名義，有所嚮望而已。至於餘卷所載講學之方，日用躬行之實，具有科級，循是而進，自卑升高，自近及遠，庶幾不失纂集之旨。若乃厭卑近而鶩高遠，躐等陵節，流於空虛，迄無所依據，則豈所謂近思者耶！覽者宜詳之。」大意是說：卷首所錄的文字是有關宇宙生化的活動，以及生化的本體與人的道德實踐的根據，所謂天道性命的問題，這是探討一切的存在之根據與價值之根源問題的學問，義理很深奧，應該不是初學者能夠明白的，但如果初學者不知道這種學問的終極目的所在，就容易迷失方向。故在《近思錄》卷首先列出這些文字，讓後學知所嚮往，也是必須的，但這並不是要初學者好高鶩遠。呂祖謙在文中有讀《近思錄》先用功於其他各卷，最後才讀卷首之意，朱子也有此意（如云：「看《近思錄》，若於第一卷未曉得，且從第二、第三卷看起。久久後看第一卷，則漸曉得。」）見《朱子語類・論自注書》。

評，認為伊川此書是藉《易經》的卦象來講人事之理，並不符合《易經》的原意。或許《近思錄》中收錄了那麼多《易程傳》的文字，是出於呂祖謙的堅持。故對於《近思錄》，仍須看作是朱、呂二人合編的著作。

此書把北宋四子的重要言論與著作選為十四卷的專書[5]，十四卷中每一卷皆有一個獨立的篇名，在《近思錄》編成的時候，本來並沒有加上篇名，後來的《近思錄》注本則大都加上篇名，所加的篇名雖有不同，但大體差不多，都是根據《朱子語類》中所載朱子有關《近思錄》的一段話加上的，朱子說：

> 《近思錄》逐篇綱目：（一）道體；（二）為學大要；（三）格物窮理；（四）存養；（五）改過遷善，克己復禮；（六）齊家之道；（七）出處、進退、辭受之義；（八）治國、平天下之道；（九）制度；（十）君子處事之方；（十一）教學之道；（十二）改過及人心疵病；（十三）異端之學；（十四）聖賢氣象。（《朱子語類．論自注書》）

後來刻印的《近思錄》，有些按照原書不列篇名，只在每卷卷首說明大意，如宋代葉采《近

5 一般都會把邵雍（康節先生）視為北宋重要儒者，與周、張、二程合稱為北宋五子。而《近思錄》則不收邵雍的文字，可見在朱子心目中，邵康節的學問見解並非儒學正宗。

思錄集解》[6]；有些直接採用朱子上文所說的綱目，如清代江永的《近思錄集注》；有些把朱子所說的綱目加以簡化，如清代張伯行的《近思錄集解》。

二、《近思錄》的內容思想

（一）《近思錄》的「天人合一」思想

據朱子的說明，十四卷的《近思錄》等於把北宋重要儒者的思想言論分成十四類。由於選擇精要、分類嚴謹，此書可說是把北宋儒者的內聖外王的學問規模、重要見解做了系統性的鋪排。《朱子語類》有兩條云：

6 嚴佐之、程水龍認為葉采的《近思錄集解》每卷都有篇名，除卷首與朱子所說者相同外，其他都有修改（見《近思錄・導讀》（上海：世紀出版集團、上海古籍出版社，二〇一三，頁九））但此說恐誤。韓國翻印的葉采注本並無篇名，只在卷首以小字注解表達每卷的主旨（《心經・近思錄》（首爾：保景文化社，一九九五））。如果葉采原來已有各卷的篇名，韓人翻刻時不可能把篇名去掉，有篇名的葉采《近思錄集解》，篇名應是後來所加，並非原本。

一、《近思錄》好看。四子，六經之階梯；《近思錄》，四子之階梯。（《朱子語類・論自注書》）

二、或問《近思錄》。曰：「且熟看《大學》了，即讀語孟。《近思錄》又難看。」（《朱子語類・論自注書》）

朱子認為《近思錄》可以是四子書的階梯，即是說讀懂了《近思錄》，就可以進一步了解《論語》、《孟子》、《大學》、《中庸》的義理，這是朱子謙虛或推崇聖人的說法，[7]其實《近思錄》所記載的宋儒義理，是四書的進一步發展，其內容涉及天人性命之道，並不像四書般平易近人，故上引第二條的《朱子語類》便有《近思錄》比四書難看，學者讀了四書才能讀《近思錄》之意。

關於先秦儒與宋明儒思想的異同，當代牟宗三先生有非常清楚的表達。[8]他說孔子的思想

7 有學者認為此條所說的四子是指周張二程，並非四子書，此說恐怕不對，因為說周張二程四子是六經的階梯，並不恰當。而朱子的《論孟精義》完全是用周張二程的說法來解釋論孟原文，而《四書集註》也大量引用周張二程的說法。故說《近思錄》是四書的階梯，在義理上說當然是可以的。

8 牟宗三：《心體與性體》，第一冊，綜論（臺北：正中書局，一九六八）。

主要是踐仁以知天，而仁與天在《論語》中的表達是有距離的，但宋儒則認為仁與天是「一」。孟子的主旨是盡心、知性以知天，心性天在孟子的表達中也是有距離的，而宋儒多認為心、性、天是「一」。《大學》「格物致知」之說，本意並不清楚，伊川、朱子則把它規定為即物以窮其理，這樣理解就成為宋儒重要的實踐工夫論。《中庸》言「天命之謂性」，又有「至誠盡性」之說，天命與性在《中庸》中也未明言是「一」，宋儒則認為天命即是性，天道流行，人、物都以天道為性，而聖人所表現出來的生命的真誠，就是天道在人生命中的表現，故「誠」也就是天道。從以上所說，可知宋儒的確能契接四書的思想主旨，而又作了進一步的發展。故此，對於朱子所指《近思錄》是四子書的階梯之說，應倒過來了解，即了解了四書之後，如果要進一步體會儒學義理，必須要讀《近思錄》。

宋儒義理的發展主要是認為人生命中所表現出來的道德心、道德之情與無條件為善的道德行為，所根據的固然是人的道德本性，但此性是與使一切存在能夠存在，或說使一切存在能生生不已的天道，是同一的。此所謂天道性命相貫通。此說一方面使人的道德實踐的活動具有天道生化的意義，另一方面為天道的生化提供了道德價值的說明。故此，人努力實踐其道德本性時，就同時與宇宙的生化及一切的存在相感相通。既然人的道德本性就是使一切存在於能不已地存在的天道本身，故當人從事道德實踐時，他的實踐範圍不能只限於人類，而一定要求「親親仁民愛物」，甚至認為成就了天地萬物的存在才算是個人自己的完成。

「天道性命相貫通」之旨，張橫渠有一段話表達得最為清楚，雖然《近思錄》未有收錄，但值得徵引討論，橫渠說：

天所性者，通極於道，氣之昏明不足以蔽之；天所命者，通極於性，遇之吉凶不足以戕之。（《正蒙．誠明篇》）

這段文字表示人需要以天道為性，而輕濁厚薄的氣性雖有不同，但氣稟的不齊並不足以障蔽人所具有的天道之性。即是說，人應當努力突破現實生命的氣性的限制，使自己有限的生命表現如天道般能生化一切、成就一切；另外，人又當以自己的道德本性所發之要求，即無條件的道德實踐，作為上天給予人的命令，不管現實的遭遇是吉、是凶，都不能違反這由本性所發的道德命令的要求。橫渠此段話表現了非常強烈的要以人來合天的自我要求。以上所說，在張橫渠的〈西銘〉也表達得非常清楚。至於「天人合一」這句著名的話，也是由張橫渠正式提出來的。一般人可能不太清楚「天人合一」的意思，天是無窮無盡的，而天德的作用是對於往古來今一切的存在的。人如何能與天合一呢？如果從人的道德本性來說「天人合一」，按照宋儒的義理，人性的活動本來就是天道的呈現，二者本來是「一」，不需要說合，那就不需要說天人合一。故程明道曾批評張橫渠，認為說「天人合一」是多了一個「合」字，天人本不二，不必言「合」。

當然，張橫渠所說的「天人合一」，不是只就人德與天德或人性與天道相通、或不二來說，他雖然預設了人性天道之不二，但他認為人必須要求自己努力不斷地實踐人道，希望自己如同天道生萬物一般，對一切的存在負上道德的責任，即希望成就、善化一切的存在。故他說「惟大人為能盡其道，是故立必俱立，知必周知，愛必兼愛，成不獨成。」（《近思錄．卷一道體》）這樣理解「天人合一」，就是要求以自己有限的生命力量去做如同天地生萬物般的無限工作。這便不只從人德（即天德）說，也從人的形體與天的形體的不同來說，既然人的形體與天的形體有所不同，那樣「天人合一」便有意義了。當然，這裏所說的「合」若從形體的不同來說，是不可能的，也可以說橫渠言「天人合一」是明知天人有形體的重大區分，不可能合一，但仍要求人與天合一，這表達了橫渠乃至全部宋儒所強烈表現出的理想主義精神。雖然人不可能做到如同天地般「體萬物而不遺」，但人必須要有這種自我要求。唐君毅先生就曾用「以人合天」來說明橫渠的主要見解，他這個看法十分中肯，故橫渠所說的「天人合一」並不只就天德與人德說，而是要連同人的形體與天的形體來說。天德與人德不二，故在人性中實現出來的雖然是有限的行為，但其精神意義與價值是與天道同樣的無限。從人的形體上說，人固然渺小，不管如何努力都無法達到與天同等的地位，雖然天人在形體上存在懸殊的差異，但人不能因此而自限，應該順着性體的無限的要求，做終生的成己成物的努力。這也可用牟宗三先生的「即有限而無限」之語來說明。如果有這樣的了解，則橫渠所說的「天人合一」，便表達了豐富而清楚的義理。

上說橫渠強調「天人合一」，而明道則認為不必言合，二人的見解各有其精彩處，明道的思想見解表現了人可以在任何的人生活動上，當下表現出天道的生化一切的意義，天道的生化一切，雖然是無限的作用，但人呈現仁心時，也頓時可以表現與一切存在相感相通的意義，這就好比在人的具體生命中，表現了無限的天道，甚至這裏不能分開人的道德實踐與天的生化活動的不同，二者本來是同一回事，故明道說：

> 大小大事而只曰「誠之不可揜如此」。夫徹上徹下，不過如此。……但得道在，不繫今與後，己與人。（《近思錄．卷一道體》）

這種天人一本、當下即是的體悟，可以使人有目前的片刻就是永恆的感受。理學家嚴於「存天理，去人欲」的工夫，常給人嚴肅、拘謹的印象，但從明道這些話看來，道德生活對於他們而言，是一種最高的生活享受。這種天人一本的體會，是從道德實踐作為根據來說的，明道就有「立誠」及「識仁體」之說：

> 「修辭立其誠」，不可不子細理會。言能修省言辭，便是要立誠。若只是修飾言辭為

心，只是為偽也。若修其言辭，正為立己之誠意，乃是體當自家「敬以直內，義以方外」之實事。道之浩浩，何處下手？惟立誠才有可居之處，有可居之處，則可以修業也。（《近思錄．卷二為學》）

> 醫書言手足痿痺為不仁，此言最善名狀。仁者以天下萬物為一體，莫非己也。……可以得仁之體。（《近思錄．卷一道體》）

第一條說人在當下的語言談論的活動中，就可以表現出生命的真誠，故「修辭立其誠」，並不是說要修飾說話時的言辭，而是要當下把真誠的生命通過言辭表現出來，這種立誠的工夫，隨時隨地都可以做，也就是隨時隨地都可以表現出「通內外人我而為一」的天道的活動。第二條，明道從中醫的角度用不仁來說明手足的痿痺現象，讓人體悟到所謂「仁」就是一種與一切人、一切物感通不隔的心情，固然有仁德之人會希望幫助需要幫助的人，但能實現幫助他人的事功，是仁心的功用；而仁心本身不能從功用上來衡量，必須從當下的感通不隔的心情上來體會。[9]從上文所引橫渠與明道的言論，可知宋儒對於先秦儒所說的義理，不只有進一步的發

9 程明道的《識仁篇》對於仁體的形容更為有名，但朱子認為此段並非初學者可以體會的道理或可以用的修養工夫，故《近思錄》不收錄。

展，更有深刻、自然而活潑的體會與表達，這種體會與表達的方式，應該是受到中國化的佛學所影響。雖說受佛學影響，但宋儒表達的仍然是正宗的儒家義理。

（二）《近思錄》與佛教思想

宋儒的思想義理本質上不同於佛教，不過它是受到佛教思想的刺激才較先秦儒學有所發展，此可從宋儒的形上學的見解與辨佛的言論看到。周濂溪後來被朱子視為宋儒開山之祖，原因可能是周濂溪的形上學思想很扼要地表達出儒學的玄思，並且他可以根據儒學義理恰當地回應佛教的思想。周濂溪在〈太極圖說〉（見《近思錄》卷一道體）以陰陽五行說明了宇宙生化、成人成物的過程，提出了儒家式的宇宙生化說；而更重要的是，他認為宇宙的生化是以「立人極」為目的，即是說人能成為一個道德的存有，能無條件的為善，便是宇宙生化的目的。這是以儒家道德的創造來說明宇宙所以會存在、所以會有繼續不斷的生化活動的理由。這正正回應了佛教緣起無自性與生命起源於無明的觀點。

從道德實踐來看人生，則人生的存在及倫常的活動都表現出道德的價值，故有其真實性與合理性。如此便得出了不同於佛教的宇宙觀與人生觀，周濂溪在《通書》中所說的「元亨誠之通，利貞誠之復」說明了人生，乃至一切存在雖然有生死的過程，但其實表現了價值上的「得其始」與「終極完成」的過程，而這始終的過程是「純粹至善」的。周濂溪所做的宇宙論或本體論的理論，都是為了肯定人生乃至世界存在的價值。張橫渠在這方面也有重要的貢獻，他提出「太虛即氣」的主張，又認為「聚亦吾體，散亦吾體」，除了表示上文所說的人應當盡其努力使天道生化一切的作用表現在我們有限的生命中之外，也表示道在陰陽氣化中表現，氣化並不就是道，但離了氣化就不能表現道。由於道不離氣化，所以從陰陽、五行及動靜、屈伸、往來、始終等氣化活動中便可以看出有妙道在其中，於是氣化的存在及其活動，吾人不能不肯定。雖說道不離氣化，而氣化的活動本身就表現出道的意義，但氣化活動並不足以完全地表達道的意義，即是說只是氣化的陰陽往來、動靜變化，並不足以完全表現道的意義。道的意義須從氣化之上的形上道體來說明。此是說從陰陽五行的氣化生成中，吾人固可以看出生化有其規律，但若只從氣化規律看，並不能表現出道德的意義與價值。道德的價值必須從吾人對氣化生成的體會上才可以看出，如氣化有聚散，人的生命也有始終，但從人在從生到死的過程中，可努力實現出人道的價值。在這種努力實現價值的活動中就可以體會到，氣化的聚或生命的開始存在，是價值的開始；而氣化的散，或生命的終結，是價值的完成。從氣化的散而又再聚，終而又始，是價值的得以生生不已，一切存在的存而又存，是為了道德價值的不斷實現。這種透過氣化的生成而表現出來的價值意義的不斷實現，並不能只從氣化生成的聚散往來的現象而完全地表現出來。如果人從氣化的聚散往來看出價值的不斷實現的意義，則一定需要在氣化生成之外肯定一個超越的形而上的本體。如果不對此作出肯定，對於藉氣化表現出來的道德價值就不能有一個合理的說明，因為如果氣化的生生不已只是陰陽往來的聚散，則氣化的存在何以有道德價值的實現呢？這並不能充分說明其思想，因此，必須於氣的活動之上肯定一個形上的氣之本體。張橫渠的「太虛即氣」論，就是說超越的道體即於氣化而表現，並非說太虛就是氣，或只須在氣化的往來、出入、動靜變化中就可以說明萬物生成的意義與價值。

張橫渠說人要「大其心」、要「合天人」，這表現出人作為一個個體存在需要有理想的要求，此理想的要求不能從氣得出說明。此一理想是吾人之性，此性出於天，而所謂出於天，並非出於陰陽氣化。橫渠所說的性是超越的，雖說是氣之本體，但並不是氣。橫渠認為有氣質之性與天地之性的區分，二程也有「性出於天，才稟於氣」之說。道不離氣，故對於世界及人的倫常生活須作出肯定，不能如佛教所說的以出離世間為理想。一切存在的存在意義都可以從人的道德實踐中體會到，即一切的存在都有其真實的意義與價值，如為父當慈、為子當孝，當慈孝實踐出來時，人便會體會到父子的存在雖然在氣化的生成變化中是變化無常的，但卻是真實的。這是從道德實踐中得出的理的真實性，並對存在的真實性加以肯定。由此便反對「緣起性空」及一切法「唯識所變現」之說。

以上簡單說明了周、張、二程的形上學理論所含的辨佛的思想，由此可知宋儒為了回應佛教的思想，在儒學的理論上有所發展，其發展出來的理論亦對佛教的宇宙觀與人生觀作出了合理的回應。宋儒從佛學流行中國數百年的情況下，重新為儒學建立起作為中國思想的主流之地位，雖然它是回應佛學而有所發展，但義理的本質確實屬於儒學，而非有些人所謂的「陽儒陰釋」。

(三)《近思錄》對人生及倫常關係的態度

以下，再說明宋儒對人生及倫常關係的態度。既然宋儒所說的道德本性即是天道，則此性應是絕對普遍的。既是絕對普遍的，則此性不能只限於人，即不只是人所有，而是天地萬物都有此性，因為天地萬物的存在也必以天道為存在的根據。因此，宋儒對於天地萬物或往古來今的整體存在界，有「這一切的存在都是合理的」之肯定。這是由道德實踐所給出的「希望成就一切人一切物」的要求，而產生了對一切存在的整體肯定的說法。這種對世界肯定的態度，表現了其與佛教不同的人生觀與宇宙觀。佛教以「緣起性空」為基本教義，對一切的存在不能有「一切存在本身有其固有的價值」，有其存在的真實根據之肯定，甚至對於人生的倫常之道也不能予以根本的肯定。固然佛教的圓教理論可以肯定一切眾生、九法界的存在可以不改變其存在性相之不同，而同是「佛法身」或「佛法界」的內容，一個也可以不少，任何差別也可以不改，但這是以「三千法」都是佛法來作全面的肯定，而不是就「三千法」本身來肯定「三千法」，即不是認為「三千法」本身就有其固有的內在價值來肯定之。

至於宋儒則視倫常的人生為天理所在，這並不只是說倫常人生可以與佛法界不礙。據佛教的義理，「三千法」都是以空為性，所以都可以表現「佛法界」的意義，而倫常人生也不能外於緣起性空，故也可以表現佛道。這是以普遍的空（空理甚至可以說是絕對普遍之理，如呂澂所說空是虛的共相）來涵蓋倫常人生。儒家肯定倫常人生並不是此義，而是認為倫常人生的每一種表現都呈現了只有這些表現才可以有的道德價值。如父子有親，一旦在父母兒女的關係活動中表現了親愛，則父子的關係就表現了其本身當有的意義與價值。道德的價值固然能夠在人生的各種倫常關係中表現，但每一關係中所表現的德，是只有此關係才能夠表現的，即是說父子之親這種「親」的價值，只有在父母兒女的關係中才能表現出來，是有其特殊性的，我們不能抹殺父子這一倫，說父子之情也可以表現在別的關係裏。固然在別的關係中可以有類似於父子之情的表現，如老師對學生，師生可以相視如父子，但父子之親情自有其真切處，非別的倫常關係表現的感情可以完全地取代。其他的夫妻、兄弟、朋友、甚至是君臣關係所表現出來的情感，也是如此，各有其本身具有的特殊意義，非其他的倫常關係可以取代（按現代少子化的家庭趨勢來說，兄弟姊妹這一倫可能會沒有了，這對於人生而言可能是一種大缺憾，兄弟姊妹之情不同於父子、夫妻與朋友。好像基督教的一個說法：兄弟是為了你有事情的時候存在。即是說，平常沒事的時候，兄弟姊妹可以好久不見面，但你一旦發生危難，兄弟姊妹便會馬上來到，與你分擔苦難。俗語所說的「兄弟鬩於牆，外禦其侮」也表達了此義。由此可見兄弟姊妹之情也自有其真切處，並非其他倫常人生之情可以取代）。

宋儒對於五倫的肯定，可以用「理一分殊」來說，即雖然倫常中表現的是普遍的道德之理，但此普遍的理是通過特殊的存在來表現的，此中普遍與特殊二義都需要肯定，不能說由於要追求絕對普遍的理，便犧牲自己特殊的倫常關係，有關此義，陸象山與友人在辯論時已表達得非常清楚，用現代的話來表示，象山認為雖然佛教也有「上報四恩」之說（即主張要報答父母的恩情），但報恩並不是成佛的必要條件，而成佛也不是以當孝子為條件。故要成佛，出家為易。但依儒家的說法，聖人一定得是一個孝子，如果有親在堂而不孝，則絕對不能成為聖人，即是說從孝道可以成就聖人，人而不孝一定於德性有虧，儒家之最高的理想人格，所謂聖人，是要通過孝悌之道實踐完成的。[10] 故伊川為其兄程明道寫的〈行狀〉有說：「知盡性至命，必本於孝悌；窮神知化，由通於禮樂。」（《近思錄．卷十四聖賢》）說明聖人之道要以實踐孝道為基本，宋儒所說的天道或宋儒義理中的道德的形而上學，所謂的天道，需要連同在倫常人生中所體會到的無論如何都不能捨棄的親情或友情來說的。天道固然是普遍的理，但此理也是人間的至情，情與理在此處不能強做區分。雖然程伊川有「性中只有仁義禮智四者，幾曾有孝弟來」之說，這是他要從理契入，以理來定住人的生命，從而引發道德意識，而不要因為情緒的變化而

10 陸九淵：〈與王順伯〉，《陸九淵集．卷二》（北京：中華書局，二〇〇八）。

擾亂理的普遍性之義，伊川作此區分固然有道理，但也容易引起誤會。對於在倫常中表現的特殊之理，或理在倫常關係中所表現的特殊面貌，伊川是肯定的，他曾經用「理一分殊」來為張橫渠的〈西銘〉辯解，他的學生楊時（龜山，一〇五三—一一三五）曾認為〈西銘〉要求人以天地之道作自己的父母，要對一切人一切物都有民胞物與的心懷，這有點像墨家兼愛之說，不合孟子對墨家的批評。伊川則認為橫渠雖表達了萬物一體的仁心，但並不抹殺人間倫常關係的種種特殊的規定，如君臣、父子、長兄與其他兄弟的分別，人生中可能有種種不同的情況，面對不同的關係而回應的態度之不同，伊川認為橫渠的〈西銘〉是有保留的。伊川此一分辨非常正確。

有關此義，程明道則說「天地生物，各無不足之理。常思天下君臣、父子、兄弟、夫婦，有多少不盡分處。」（《近思錄．卷一道體》）明道從天地萬物都有天道作為其存在根據，故天地萬物的存在都本身有其不可取代的價值。所謂各無不足之理，即每一特殊的存在都有其本身自足之理，每一存在或每一關係都有它不可取代的自足價值，故不能為了某一個關係而犧牲另一關係，不能說我可以移孝作忠，或我為了實現對人類的大愛而犧牲對家庭的小愛。每一重關係，都有其不可取代之處。當然我們不能在同一時間做盡應做的事情，故每一個人真切反省起來，都有應做而做不盡的責任，此處明道「有多少不盡分處」之歎，說得十分真切。所以會不盡分，一方面是有限的人在特定的時空中不能做完該做的倫常責任；另一方面，即使我們現在只做倫常中的某一事情，或盡的是某一種倫常之道，也做不完該做的事情。誰能把人生關係中本來具備的「無不足」的道理、價值完全實現出來呢？人越反省便越覺得慚愧。

從以上所述可知，宋儒所體會的倫常之道，是在對於人生的道德之理做充其極的了解，知道此理是天地之道，而又回來對人生的倫常做根本的肯定。由於有這一迴環往復的體會，故天道與人道是分不開的，即是說宋儒所說的天道，是以他們對倫常人道的體會做根據，而他們所體認的人道也以天道的絕對普遍做背景。故天道固然偉大，人道也絕對不小；人道固然具體而真實，而天道也絕非抽象的道理。

以上所說的，都是北宋儒者的共同見解，朱子選編《近思錄》除收錄了許多表達上述之見解的文獻外，對於程伊川的文字選錄尤多，而伊川的見解以「涵養須用敬，進學在致知」二句表達得最為扼要。[11]伊川（也可包含明道）對人的「天命之性」與「氣性相即」的情況體會甚深，由於人出生後性與氣不能相離，故人雖然有普遍的親通的道德之性，但也不能不受氣性的參差不齊所限制，於是人必須通過後天的工夫努力，才能把人本具的道德本性實踐出來，這是宋儒強調工夫論或修養論的緣故，這也是宋儒比先秦儒義理更進一步的地方。周濂溪的「知幾」、「主靜」已經是很深切的內聖工夫，張橫渠強調「變化氣質」，程明道主張「當下立誠」，都表

11 見《近思錄．卷二為學》，這裏標明是明道語，但這兩句話最能代表程伊川的思想見解。

示了人可以呈現本有的道德本性，並以此作為根源的動力，轉化現實生命的不合理，程伊川則強調在「涵養」與「致知」兩方面作工夫，主敬涵養使人的生命平靜清明，致知以窮理使人通過對於道德性理的逐步了解，而產生依性理而實踐的動力，伊川的說法與周、張、明道三人稍有不同，但也是儒學以成德之教為本質的重要修養工夫。伊川之說為朱子所承繼，朱子尤為看重「格物致知」，因此《近思錄》選取了很多這部分的內容，在相關的重要段落中，我也做了一些發揮，希望能適當地說明伊川、朱子此一主理或重理的系統義理。

三、餘論

朱子與呂祖謙編《近思錄》時，對於所選的本文並未加上注解，雖然他們有系統地區分為十四卷，但原來並未加上篇名，這可能因為他們認為所選的文獻都是宋儒的精萃，人們可以單就所選的文獻原文來體會，不必先看有關的注釋，以避免先入為主。故讀《近思錄》最符合原編選者的心意的讀法，應該是直接就文本加以往復誦讀，然後在自己的思想言行中切實體會，而不必求助於古今的注解。此外，《近思錄》所選的文字以「語錄」為多，文字相對淺顯，本來不必多所注解；但從另一角度看，這些表面較為淺顯的文字，由於是說理之言，宋儒要表達的義理又是相當精深的，對於其中的涵義，就不能不講解。是故本書除了為《近思錄》的原文作注解與語譯外，又有不少釋義，其中尤以前數卷為多，這釋義的部分應該是本書與其他《近思錄》的注解不同的地方。本書也參考了比較重要的《近思錄》的注本，但對義理的說明，多是出於自己的了解，參考時人之注處，並不太多。所參考過的有關著作，如下列：(一) 朱熹、呂祖謙編，葉采集解，嚴佐之導讀，程水龍整理：《近思錄》(上海：上海世紀出版集團、上海古籍出版社，二〇一〇)。(二) 朱熹編，張伯行集解：《近思錄》(臺北：臺灣商務印書館，一九九六)。(三) 程水龍：《〈近思錄〉集校集注集評》(上海：上海古籍出版社，二〇一二)。(四) 古清美注：《〈近思錄〉今註今譯》(臺北：臺灣商務印書館，二〇〇〇)。(五) 陳榮捷：《〈近思錄〉詳註集評》(臺北：臺灣學生書局，一九九二)。(六) 張京華注譯：《新譯〈近思錄〉》(臺北：三民書局，二〇〇五)。(七) 黃壽祺、張善文：《周易譯註》(上海：上海古籍出版社，一九八九)。

本書由我與許惠敏博士共同編寫，惠敏的碩士與博士論文都是由我指導的，她對宋明理學潛心研究十多年，很有個人體會。我與她先討論好要選錄哪些篇章，然後由許博士作注譯的工作，至於全書導讀、各卷前的導讀及前面幾卷的賞析與點評多是由我執筆。前三卷的內容義理比較曲折而精深，其中的譯注我也費了頗多工夫來訂正。我所指導的中央大學博士生呂銘崴、連育平，也幫忙撰寫了部分的注譯，中央大學人文中心的劉學倫博士，也多次幫我謄打文稿。非常感謝他們，沒有他們的幫忙，本書可能更會拖延一段時間。

卷一　道體

本卷導讀——

本卷開宗明義，論述天地萬物所以能存在的根據，宋儒認為天地生化的本體，就是人能實踐道德成聖賢的根據，故天道也就是人的本性。此卷中多條文字都表示了天道與人性相通，而在人的道德的真生命呈現處，便是天道創生性的活動之義。

1.1

濂溪先生曰：「無極而太極[1]。太極動而生陽[2]，動極而靜。靜而生陰，靜極復動。一動一靜，互為其根。分陰分陽，兩儀立焉。陽變陰合，而生水火木金土。五氣順布，四時行焉。五行，一陰陽也。陰陽，一太極也。太極本無極也[3]。五行之生也，各一其性。無極之真，二五之精，妙合而凝。乾道成男，坤道成女。

二氣交感，化生萬物。萬物生生，而變化無窮焉。惟人也，得其秀而最靈。形既生矣，神發知矣。五性感動[4]，而善惡分，萬事出矣。聖人定之以中正仁義[5]，而主靜[6]，立人極焉。故聖人與天地合其德，日月合其明，四時合其序，鬼神合其吉凶[7]。君子修之吉，小人悖之凶。故曰：『立天之道，曰陰與陽。立地之道，曰柔與剛。立人之道，曰仁與義[8]。』又曰：『原始反終，故知生死之說[9]。』大哉易也，斯其至矣！」

注釋

1 **無極而太極**：此句歷來有兩種解釋。一是由無極而生太極，二是無極是太極的形容，即是說太極是無形無狀，是天地萬物的本源，是一切變化的樞紐。譯文從後者。2 **太極動而生陽**：此句也有兩種解釋。一是太極動而產生了陽氣，二是陽氣之動是根據太極而後可能。動靜是氣，不就太極本身說。譯文從後者。3 **太極本無極也**：此句有兩解。一是太極的根本源於無極，二是太極本來就是無極。譯文從後者。4 **五性感動**：也有兩解。一指仁、義、禮、智、信，一指「性者，剛柔、善惡，中而已矣。」(見周濂溪《通書・師第七》)。譯文從後者。5 **聖人定之以中正仁義**：周濂溪在此句後自注曰：「聖人之道，仁義中正而已矣。」6 **主靜**：周濂溪在此句自注「無欲故靜。」7 **「故聖人與天地合其德」四句**：語自《易經・乾卦》九四爻辭。原典：「夫大人者，與天地合其德，與日月合其明，與四時合其序，與鬼神合其吉凶。」說明君子之德與天地之道合一。8「立天之道」六句：語自《易經．說卦》。9「原始反終」二句：語自《易經．繫辭上》。

譯文

濂溪先生說：「作為一切存在根源的太極，其自身是無形無狀的。此無形無狀的太極神妙莫測、活動不已，使陰陽二氣的變化都得其理序。陽氣活動到了極點，就會歸於靜。靜即是陰氣，氣靜到了極點又歸於動。動與靜循環交替，兩股力量互為根本；動與靜各自殊異，分別了陰與陽二氣，也確立了兩儀的意義。陰陽二氣互相配合、消長，而產生水火木金土。水火木金土五行之氣順暢流行，因而春夏秋冬四時循環不息。五行之氣源於陰陽二氣的變化，陰陽二氣的變化根源於太極的創生不息，而太極自身則是無形無狀的，與有限的氣化在本質上是不同的，故太極雖作用在二氣之中，但其自身只是無極。五行化生萬物，雖都以太極作為存在的根據，但因氣稟不同，因而表現出各自不同的性情。道雖無形無狀，卻是實事實理，與陰陽五行中的精粹之氣，巧妙地凝合在一起。乾道剛健之氣生成男性，坤道陰柔之氣生成女性。陰陽二氣交互感通，生成天地萬物，萬物再各自生養而有無窮的變化。在天地間只有人得到最精粹之氣，因此在萬物中是最靈秀的。人的形體既然長成，精神也就同時體現出智慧。當人受外物影響而表現剛、柔、善、惡、中五種不同性情，善惡價值判斷也因此產生，各種應事接物的關係也因應而生。聖人面對這些問題，以中正仁義之道來使人遵守。中正仁義之道並非從外而來，人自身即有此要求，因此聖人提出主靜的工夫。當人在應事接物時，能不摻雜個人的私慾，則人自然能挺立自己，而表現出人之所以為人之義。此人義就是太極之義。故此聖人能摒除私慾，體察人在天地中的意義，並提出修養的方式使人遵守，且此遵守的意願又根源於人自身的要求，因此《易傳》說聖人的偉大就如同天地的廣大，無私無我；如同光明的日月，指引人們不迷失其性；如春夏秋冬的運行，表現永恆的理序；如鬼神一般覺知吉凶變化，使人隨時警醒而安於變化。人道即是天道，有德的君子依循天地的理序來修養自己，自然能事事吉祥。小人則背離天道的要求，耽溺於自己的私慾，因此必然招致厄運。故此《易傳》說：『天道之義，是通過陰陽二氣來表現。地道之義，則以剛柔之性來表現。人道之義，則以仁義直接體現天道的內涵。』又說：『倘若能夠了解天地的理則，是以太極作為氣化的根本，氣化的流行本來就是生生不息，自然也能面對死生的問題。』偉大的《易經》，它所體現的道理是這麼廣大精微呀！」

賞析與點評

本篇是宋儒開山人物周濂溪最有名的文章，這篇文字字數不多，但內容豐富，也表現了宋代儒學與先秦儒家義理內容的不同。從太極生陰陽五行之説，説明了天地生化的過程；而從人與其他萬物的不同，則表達了人在存在界中的特殊地位。由於聖人是與天地合德的，故太極的意義就可以由聖人的實踐來了解。於是太極的生天地萬物，就是一種如聖人的實踐般的道德意義的創造。聖人的道德實踐展示了天地生萬物的價值與意義，於是一切存在便不是偶然可有可無的存在，而有其從道德價值而來的存在的必然性，例如從為父當慈，為子當孝，便可以讓人了解到父子的關係是有道德意義作為其存在的根據的，由此推廣，則人生一切的活動，如果能根據道德的當然來面對或回應，便可以使一切的人倫活動表現道德的價值，也讓人體會到人生的倫常，乃至對家國天下的實踐是真實而有意義的。本文最後用原始反終，知死生之説來作結，也表示了宇宙的生化雖然無窮無盡，但可以看作是無數的從始到終的過程，有始與終便是一次的完成。人的生命有開始，也有終結，就是有生有死，但如果人能自覺而努力從事道德實踐，則人一生的生死過程，便可以是德性價值的開始到終了的過程，即是説人可以使他從生到死的生命歷程成為成就德性的始終的歷程。在人自覺而無條件的實踐德性之時，生命便開始表現德性，到人臨終之時，就是德性的終成、完成之時。這是把宇宙的無窮盡的氣化生成，理解為德性價值的無限次的終成，周濂溪所説的「立人極」，含有使人有限期的一生成為天道彰顯的具體落實之義。天道無窮，如果不是用有限的生命來表現它，則不能具體彰顯天道的內容意義。如果能夠視自己一生有限的生命歷程為天道生化的一次由始到終的具體彰顯，也是生命價值的一次完成，則人怎會因為生命有限而感到不安，甚至難過呢？周濂溪這篇文字從宇宙的生化說起，使儒家的道德實踐之學不限於人間，而是具有海闊天空的宇宙生成意義，又表達了人雖有生必有死，但由於可以彰顯太極，而具體表現了無限的意義，此所謂「即有限而無限」。由於有這些精義，宋儒的義理於是可以與魏晉南北朝以來佛老高妙的思想相抗衡，促成了儒學的復興。

1.2

濂溪曰：「誠無為[1]，幾善惡[2]。德：愛曰仁，宜曰義，理曰禮，通曰智，守曰信。性焉安焉之謂聖[3]，復焉執焉之謂賢[4]。發微不可見，充周不可窮之謂神[5]。」

注釋

1 誠：《中庸》第二十章：「誠者，天之道也。誠之者，人之道也。誠者，不勉而中，不思而得，從容中道，聖人也。誠之者，擇善而固執之者也。」「誠」，真實無妄之意，此是對道體的形容。此處作實體字，即指誠體。無為：不是指沒有作為，而是說道體的活動是真實無妄，自然而然的，不是後天人為造作而得。2 幾：《易經・繫辭下》第五章：「幾者，動之微，吉之先見者也。」幾，指在念頭將形未形之際。3 性焉：指順其本然的德性。安焉：安於內在德性，不勉強。4 復焉：恢復本然內在之性。執焉：操而存之，不失原有的德性。二者都是修養的工夫。5 神：指誠體的神妙作用。

譯文

濂溪說：「寂然不動，感而遂通的『誠體』，是真實無妄、至善之理。在人的念頭將形未形之際，誠體作用已表現在其中，使人知善知惡，有自知且明確的道德判斷。當這個判斷具體落實在事情中，便有不同的德目表現：惻隱慈愛就是仁，處置得宜就是義，次序條理就是禮，明智周通就是智，恪守承諾就是信。能順其本然之性，全然依天道誠體要求而行，並且安於此而不勉強就是聖人。踐德未達自然而然的地步，能自我警醒而作修養工夫，使自己恢復本然之性，讓天道作用時時呈顯而不失者稱作賢人。就誠體而言，當它充分體現在聖人一念之微，就此發微處雖隱而不可見，但其作用卻周遍無窮而妙不可言，這就是神。」

賞析與點評

此段言「誠」是德行的根源，又說明聖、賢生命境界之別。在聖賢的生命中，誠體表現為神用，即是說在人生命中表現出的德性活動，是人的真生命，亦即是天道本體之神用。此表達了宋儒對天道與人道相通的關鍵見解。

1.3

伊川先生曰：「喜怒哀樂之未發，謂之中[1]。中也者，言寂然不動者也[2]，故曰天下之大本。發而皆中節，謂之和。和也者，言感而遂通者也，故曰天下之達道。」

注釋

1「喜怒哀樂之未發」兩句：《中庸》首章：「喜怒哀樂之未發，謂之中；發而皆中節，謂之和。中也者，天下之大本也；和也者，天下之達道也。」《中庸》言已發、未發，是就「情」的已發、未發來說。中、和則是就情之未發、已發合於天道誠體之寂感來說。伊川此段發揮了《中庸》之意。2 寂然不動：《易經．繫辭上》：「易，無思也，無為也，寂然不動，感而遂通天下之故。」伊川以寂然不動來說明性體未發的狀態。

譯文

伊川先生說：「《中庸》說『喜怒哀樂之未發，謂之中』，『中』就是指寂然不動的性體，是天地萬物一切存在的根據。當喜怒哀樂自然流露，皆合於天道流行的準則，這便是和。『和』就是指人事的活動皆以性理的準則作為根據，這也是天下的共同大道。」

賞析與點評

求未發之中，然後以中導和，是宋儒重要的修養工夫。宋儒重靜坐，亦由此說而來。的確，人在每天找一些時間默坐澄心，體會不受感性情緒牽動的心境，是一個切要的涵養工夫。

1.4

伊川曰：「心一也，有指體而言者[1]，有指用而言者[2]，惟觀其所見何如耳。」

注釋 1 體：指「寂然不動」的性體。2 用：指「感而遂通」的情。

譯文 伊川說：「心只是一個整體，有時指寂然不動的性體，有時指感動發用的情，問題只在觀看的角度不同。」

伊川曰：「〈乾〉，天也[1]。天者，乾之形體；乾者，天之性情[2]。乾，健也[3]；健而無息之謂乾。夫天，專言之則道也[4]；「天且弗違」是也[5]。分而言之[6]，則以形體謂之天，以主宰謂之帝，以功用謂之鬼神[7]，以妙用謂之神[8]，以性情謂之乾。

注釋

1「〈乾〉」兩句：《易經．說卦傳》：「乾，天也，故稱乎父。」又云：「乾為天，為圜，為君，……為木果。」2 性情：《易經．乾卦》，〈文言〉：「乾，元者，始而亨者也。利貞者，性情也。」伊川云：「『利貞者性情也』，言利貞便是《乾》之性情。」（《二程集》（上），《河南程氏遺書》卷第十九，頁二四九）天以剛健之體為性，以剛健之用為情。3「乾」兩句：《易經．乾卦》，〈象〉：「天行健；君子以自強不息。」健，剛健奮發，沒有止息。4 專言：就天的本質而說，即天之所以為天的意思。5 天且弗違：語自《易經．乾卦．文言》，指聖人所體現的德性生命就是天道的全幅意涵，因此上天是不會違背聖人所有的施為。6 分而言之：就道體的作用而言。7 鬼神：此指陰陽二氣屈伸往來的變化。8 神：此就道體作用神妙不測，使萬物各得其序說。

譯文

伊川說：「〈乾〉，即是天。廣大無盡的天，就是乾的形體；乾則是天的性情。所謂「乾」，就是剛健奮發；天道以剛健奮發、自強不息作為內涵，使天地萬物都在天的作用中體現自己，而君子當同於天，剛健奮發，自強不息，以彰顯天道的意義。就天的本質意涵而言，即是天道。天道就在聖人的德性生命中展現，所以聖人的施為是不為上天所違背，人即天。分別的來說，對天的描述，可以用廣大無邊的天的這個概念來形容。就天作為天地萬物所以存在的根據來說，可以稱作「帝」，即表示天的主宰作用，萬物都必須依循天的理則來體現自己。以天的功用來說，陰陽氣化的流行之所以有條有理，都是天的作用使然。以天的活動性而言，天創生萬物，使萬物都得其理序，一個都沒有遺漏來說「神」，即神妙不可測，妙不可言。就天使萬物都得其利，使萬物和諧共生而說，此即天的性情，也就是乾。」

1.6

伊川曰：「四德之元[1]，猶五常之仁[2]。偏言則一事[3]，專言則包四者[4]。」

注釋

1 四德：即《易經・乾卦・文言》所指的元、亨、利、貞。元：天地生發萬物之始，一切善的根本皆從此出，是眾善之首。2 五常：即仁、義、禮、智、信。常，常道，不可更易的道理。3 偏言：就各種德目說，此即道體的用。在這個意義上的仁，同義、禮、智、信一般，皆道體的用，與義、禮、智、信皆仁也之仁體，層次不同。

4 **專言則包四者：**專言，作為道體所講的仁。包，包含。就道體而言，元作為萬物創生之始，一切善的表現都從這裏生發，一切生機表現都離不開元，所以作為本體的元可以包含亨、利、貞三者之用。同樣，感通無礙的仁體，即天地生物之心，一切德性皆離不開仁心的自我顯發。仁是一切德性的根本，而義、禮、智、信是仁體的用，為仁所包含。

譯文

伊川說：「〈乾卦〉元、亨、利、貞四者中的元，就像仁、義、禮、智、信五常中的仁，皆可從專言與分言兩方面來說。因此分而言之，皆就道體的用來說，一事即表現一事的德目。專而言之則指道德本體，元作為萬物創生之始，一切善的根源；仁即天地之心，一切生意皆從此出，感通無隔。不論元或仁皆是道德本體，一切德性之用皆從此而出，故言可包四者。」

賞析與點評

從元來說仁，是從天道、生化之本體來理解仁。如是則仁是本體、德行的根源，不只是德目而已。

1.7

伊川曰：「天所賦為命[1]，物所受為性[2]。」

注釋

1 **天所賦為命**：天，即天道，是德性意義的天，不是指人格神的天。命，命令。天作為萬物所以存在的根據，就其賦予萬物所以存在的理則而言，即是命令。2 **物所受為性**：物，從人、物而言。性，即天命之性、義理之性。從人物稟受上天的命令、理則而言，即稱作性。

譯文

伊川說：「從上天賦予萬物理則而言，稱作命。從人物稟受上天的命令而言，稱作性。」

賞析與點評

由此段可知宋儒認為天道即性，天道天命是超越的，而性是內在的。故本體是「超越而內在」的。

1.8

伊川曰：「鬼神者[1]，造化之跡也。」

注釋

1 鬼神：此就氣化的作用講。朱子曰：「如日月星辰風雷，皆造化之跡。天地之間，只是此一氣耳。來者為神，往者為鬼。譬如一身，生者為神，死者為鬼，皆一氣耳。」（《語類》（四），卷六十三，頁一五四七）

譯文

伊川說：「陰陽寒暑、日月星辰、天地萬物屈伸往來的變化都是陰陽二氣的作用。」

1.10

伊川曰：「一陽復於下[1]，乃天地生物之心也[2]。先儒皆以靜為見天地之心[3]，蓋不知動之端，乃天地之心也。非知道者孰能識之？」

注釋

1 一陽復於下：此段是伊川《易程傳》釋〈復〉卦之象傳。此卦是一陽在下，五陰在上，有陽回復上升之意。2 天地生物之心：一陽初動於下，表示天地生育萬物的心無所止息；儘管看似寂靜，仍有生意在其中。由此對應人的修養，儘管惡人看似不可能為善，但因性理本在，且時時發用，因此總有為善的可能。此為善的可能就是天地生物之心，就是人的善心、善端。3 先儒皆以靜為見天地之心：指王弼之說：「凡動息則靜，靜非對動者也；語息則默，……寂然至無是其本矣。」（《周易注・復象》）此即以靜為天地之心。又，伊川此說應也是針對周濂溪《太極圖說》「聖人定之以中正仁義，而主靜，立人極焉」一語而發。伊川強調主敬，對於濂溪的主靜，有修正之意。

譯文

伊川說：「〈復〉卦的卦象是一陽在下，五陰在上。就陽動在下可知，天地雖然看似寂靜，但其生育萬物的心卻未嘗止息。天地的存在最後皆復歸於靜。這是不了解天地生物的心未嘗止息；就此未嘗止息的動的發用處，就可以知道生生才是天地之理。但若不是真切體道的人，又如何了解它呢？」

伊川曰：「仁者，天下之公，善之本也。」

譯文

伊川說：「所謂仁，就是渾然大公無私的心，這就是善的根本。」

賞析與點評

此句出自伊川《易傳》，釋〈復〉卦之〈六二・象傳〉。從「公」說「仁」，是伊川特別的規定，與明道從「一體」說仁很不一樣。從「公」說「仁」，強調理的普遍性。即當我做此事時，只就此事是否普遍人人都應該做來判定，完全不考慮個人的主觀感受或喜好，因此「公」固然能「愛」，但「愛」不能就是「公」。這兩者關係須理解為：「公」是普遍的理則，並通過「愛」來表現，即在「愛」中見到普遍理則在其中。伊川這個說法，是將普遍性的理則從日常生活中抽引出來，使人體會一切存在皆以此普遍理則作為存在的根據。

1.12

伊川曰：「有感必有應[1]。凡有動皆為感[2]，感則必有應。所應復為感，所感復有應，所以不已也。感通之理，知道者默而觀之可也。」

注釋

1 有感必有應：天道生化萬物，因無私、無我，故能純然粹然，即感即應。2 動：不是就相對的動靜來說，而是動而無動，靜而無靜之創生之體。

譯文

伊川說：「有感一定有應。所謂道體的動，即是感通之理，所感必有所應。所應又成為感，所感又成為應，天地萬物的創生就在此一感一應中生生不息。這就是天道創生萬物感通的理則，對道有了解的人，靜默地體會它便可以了。」

賞析與點評

此段出自伊川《易程傳》，釋〈咸卦〉之〈九四．象傳〉。《易經》通過天地往來生化萬物，説明天道創生萬物就在即感即應中體現其理則，因此不能從時間先後、因果關係來説明「感應」之意。道體的活動是即感即應、共感共應的，不是先有感才有應，因此才能寂然不動，感而遂通天下萬物。伊川認為，人要體會道須從此體會，此段所言之感應，是從氣化之感應而體會感通之理，故注釋直接以道體言感應，但伊川對於道體，未必理解其為活動。

1.13

伊川曰：「天下之理，終而復始，所以恆而不窮。恆，非一定之謂也。一定則不能恆矣。惟隨時變易，乃常道也[1]。天地常久之道，天下常久之理，非知道者孰能識之？」

注釋

1「惟隨時變易」兩句：伊川言《易》強調隨時變易以從道。

譯文

伊川説：「天地之道，恆久不已，就在氣化流行、往來變化中體現出無窮無盡的作用。因此，恆不是指一成不變；一成不變，定然只是如此，這就不是恆常的道理。所謂恆常的道理就在每一應事接物當下，適時依性理的要求而表現當下的行為變化，這才是常道。換言之，道就在氣化往來變化中，體現其普遍、客觀恆久的理則，惟有深明隨時變易以從道的人才能真切體悟這道理。」

賞析與點評

伊川認為《易經》所說的「恆」不是不變，而是隨時變易，惟有能隨時變易才是常道，這是伊川對於易學的重要見解。

1.14

伊川曰：「人性本善，有不可革者，何也？」曰：「語其性則皆善也，語其才則有下愚之不移[1]。所謂下愚，有二焉：自暴也[2]，自棄也[3]。人苟以善自治，則無不可移者。雖昏愚之至，皆可漸磨而進。惟自暴者拒之以不信，自棄者絕之以不為，雖聖人與居，不能化而入也[4]，仲尼之所謂下愚也。然天下自棄自暴者，非必皆昏愚也，往往強戾而才力有過人者，商辛是也。聖人以其自絕於善，謂之下愚。然考其歸[5]，則誠愚也。」「既曰下愚，其能革面何也？」曰：「心雖絕

於善道[6]，其畏威而寡罪，則與人同也。惟其有與人同，所以知其非性之罪也[7]。」

注釋

1 **下愚之不移**：最愚昧的人是不可能改變的。語自《論語．陽貨》：「子曰：『惟上知與下愚不移。』」2 **自暴**：指自暴的人，他們不相信有善的本性，認為世間沒有這個道理，所謂的善都是人自己在裝模作樣而已。3 **自棄**：指自棄的人，儘管他們知道為善是應該的，也相信別人做得到，但就認為自己不可能做到。4 **化而入**：感化而深入其心，使心有所動。5 **考其歸**：看他最後的結果。6 **心雖絕於善道**：這裏講的心，不是孟子所說的善性、良知良能，而是就氣心來說，即指一般人心的決意。7 **所以知其非性之罪也**：伊川所說的性，是性即理的性。性沒有不善，它是道德之源，是一切善惡價值判斷的依歸，因此可以說是絕對的善。但另一方面，伊川也認為，人儘管會受到氣性的影響而有不善的可能，但氣性終究不是人不善的根本原因。換言之，氣性偏駁的人固然較容易為不善，即傾向於惡，但不代表他就是惡的。因為人存在的價值與意義不是以氣性為性，而是以性理為性，此性理又是人人普遍共有、共知的，因此伊川認為，人的不善是自己造成的，是自己讓自己為惡，因此人要為自己的惡負責，不能全歸咎於氣性，更與性理無關。伊川這種說法，一方面說明了人不善的原因，另一方面也表示了人必須努力為善，以實現善為職志，這才是人存在的道理。

譯文

「人性本善，但為何有為惡而不能改變的呢？」伊川說：「從人的本性來說，都是善的，但說到氣質，就有下愚不移的問題。所謂下愚，包括兩種人：一種是自暴的人，一種是自棄的人。人如果以他良好本性作為他行為的依歸，則不可能有不可移的問題。儘管是最愚笨昏昧的人，只要他好好修養德性，將不好的習性慢慢磨去，則他也可以成為品德高尚的人。只有自暴的人，拒絕相信人有此內在善性，因此根本不會為善；自棄的人，斷然認為自己不可能做到，因此也不會付諸行動。儘管聖人與他們日夜相處，也不可能感動他們的心，讓他們願意在品德上有所作為。這就是孔子所說的『下愚』。然而天下自暴自棄的人，未必都是愚笨昏昧的，他們往往是剛強暴戾、才能智力有過人之處者，例如商代的紂王。聖人從他們自願斷絕為善而稱他們為『下愚』。從他們最後的結果來看，又不得不說這兩種人還真的是愚笨至極。」「既然說是『下愚』，為何還有可能改變他們的習心而表現善呢？」伊川說：「這兩種人的內心雖然自絕於善道，但對於害怕威勢、避開罪行的的想法，還是和一般人一樣。從他們與一般人相同的地方來看，就可以知道他自絕善性的行為，並不是本性本來如此。」

賞析與點評

伊川認為人的本性原是善的，雖然在氣性上有上智下愚的區分，但下愚者還是具有善性的，只是他們不肯為善。伊川認為下愚者為惡是出於自由的選擇，故人之為惡，不管他是如何愚鈍，也要為自己的行為負責。伊川在《程氏遺書・卷十八》說：「使肯學時，亦有可移之理。」表示了學問可以使下愚者明理，改變其不肯為善的性情。這也是伊川的重要見解。

伊川曰：「在物為理，處物為義。」

譯文

伊川說：「天理在物處叫做理，人用來處事便是義。」

賞析與點評

伊川表示天理在物為理，在人心則是處物之義，理與義是一，不能因為理與義有內外的不同而視之為二物。

1.16

伊川曰：「動靜無端，陰陽無始。非知道者，孰能識之？」

譯文　伊川說：「動和靜分不出哪個是開端，陰和陽也不能說哪個是起始。不懂動靜陰陽二氣之道的人，怎會了解此中的道理？。」

1.17

明道曰：「仁者，天下之正理，失正理則無序而不和[1]。」

注釋　1 序：秩序。氣化流行以天道作為其活動的準則，因此一切存在都有條有理，恰當合宜。

譯文　明道說：「仁，就是天下的正理。假使一切存在不依此理則而行，則事物的存在將失去理序而不通暢和諧。」

1.18

明道先生曰：「天地生物，各無不足之理。常思天下君臣父子兄弟夫婦，有多少不盡分處[1]。」

注釋

1 **不盡分處：** 盡，作「充分實現」解。按理而言，天地生物，人的本性自足完具，人性皆善，但就客觀而言，人的氣稟有限；主觀而言，道德實踐要實踐也實踐不完，這就表示性天之尊，道德承擔在人的有限生命中是無窮無盡的努力。這是明道對體道過程的深刻感受。

譯文

明道先生說：「天地創生萬物，都賦予了應然的理則，沒有一個欠缺，因此人沒有不足之理。由此常反思人倫日用之事，在君臣、父子、兄弟、夫婦關係中，還有多少自己未能做到的？」

賞析與點評

明道這段話先肯定一切的存在都有其道理，而且其道理是沒有欠缺的，然後從倫理關係上來說明此義，人的每一種倫常關係都是有道理的，如父子、君臣、兄弟、夫婦都有其存在的充足理由，問題是我們能否充分實現出這些完足的道理，譬如父母兒女間的孝與慈的道理，當然是沒有欠缺的，誰也不會認為孝慈是不應該的，或人間不需要有父母兒女的關係，雖然人人都這樣認定，但有多少人能在父子關係中表現至孝？在君臣關係中表現至忠呢？人只要稍一反省，便會覺得自己沒有完全表現出本來具備在人倫關係中應該表現出來的道理，並為此而慚愧。

明道曰：「『忠信所以進德』、『終日乾乾』[1]。君子當終日『對越在天』也[2]。蓋『上天之載，無聲無臭』[3]。其體則謂之易，其理則謂之道，其用則謂之神。其命於人則謂之性，率性則謂之道，修道則謂之教[4]。孟子去其中又發揮出浩然之氣[5]，可謂盡矣。故說神『如在其上，如在其左右』[6]。大小大事而只曰『誠之不可揜如此』。夫徹上徹下，不過如此。『形而上為道，形而下為器』[7]，須著如此說。器亦道，道亦器，但得道在，不繫今與後，己與人。」

注釋

1「忠信所以進德」兩句：「忠信所以進德」一句語自《易經・乾卦・文言》：「君子進德修業，忠信所以進德也，修辭立其誠所以居業也。」忠信，強調對人、對事都應有合理的應對。這是提起人的道德意識，使人端正自己，並且正人、正物，有敬以直內的精神。終日乾乾：語自《易經・乾卦・九三》：「君子終日乾乾，夕惕若，厲無咎。」乾乾，剛健不息之意。

2 對越在天：《詩經・周頌・清廟》：「對越在天，駿奔走在廟。」指君子不間斷地修養自己，以彰顯天道創生萬物的生意。

3「上天之載」兩句：出自《詩經・大雅・文王》。《中庸》第三十三章引此語，朱子注曰：「不若〈文王〉之詩所言『上天之事，無聲無臭』，然後乃為不顯之至耳。蓋聲臭有氣無形，在物最為微妙，而猶曰無之，故惟此可以形容不顯篤恭之妙。」此是對天道的形容。天道創生萬物，但它不是經驗之物，也不受自然因果所限，因此無法用概念來說明。但又不得不對天道作說明，使人了解人對德性的追求是因為天命之性使然，故以「無聲無臭」來形容。4「其命於人則謂之性」三句：語自《中庸》首章：「天命之謂性，率性之謂道，修道之謂教。」5 浩然之氣：語自《孟子·公孫丑上》：「我知言，我善養吾浩然之氣。」6「如在其上」兩句：語自《中庸》第十六章：「鬼神之為德，其盛矣乎！視之而弗見，聽之而弗聞，體物而不可遺。使天下之人齊明盛服，以承祭祀。洋洋乎！如在其上，如在其左右。……夫微之顯，誠之不可揜如此夫。」7「形而上為道」兩句：語自《易經·繫辭上》：「形而上者謂之道，形而下者謂之器。」

譯文

明道說：「『忠信所以進德』、『終日乾乾』，這是說明有德者必須時時剛健奮發，如「面對在天之神」般。由於天道的生化流行，是沒有聲音和沒有氣味的。所以天道就其本身來說，就是「易」；就其理則來說，便是「道」；就其作用來說，便是「神」。從天道賦予人來說，便是「性」；能將性實現出來，也稱作「道」；而修養人自身以充分表現道，便是「教」。孟子在這種種說法中，又發揮出「浩然之氣」的意義，這對於道的涵義的說明，可說是全盡了。因此說天道的神用，是無所不在的。大大小小的事情，都不過是誠道不得不的呈露。上天下地，一切都是這一種真誠的意義的呈現。雖然對於道與器，要作形上、形下的區分，但形而上的道，並不離開形而下的器。可以說見到了器時，便可以體會道的意義；領會到道的意義時，也可以見到道即在器中。因此，只要對道有真正的了解，就不會受現在與未來、自己與他人這些分別所限制，當下就是永恆了。

賞析與點評

程明道在此段對道體作了非常生動活潑的闡述，他把經典中談道體的話，類聚在一起，說明這些經典中的不同意思，都是從不同角度形容道體，而且這道體無所不在，只要人當下表現出精誠發奮或敬慎寅畏的心情，就可以隨處見到道，從而體會到一切事情都是真誠的意義的呈現。人如果能有此體會，當下就可以接觸到永恆。此處表達了宋儒非常敬畏以道德為內容的天理，並可見其通過道德實踐而來的愉快感受。

1.20

明道曰：「醫書言手足痿痹為不仁[1]，此言最善名狀[2]。仁者以天地萬物為一體[3]，莫非己也。認得為己，何所不至？若不有諸己，自不與己相干。如手足不仁，氣已不貫，皆不屬己。故博施濟眾[4]，乃聖之功用。仁至難言，故止曰『己欲立

而立人，己欲達而達人，能近取譬，可謂仁之方也已。』欲令如是觀仁，可以得仁之體。」

注釋

1 醫書：指漢代《黃帝內經．素問》的〈痺論篇〉、〈痿論篇〉。痿（粵：委；普：wěi）：指肌肉麻痺萎縮。痺：指肢體沒有知覺。不仁：指身體麻木、沒有知覺。2 此言最善名狀：中醫用不仁來形容痿痺的病症，明道認為這樣的形容很貼切。反過來說，仁就是不痿痺，不痿痺就是與天道相通相感，無你我之別。3 一體：指同一個身體，身體才會痛癢相關。明道體會仁體，強調感通不隔、感通無間的感受。在仁心呈顯時，天地萬物都相感相通，這就是將天地萬物體認為一體。4 博施濟眾：語自《論語．雍也》：「子貢曰：『如有博施於民而能濟眾，何如？可謂仁乎？』子曰：『何事於仁，必也聖乎！……夫仁者，己欲立而立人，己欲達而達人。能近取譬，可謂仁之方也已。』」仁體是活潑潑的，是不容己的天地生物之心，因此當己欲立時，也同時希望能立人，此即仁體感通不隔的體現。

譯文

明道說：「醫書把肢體麻木、沒有知覺的徵狀稱作『不仁』，這句話形容得很好。所謂仁，就是與天地萬物感通不隔，猶如人的一個身體，沒有一件事物不與我相干。如體認到一切事物都與自己息息相關，那麼仁心的發用哪會有所遺漏？如果不把天地萬物當作自己的事情，自然與自己不相干。就像肢體麻痺，沒有知覺一樣，身體的氣的運行已經受到阻塞，不能暢通全身，手腳的感覺自然就會麻木，不能活動。所以說若能將恩澤廣博的施予大眾，這只是仁的功用，不是仁的本體。仁是很難用言語去表達的，因此孔子只說：『當想要挺立自己的生命時，也顧念他人，希望他人也能挺立生命；當想要自己通達順遂時，也顧念他人，希望他人也能通達順遂。能就自己當前的感受體會到他人也有這種感受，為他人設想，這也不失為實踐仁德的途徑。』這便是要人從人我感通無隔來體會仁，也惟有如此，才能真切地體會到仁的本體。」

賞析與點評

這段也是明道很有名的話。他以醫書從痿痺說不仁，於是體悟仁就是不痿痺、不麻木，如此說仁，則仁除了是理，如上文伊川所說的「公」外，也是感通不隔的心情。文中對於孔子所說的博施濟眾是「何事於仁必也聖乎」之意作了很好的詮釋，即博施濟眾只是從仁心的要求而做出來的事功，並不能只從事功上體會仁，如果要真正了解仁之體（仁本身），便須從「己立立人，己達達人」來體會。而能夠在自己要立、要達同時想到別人也有這個需要，就是一種感通不隔的心情。明道提出這樣對於仁的規定，應該是切合孔子原意的。

明道曰：「生之謂性[1]。性即氣，氣即性，生之謂也。人生氣稟，理有善惡[2]。然不是性中元有此兩物相對而生也[3]。有自幼而善，有自幼而惡[4]，是氣稟有然也。善固性也，然惡亦不可不謂之性也[5]。蓋生之謂性。『人生而靜』以上不容說[6]，才說性時，便已不是性也[7]。凡人說性，只是說『繼之者善也[8]』孟子言性善是也[9]。夫所謂『繼之者善』也者，猶水流而就下也。皆水也，有流而至海，終無所汙。此何煩人力之為也？有流而未遠，固已漸濁；有出而甚遠，方有所濁。有濁之多者，有濁之少者。清濁雖不同，然不可以濁者不為水也。如此則人不可以不加澄治之功。故用力敏勇則疾清，用力緩怠則遲清。及其清也，則卻只是元初水也。不是將清來換卻濁，亦不是取出濁來置在一隅也。水之清，則性善之謂也。故不是善與惡在性中為兩物相對，各自出來。此理[10]，天命也；順而循之，則道也；循此而修之，各得其分，則教也。自天命以至於教，我無加損焉。此舜有天下而不與焉者也[11]。」

注釋

1 生之謂性：語自《孟子．告子上》：「告子曰：『生之謂性。』」告子所說的「性」，是就生之自然說性，從自然生命種種現象來說性，故告子又說：「食色，性也。」（《孟子．告子上》）但明道所說的「生之謂性」是就個體存在說性。「性即氣，氣即性」，說起性，就連着氣稟來說；一說氣稟，性就在其中。二者滾在一起，是分不開的。明道所言之性，是天道之性，不是告子所說的自然之性，只是明道強調了天道生化不已，使一切存在物得以存在時，性與氣相即之意。明道所說的生之謂性，一方面表示性之名是就個體生命存在而成立，其自身即是於穆不已之道體（說明性體之源），另一方面亦表示氣稟對性體的限制。性離不開氣，因此有限制。2「人生氣稟」兩句：「理有善惡」的「理」是第二義的天理，不是天理本身，而是就自然的趨勢、氣化的參差來講。自然（大自然的自然，氣化流行的自然）是有形的，其流行的趨勢自然有參差不齊的表現，此不齊就是氣化流行的道理，善惡也是從自然的善惡說，是比較上的善惡。3性：此性是就天命之謂性說的性，即天道、天理，因此是絕對的善。4「有自幼而善」兩句：明道於此下自注：「后稷之克岐克嶷；子越椒始生，人知其必滅若敖氏之類。」后稷，舜時掌農業之事，自幼良善，性情良好。《左傳·宣公》四年，司馬子良生子越椒，大夫子文認為這孩子有熊虎之狀，豺狼之聲，必定性格殘暴，將來會滅了若敖氏。其後果然如此。明道用這兩個例子說明氣性的善惡不齊會影響人的作為。5「善固性也」兩句：因為氣即性，從個體生命的表現上說，善固然是性，惡也不能說它不是性。表現上的善惡，不等於道體決定的善惡，二者是可以分開來講的。但在個體的生命存在是性與氣滾在一起，二者不離的情況下，人所表現的善，或表現的惡，都不能不受氣的影響。雖受影響，但不能說為善為惡都被氣決定；若人之為善為惡是由氣決定的，則道德實踐便不能說了。因此必須肯定人有不受氣質感性決定的自由，才可說道德實踐。6 **人生而靜**：語自《禮記．樂記》。原典載：「人生而靜，天之性也；感於物而動，性之欲也。」7 **「才說性時」兩句**：性是從有生之後而說，是上天賦予人的本性，所以是天命之性。天道不可說，只能從氣中見。所謂氣中見，又只能從人性的表現中見。因此，道在人曰「性」，天道的意義就在性體的彰顯中體現。換言之，人未生之前，道不容說，「不容說」不是指道不可思議，而是說未有存在物存在，因而不能將天道的意義具體彰顯。但另一方面，一說性，性便即氣而存在，即就個體生命存在而言性，因此也可以說不是性。即此時的性是與氣滾在一起，並非性自身。8 **繼之者善也**：語自《易經．繫辭上》曰：「一陰一陽之謂道，繼之者善也，成之者性也。」這是從表現上說。若能承繼天道創生萬物之生意，就是善的。「繼」不是從本體上說，而是從人能否表現出道體的意義而說的。9 **孟子言性善是也**：明道此說，是從流繼表現上說性善，基本上還是性即氣、氣即性的理論架構。孟子說性善，善是就性體本身說，並非從表現上的善惡來說，故孟子說性善是指體上的善，性本身就是善惡判斷的標準；而明道則從流繼上說，從天命之性在人生命中表現而說善，是從表現上說性善，不是就性本身說善。因此，明道未必恰當地理解孟子。10 **此理**：在我的這個「理」。明道此處所說的理，是就「性」來說的。11 舜有天下而不與焉：語自《論語・泰伯》：「子曰：『巍巍乎！舜禹之有天下也而不與焉。』」說舜禹雖擁有天下，但好像與自己不相干一樣。

譯文

明道說：「生之謂性」，性是就天道在個體存在中而說的，即從個體存在中，可以體會到於穆不已的天道。天道便是一切存在物之性，但由於性是就個體存在處而立名的，故性雖然是天道，但由於在個體存在中性是不能離開氣，而氣也不離開性的，所以性在各種存在中的表現是會因氣稟的不同而不同的。於是有善惡不同的表現。雖然有善惡的不同表現，但這不是說性體本身原來就有善與惡兩者存在。有些人之所以從小就表現良善的行為，或表現惡劣的行為，那是因為受到氣性的影響。當然從個體生命的表現上說，由於性氣不離，善固然是人性的體現，但惡也不能說不是人性的體現，其原因就在『生之謂性』。在天地萬物未生之前，由於未有人、物的彰顯，天道的意義是隱而未見的。有天地萬物，天道便在萬物之性中體現，可是一說到性，就不離個體生命存在而說，於是便不是性體自身了，因此也可以說已經不是性。所以對於人性的體會，只能從『繼之者善』說，即若能將道體的意義表現出來，這就是善，孟子所說的性善就是這個意思。所謂『繼之者善』，就像水向下流一樣；都是水，有的一直流到大海，最終沒有受到污染，這種情況就不須人為的力量去澄清它。有的流了沒多遠就已經污濁了，有的流到很遠才變污濁。有的污濁得很嚴重，有的不太嚴重。雖然有清澈和污濁的分別，但不可以說污濁的水不是水。從這個角度來看，人是不可以不作修養工夫的。有的人工夫用得敏捷奮拔，很快就能去除氣質駁雜的地方；有的人工夫用得緩慢怠惰，便去除得很慢。但等到都澄清的時候，那水仍只是原本的水。不是說拿一盆清澈的水來換掉污濁的水，也不是將污濁的水擱到一邊。水的本來面貌就是清澈的，就像人個體生命存在的本性是善的。不是說個體生命存在的本性，原本就有善與惡二者存在，各自表現出來。這個在我的性理，是天所賦予的；人順着這天所賦予的本善的性而體現天道的意義，這就是「道」；依循着天道的內涵，修正自己偏頗的氣稟，使人都能在現實生命中表現道，這就是「教」。從天生萬物（使萬物有其性），到人修養自己，使人都能表現道，這一過程雖然有工夫，有歷程，但完全是純粹依循着道而體現，並沒有任何人為私意在其中，這就是孔子所說的『舜有天下而不與焉』的意思！』」。

賞析與點評

本段旨在說明「性氣不離」。性即天道，當然是善的，但由於性是就萬物存在而立名，故說性時，已不能離開氣，於是性體的表現不能不受個體的現實不齊之氣稟所限制，故說「性有善惡」，但這不表示性中有惡。故「性有善惡」是從天命、天道在個體的氣稟中體現的情況來說，善惡都是表現上的事情。此說雖然不合於孟子言性善之意，但表示了宋儒對於「性不離氣」這一人生現實情況的體會。由於性不離氣，故每個人都會因為他的氣稟不齊而有實現道德上難易的不同，人如果要成德、成聖賢，便一定要面對自己的氣稟的偏頗而用對治的工夫。這一理論使人正視在成德上的工夫修養是必須的，這是宋儒理學較先秦儒學為進一步的地方。雖然宋儒能體認人氣稟上的參差不齊，但並不以不齊的氣性為人性，還是以超越的道德性為人性，而且認為此性即是天道本身。即是說從人生命中表現出來的道德的創造性，就是使一切存在物能不已地存在的天道本身。此段是明道的言論，但其中「性氣相即」之意，應該是二程共同的見解。此說一方面肯定人之性就是超越的天道，另一方面正視氣稟不齊對人的道德實踐、成聖賢之影響。此所謂「既明本源，又知限制」，即是說既指出了人人可以成聖人的超越根據，也正視氣稟在人生命中的限制。此段最後所說從天命之性而道而教，是如同舜禹治天下般，不覺得天下與自己相關；表示了人的道德實踐，假如能以體現本性中的創生性的力量為根據，則也會像天道生化一切般自然而不費力，此一說法與從其中表現出來的氣象，則是程明道特有的。

I.22

明道曰：「觀天地生物氣象[1]。」

注釋　1 生：作動詞，天地創生萬物。氣象：一團生意就是生的氣象。

譯文　明道說：「觀看天地創生萬物的氣象。」

賞析與點評

明道所謂「天地生物氣象」是對天地創生萬物，使萬物暢通，自生自長，這種敞開、活潑潑的境界的體會。故天道，可說只是一團生意。

I.23

明道曰：「萬物之生意最可觀。此『元者，善之長也[1]。』斯可謂仁也。」

注釋　1「元者」兩句：《易經·乾卦》曰：「乾：元、亨、利、貞。」〈文言〉曰：「元者，善之長也。」元、亨、利、貞，又稱作四德，代表萬物生成的過程。元是萬物的開始階段，也表示乾道使萬物得以開始存在的作用，故說：「元者，善之長也。」

譯文　明道說：「萬物的生意最可觀賞，這就是『元者，善之長也』的意義，這樣才可以說是仁。」

賞析與點評

明道從萬物生機盎然、活潑潑的表現體會、領略到天道是以生物為心的，而從天道生物之心就可以體會到仁的真正涵意。即有仁德之人是以讓萬物能夠生生不已為心的，這種對仁的指點與體會，十分貼切。

1.24

明道曰：「滿腔子是惻隱之心。」

注釋　1 滿腔子：指整個身體，這應該是當時的方言。惻隱之心：見《孟子》〈公孫丑上〉、〈告子上〉，即不忍人之心。

譯文　明道說：「滿腔子都是惻隱之心。」

賞析與點評

明道用「滿腔子」來形容惻隱之心是一種遍佈人整個身體，而且與其他存在感通不隔、痛癢相關的心情，這把仁形容得很具體。仁心遍佈四體，不言而喻，因此滿腔都是惻隱，即感即應，毫無間斷。這句話也表達出聖人生命純粹而不間斷（純亦不已）的本質。

1.25

明道曰：「天地萬物之理[1]，無獨必有對[2]，皆自然而然，非有安排也。每中夜以思，不知手之舞之，足之蹈之也。」

注釋

1 理：此理是就氣化的流行、趨勢講，不是說天理本身。2 無獨必有對：指天地的生物方式，不會只是讓物單獨的存在，一定與其他事物相對。如有高就有低，有大就有小，有善便有惡（此善惡是比較的好與壞，並非道德上的善惡）。

譯文

明道說：「天地間萬事萬物的存在，都是成雙成對的，沒有一個是獨自存在的。這是生化的流行、趨勢，一切都自自然然，並不是誰有意安排、決定了這一切。我每當深夜想到這大自然造化的奧妙，就不自覺的手舞足蹈起來。」

賞析與點評

天地的生化總是成對的存在，故有善惡美醜，完全與不完全的不同。如果天地的生化沒有這種相對的表現，就會千篇一律，不顯生化之妙。明道此處表現了對天地氣化之妙的深刻體會，也表現了理學家觀照萬物的美學情調。此處所說的相對雖可以用有善有惡來舉例，但並非道德上的善惡。雖非道德上的善惡，但也可以含有君子與小人的不同。在現實社會上，人總有賢愚、忠奸的不同，對此情形，人當然不能不力圖改變，但也可以把這種有善即有惡的情形看作為天地造化流行所自然產生的趨勢，而加以涵容、包覆。這是明道所說「天下善惡皆天理」（《河南程氏遺書》，卷二上）之意。

1.26

明道曰：「中者，天下之大本[1]。天地之間，亭亭當當[2]，直上直下之正理。出則不是。惟『敬而無失』最盡[3]。」

注釋

1「中者」兩句：語出《中庸》首章：「喜怒哀樂之未發，謂之中。發而皆中節，謂之和。中也者，天下之大本也。和也者，天下之達道也。」2 亭亭當當：朱子解為「不

偏不倚，直上直下之意。」（《朱子語類》，卷九十五）

3 敬而無失：語出《論語・顏淵》：「子夏曰：『君子敬而無失，與人恭而有禮；四海之內，皆兄弟也。』」

譯文

明道說：「中，是天下的大本。也就是天地間直上直下，無所依待，只是一理所當然之道理。若離開這個，從別的地方去想，便不對了。只有《論語》所說的：『恭敬而無所偏倚』，最能表現「中」的意義。」

賞析與點評

此條所說的大本就是天理，這是就天理本身說，並非上一條從氣化的趨勢的不齊上說。就天理本身說，則此天理是「亭亭當當」，不依賴任何其他的東西，單靠自己就可以挺立，此一意思可以從人實踐道德只因為是理所當然而去做，完全不為其他理由，即是說只因為是理的緣故，就可以使人覺得不能不如此做。明道曾用「天理」來表示這方面的意思，如云：「天理云者，這一個道理更有甚窮已？不為堯存，不為桀亡。人得之者，故大行不加，窮居不損。這上頭來更怎生說得存亡加減。」（《河南程氏遺書》，卷二上）道德之理是無條件的，本來就該如此之理。故實踐道德只是為其所當為，這個道理不會因為人的為善與否而有所增損。明道這話也涵道德行為的價值內在於行動者的存心，而不在於行動的功效或結果之意。

伊川先生曰：「公則一，私則萬殊。『人心不同如面』[1]，只是私心。」

注釋

1 人心不同如面：語出《左傳・襄公三十一年》：「子產曰：『人心之不同如其面焉，吾豈敢謂子面如吾面乎？』」

譯文

伊川先生說：「公，便可以達到一致。私，便會有眾多的分歧。《左傳》說人心各自不同，就像人有不同的面貌，這就是從人的私心作意來說的。」

賞析與點評

普遍性是道德之理的一個特徵，人實踐道德是按照「所作的行為是人人都該做的」這一想法而行的，這便是「公」。如果行為的存心並不以此普遍性的原則為根據，則行為是出於為了自己個人的想法而行，那一定不是道德的行為。如孝敬父母是為了為人兒女本來便應該行，這便是出於普遍的公心；如為了獲得好處而行，便是出於私利的心，此便是人心之不同各如其面之心。伊川此處對公私之辨，說得十分清楚。

伊川曰：「凡物有本末，不可分本末為兩段事。『灑掃應對』是其然[1]，必有所以然。」

注釋

1 灑掃應對：出自《論語．子張》：「子游曰：『子夏之門人小子，當灑掃、應對、進退，則可矣。抑末也，本之則無。如之何？』」子游批評子夏的弟子只能在灑掃應對等日常的生活上用功，而不懂這些事情背後的根本道理。

譯文

伊川先生說：「凡事物都有本、有末，但不可將本、末分作兩回事。就像「灑掃應對」雖然是日常的小事，但人之所以這樣做，實在因為其中必已蘊含着必須如此做的根本道理。」

賞析與點評

伊川以「然」、「所以然」來區別事與理，思考十分精闢。一般人從事情上可以理解到經驗的科學之理，或事情所以會做成的事理，而不容易從現實的事情中體會到其所以能存在的超越的「所以然」之理。伊川所說的「所以然」之理也就是形而上的天理，對於此理，他也是如同程明道從道德之理的無條件性，即亭亭當當、不依於其他之意來說的。

伊川曰：「楊子拔一毛不為[1]，墨子又摩頂放踵為之[2]，此皆是不得中[3]。至如子莫執中[4]，欲執此二者之中，不知怎麼執得？識得，則凡事物上，皆天然有箇中在那上，不待人安排也。安排著則不中矣。」

注釋

1 楊子：字子居，戰國時人，主張「為我」。2 墨子：名翟，戰國時人，主張「兼愛」、「非攻」等學說。摩頂放踵：從頭頂到腳跟都受傷了。比喻捨身救世，不辭辛勞。典自《孟子·盡心上》3 中：不偏不倚，無過無不及。指中庸之道。4 子莫：春秋時代魯國的一位賢人。

譯文

伊川說：「楊朱主張『為我』，儘管拔一毛而有利於天下，都不肯為。墨子卻又主張『兼愛』，寧願不辭辛勞，為天下人奔波。這些都是太過或不及，不合於中庸之道。至於像子莫主張的執持中道，雖然是想在過與不及中找到平衡點，但是這裏要如何權衡，卻沒有一個普遍理則作為依據。如果真正懂得，便可知天下萬事萬物自然都有一個不變的道理在其中，是不需要人為的揣測、造作。如果刻意要在每一事中有一個安排，這便是私心作祟，就不是中道的體現了。

賞析與點評

此條對於「中」的難以明白作了闡釋：「中」當然就是合理，而理是不離事的，如何在事情上看到這「中」？伊川説「凡事物上，皆天然有箇中」，似乎是説「中」是客觀的存在，可以在事物上認取。但如果是此意，他就不能批評「子莫執中」了。從「中」不能執，可知事物之「中」，是需要通過在存心上做工夫才能了解的。此即上文所述的，人的心如果能夠按照理所當然，而不考慮自己的私利，就可以在事物上自然看到什麼是該有的處置方式。故求「中」的工夫是在心上做，在事物上並不能有一個「中」作為對象，使人有客觀的認知。

1.30

問：「時中如何[1]？」伊川曰：「中字最難識，須是默識心通[2]。且試言一廳，則中央為中；一家，則廳中非中，而堂為中；言一國，則堂非中，而國之中為中。推此類可見矣。如『三過其門不入』[3]，在禹稷之世為中，若『居陋巷』[4]，則非中也。『居陋巷』在顏子之時為中，若『三過其門不入』，則非中也。」

注釋

1 時中：中，不偏不倚、無過無不及之意。時，從時間的每一當下，顯出各事件的獨一性。伊川非常重視「時」的意義，如其在解釋《易》強調「隨時變易以從道」，即在每一件事的當下都能給出最恰當合宜的判斷。2 默識心通：語自《論語．述而》：「默而識之，學而不厭，誨人不倦，何有於我哉？」不須通過言說，心自然體會此天道的意義。3 三過其門不入：語自《孟子．滕文公上》：「禹八年於外，三過其門而不入，雖欲耕，得乎？」4 居陋巷：語自《論語．雍也》：「一簞食，一瓢飲，在陋巷。人不堪其憂，回也不改其樂。賢哉！回也。」

譯文

有人問：「如何理解『時中』？」伊川說：「『中』，這個意義最難把握，是沒有辦法藉由言說來理解，只能自己用心去體會。以一個大廳為例，大廳的中央就是中，但從一個家來看，大廳的中央就不是中，而是以堂為中。從國家來看，一家的堂又不是中，而是以國家的中心為中。從這樣的舉例就可以類推，「中」是沒有定體的，會隨着事、物，甚至隨着時間而改變其意義。從人的出處進退來看，忙於國事而未能兼顧家庭，但卻讓天下人都得以安身，這樣的處世在禹、稷身上是恰當合宜的。但如果禹、稷不顧自己的職責，卻隱居陋巷，只是修養自己，這樣就不是中正之道。居於陋巷而努力修養自己，在顏回當時，是恰當合宜的。但如果顏回當時不安於陋巷，而要像禹般忙碌於政事，這樣就不合乎中道了。」

賞析與點評

此條與上一條的意思大略相同，表示了聖賢所做的事情雖然不同，但他們做這些事情的根據或存心是一樣的。《中庸》、《周易》講「中」，伊川也強調「中」。「中」不能當作認識的對象，伊川通過這些譬喻來說明「中」是很難用確定的概念來說明，即「中」無定體。雖然我們可以在事中見到恰當合宜的表現，並體會此中有「理」作為根據使然，但行為的恰當合宜不代表就是理自身的意義。換言之，不可將「三過其門不入」或「居陋巷」視為理的內涵。理是沒有定體的，且就每一當下事顯其客觀、必然的理則。亦即理是一，但就每一事而言，皆可表現出千差萬別的表象，但推其本源，則都是理的必然之要求。因此，「三過其門不入」也好，「居陋巷」也好，都可以是「理」的體現。伊川從「時中」來說明「理」無定體，基本上仍是表現其思辨哲學的精神。即我們本來能理解「理」的，只是不能從經驗的表象上去理解，必須從具體事情中將理「抽」出來，體會此超越的理則是具有普遍性、必然性，即放諸四海皆準的。

1.31

伊川曰：「無妄之謂誠[1]，不欺其次矣。」

注釋

1 無妄之謂誠：《易經》有〈無妄卦〉，但據《二程集．河南程氏遺書卷第六》載此條下有注：「一本云：李邦直云：『不欺之謂誠。』便以不欺為誠。徐仲車云：『不息之謂誠。』《中庸》言至誠無息，非以無息解誠也。或以問先生，先生曰云云。」（頁九二）此條當是就《中庸》言「誠」作討論。《中庸》：「誠者，天之道也；誠之者，人之道也。誠者不勉而中，不思而得，從容中道，聖人也。」當時學者有以不欺來解釋「誠」，有以不息來解釋「誠」，並以此請教伊川。

譯文

伊川說：「真實無妄才可稱作誠，用不欺來規定誠，已經不是最本質的解釋了。」

1.32

伊川曰：「沖漠無朕[1]，萬象森然已具[2]。未應不是先，已應不是後。如百尺之木，自根本至枝葉，皆是一貫。不可道上面一段事無形無兆[3]，卻待人旋安排，引入來教入塗轍[4]。既是塗轍，卻只是一個塗轍。」

注釋

1 沖漠無朕：沖漠，沖虛無形。無朕，沒有徵兆。這句是對理的形容。性理不是能經驗之物，也不是知識的對象，因此對性理的形容只能從無形狀、無方所、虛寂、空曠等義來說明。2 森然：茂盛、繁多的樣子。3 無形無兆：此亦是對理的形容。4 塗轍：準則之意，即以性理作為萬事萬物的準則。塗，道路。轍，車輪輾過所留下的痕跡，引申為途徑、準則的意思。

譯文

伊川說：「理是虛空無形而沒有徵兆可見的，但事物的繁多複雜之相，已具備其中了。這是說事與理是緊密關聯着的，因此，當事情還沒有出現時，不能說先有事之理存在，也不能說當事情發生了之後，才有一個理作回應，事與理不能有時間上的先後可說。理與事的關係，就像百尺高的樹木一樣，從樹根到枝葉都是一個通貫的整體。不能說在上面的理是無形無狀，也沒有徵兆；要等待人來安排，引進原則來說明事情的合理，如果原則是要安排引進來的，則只是一個原則而已。就不是事物本身具備的原則了。」

賞析與點評

此條也表示了事（或存在物）與理有然、所以然的區分，或形上與形下之區分。雖可作出形上與形下的區分，但二者是一貫的。形而下的然，就是形而上的所以然的表現處，二者不能有時間上的先後可分。這表示了形而下的事物不能被看作是幻象，因為一切的人事都有天理貫注於其中。此可見伊川的哲學玄思。

伊川曰：「近取諸身[1]，百理皆具。屈伸往來之義[2]，只於鼻息之間見之。屈伸往來只是理，不必將既屈之氣，復為方伸之氣。生生之理，自然不息。如〈復卦〉言『七日來復』[3]，其間元不斷續，陽已復生。『物極必返[4]。』其理須如此。有生便有死，有始便有終。」

注釋

1 近取諸身：從切近處來作譬喻，語出《易經．繫辭下》：「古者包犧氏之王天下也，仰則觀象於天，俯則觀法於地，……。近取諸身，遠取諸物，於是始作八卦，以通神明之德，以類萬物之情。」2 屈伸往來：語出《易經．繫辭下》。指天地變化，自然循環不息。3 七日來復：見《易經．復卦》，〈卦辭〉。以七日作為一個循環。4 物極必返：見《鶡冠子．環流》：「美惡相飾，命曰復周。物極則反，名曰環流。」事情發展到極致，必會轉向發展。

譯文

伊川說：「從切近的人事來取譬，就可以知道，所有的道理都不離開這裏。例如天地間陰陽氣化往來不息的道理，只要從人的一呼一吸中就能體會。天地氣化的屈伸往來與鼻子的呼吸是同一道理，呼出來的氣，不必再轉而為吸進去的氣，也不必將已屈之氣轉而為要伸的氣，氣化生生不已，不必將已去的氣轉回來再用。就像〈復卦〉說的『七日來復』，在陰氣極盛之時，已有陽氣在下透顯，隨時待發。

因此，陰陽二氣是彼此交替，不會有斷滅之時。物極必返，道理必須如此。生死的問題也可以這樣看，萬物有生就有死，有開始就會有終結（不會有輪迴不滅的）。

賞析與點評

伊川反對用「循環」來理解氣化流行，他認為天地氣化是生生不已的，萬物生而又生，並不是已過去了的氣化又回來再生成變化，已逝去的生命也不會再生，伊川此說有反對佛教輪迴之說的用意。

1.34

明道先生曰：「天地之間，只有一個感與應而已，更有甚事？」

譯文　明道先生說：「天地間的一切存在，都只是表現一個感應的道理，不然還有什麼事呢？」

賞析與點評

明道靜觀萬物皆自得，善觀天地氣象，體會到一切存在事物的消長變化，都只表現一個感應之理。此感應之説，不可只從氣化世界的相對而言，還須從他對天地萬物只是「一體」來體會。既然天地間只是一個感應，人便應當端正自己，以免有不合理的感應產生。

1.35

問仁。伊川先生曰：「此在諸公自思之。將聖賢所言仁處，類聚觀之，體認出來。孟子曰：『惻隱之心，仁也[1]。』後人遂以愛為仁。愛自是情，仁自是性，豈可專以愛為仁？孟子言：『惻隱之心，仁之端也[2]。』既曰仁之端，則不可便謂之仁。退之言：『博愛之謂仁。』非也。仁者固博愛，然便以博愛為仁則不可。」

注釋

1「惻隱之心」兩句：此句見《孟子・告子上》。2「惻隱之心」兩句：此句見《孟子・公孫丑上》。

譯文

有人問仁的意思。伊川先生説：「這需要各位自己去揣摩、體會。將聖賢有關『仁』的言説匯聚起來，然後細細地體會。孟子説：『惻隱之心，仁也。』後來的人就把愛等同為仁。事實上，愛只是一種情感。仁則是上天賦予人的本性，是普遍、客觀的理則。因此怎麼可以用愛來規定仁？孟子說：『惻隱之心，仁之端也。』既然說惻隱只是透顯仁體的一個發端處，則惻隱之情就不可以說是仁。韓愈說：『博愛之謂仁。』這是不正確的。仁固然能表現為博愛，但直接用博愛來規定仁，就不對了。」

賞析與點評

伊川把孟子所說的「惻隱之心，仁也」理解為惻隱是愛，而愛是情；仁則是性，而性是理。情與性有形上、形下的不同。這裏對孟子言仁的理解雖未必正確，但也看出伊川富有哲學性思辨的精神。伊川將性（仁）與情（惻隱）區分開來，是要將普遍的理從具體的道德事件中抽出來看。在具體事件中，例如博愛的行為，單就博愛的行為本身，不能必然地判定它是道德的行為。因為只有出於愛人的博愛行為，才算是道德的。故要把道德行為中的根據抽出來正視。伊川此段文字中強調仁是性、愛是情，便是要做這種分析。根據此一路數，伊川所理解的仁是理，而不能直接以惻隱為仁。博愛的表現有可能只是因個人的主觀感受而表現出博愛，不必然具有普遍性。但對於道德的認識，必須真切地了解它不是主觀的情感，而只是普遍、必然的理則，且必須推諸四海皆準。即伊川認為行動之所以具有道德意義，必須是依普遍的理而發的。

1.36

問：「仁與心何異[1]？」伊川曰：「心譬如穀種，生之性便是仁，陽氣發處乃情也。」

注釋

1 仁與心何異：《孟子．告子上》：「仁，人心也。」伊川卻主張心與仁需要區分，自然有人對伊川的說法提出疑問。

譯文

有人問：「仁和心有什麼不同？」伊川說：「心就像稻穀的種子，稻穀所以生長，是因為種子內蘊藏着讓稻穀能生長之性，而仁就是心的生之性。當心與外物相接觸而有所表現，這就是情。」

賞析與點評

心是總括性與情的，情是心的具體活動表現，性是心中所具之理，也就是情的活動之所以然。伊川此一對心、性、情的關係的表示，表明了他所理解的心與理是有差別的，心中有理，但心不就是理，而情是心的具體表現，心與情亦要區分。

1.37

伊川曰：「義訓宜，禮訓別，智訓知，仁當何訓？說者謂訓覺、訓人[1]，皆非也。當合孔孟言仁處大概研窮之，二三歲得之，未晚也。」

注釋

1 訓覺：「訓」，解釋。明道從感通、一體來解說仁。明道弟子謝良佐便以「覺」訓「仁」。訓人：《中庸》曰：「仁者，人也，親親為大。」從人倫之道的親其所親，最能體現仁體的內涵。

譯文

伊川說：「義，就是恰當合宜。禮，是分別親疏的關係。智，是知，即能知是非。仁則要如何解釋？不論將仁解為「覺」，或解為「人」，都不是很恰當。對仁要做恰當的理解，應當回到孔孟論仁之處，好好去體會，即使需要兩、三年的時間才能了解，也不算是太晚。」

賞析與點評

伊川要從愛或惻隱的活動中，抽出所以能愛、能惻隱之理。他對此義十分重視，故說要用兩三年的工夫才可以知仁。其實後文所說的「公」，或朱子所說的「仁者，愛之理、心之德」（《論語集註・卷一》），就是伊川對於仁的了解。

伊川曰：「性即理也[1]。天下之理，原其所自，未有不善[2]。喜怒哀樂未發，何嘗不善？發而中節，則無往而不善。凡言善惡，皆先善而後惡。言吉凶，皆先吉而後凶。言是非，皆先是而後非。」

注釋

1 性即理也：這是伊川對人性的規定，即以仁義禮智作為人性的內涵，只有從這裏說，人才稱得上是人。伊川「性即理」的主張，深受朱子的重視與肯定。朱子說：「伊川『性即理也』，自孔孟後無人見得到此，亦是從古無人敢如此道。」（《朱子語類》卷五十九） 2「原其所自」兩句：由於人是以理作為本性，因此沒有不善。從這個意義看，雖然伊川也正視氣稟對人的限制，但還是以道德性為人性，而為性善論者。

譯文

人之所以為人，是以理作為根據，這便是人性。天下萬事萬物推其本源，皆以理作為其存在的根據，因此沒有一個存在不是善的。由此觀之，人在喜怒哀樂未發之時，自然也沒有不善。倘若人能依循此性理要求，恰當地表現情感，則不論應事、處物，也沒有一個不是善的。又從我們所使用的語言就可以觀察到這個道理，如說到善惡，我們會先說善，然後才說惡；說吉凶，會先說吉，然後才說凶；說是非，會先說是，然後才說非。因為天地萬物的存在皆以理作為根據，因此沒有一個不是善的，所有不善都是後起，並非事物的本來面貌。

賞析與點評

「性即理也」是伊川論性重要的規定。從理說性，即表示人之所以為人之性要從道德之理、天理來了解，而不能從生理自然來說。故宋儒所說的人性，是道德的人性，或作為一切存在的根據之理。此所謂「性理」或「義理之性」。

1.39

問：「心有善惡否？」伊川曰：「在天為命，在義為理[1]，在人為性，主於身為心，其實一也。心本善，發於思慮[2]，則有善有不善。若既發，則可謂之情，不可謂之心[3]。譬如水，只可謂之水，至如流而為派，或行於東，或行於西，卻謂之流也。」

注釋

1 義：朱子於此條下注：「在義為理，疑是在物為理。」（《二程集．河南程氏遺書卷第十八》）依上下文意看，改為「物」較為恰當。2 發於思慮：伊川認為心之發而為情，即表示一說發用就是「情」，情是具體發用的心。當心與外物相接觸而發為情，情有可能表現善，也有可能表現惡，但就心的本然狀態說，則是善的。3「若既發」三句：心是善的，但一旦表現而為情，則有善有不善。伊川認為，既然是就心的發用說，則與心的本然狀態有不同，既然不同，就不可以認為心就是情。二者仍有分別。

譯文

有人問：「心有善惡嗎？」伊川回答：「這本體，就天地的生化來說，我們稱它作命。就其在萬物的存在處，則說是理。就人而言，則稱為性。在作為人生命的主宰，則稱為心。名稱雖然不一樣，但所指是相同的。因此心就其本然的狀態是善的，但當它與外物相接而產生各種思慮時，就有善有不善了。心的發用表現，須稱作情，不可稱作心。就像水尚未流動時，稱它作水，但一旦開始流動，不論流到東邊，或流到西邊，都只稱作流，而不叫作水。心跟情的關係也是這樣。」

賞析與點評

從本條說命、理、性、心，其實是一，而且說心本然是善的，則伊川所說的心好像通於孟子言本心，心即是理。但伊川又認為心本來是善的，發用才會有不善。情是具體發用的心，惡是在發而不中節而產生，所以情原則上還是善的。一說情就不是心，就像流是水，但流不是原初的水。從這些分析可以看到，伊川所說的心並非「心即理」的「本心」，因為如所說的是本心，則本心之發不能說有不善。故伊川所說的心，意義上有模稜兩可處。當然，從伊川的分析中，可以看到他的精察，並且具有哲學思辨的精神。

伊川曰：「性出於天[1]，才出於氣。氣清則才清，氣濁則才濁。才則有善有不善，性則無不善。」

注釋　1 性：伊川以理規定人性，除前一條所説外，又有：「性即理也，所謂理，性是也。」（《二程集·河南程氏遺書卷第二十二上》）

譯文　伊川説：「性是上天賦予人的本性，是性即理的性。才是源於人的氣稟。氣稟清明的人，他的才能自然清明優秀。氣稟昏濁的人，他的才能自然偏於昏昧愚鈍。所以，才能有好的與不好的分別，但是就人稟賦於上天美好的德性來説，人的本性沒有一個是不善的。」

賞析與點評

理性與才性都可以説是天生的，伊川對二者天生之性的來源作了區分，即性理是從天道而來的，而人的清濁、厚薄、賢不肖的才性，則源於氣。出於天者，是理性，此性在人、我，甚至是物，都是一樣的。而人之所以有賢智的不同，及有人與物的不同，是由於氣的參差不齊。

伊川曰：「性者自然完具，信只是有此者也。故四端不言信[1]。」

注釋

1 四端：惻隱、羞惡、辭讓、是非四端，在伊川的理論裏是就情說。

譯文

伊川說：「性即理也，仁、義、禮、智、信五常之理自然完備。但一說到「信」，就在仁、義、禮、智真誠不疑中體現，因此就其自身並無定體。故孟子言四端只對應四德，而不言信，因為信就在四德中表現。」

賞析與點評

這段話出自《二程集．河南程氏遺書卷第九》。這段話應為伊川所言，但《近思錄》摘錄過於簡略。原文為：「仁者公也，人（一作仁）。此者也；義者宜也，權量輕重之極；禮者別也（定分）。知者知也，信者有此者也。萬物皆有性（一作信）。此五常性也。若夫惻隱之類，皆情也，凡動者謂之情。（性者自然完具，信只是有此，因不信然後見，故四端不言信）」此段明白表示，信有仁、義、禮、智之意，並不能獨立地標舉出來。

1.42

伊川曰：「心生道也[1]。有是心斯具是形以生。惻隱之心，人之生道也。」

注釋 1 生：此「生」字就天道說，是創生，就人心說，是體現，即充分彰顯道體之意。

譯文 伊川說：「心是天的生化之道的表現。人稟受此心，是連同有限的形體而生的。因此，惻隱之心便是人的生道。」

賞析與點評

這段話出自《二程集·河南程氏遺書卷第二十一下》。伊川云：「心生道也，有是心，斯具是形以生。惻隱之心，人之生道也，雖桀、跖不能無是以生，但戕賊之以滅天耳。始則不知愛物，俄而至於忍，安之以至於殺，充之以至於好殺，豈人理也哉？」伊川認為天地生物之心，在人處表現為惻隱之心，人人都有這心，桀、跖也本有惻隱之心，只是因為逐步戕害，以致喪失。伊川從生道來體會仁，也是一種很具體妥貼的理解。

1.43

橫渠先生曰：「氣坱然太虛[1]，升降飛揚，未嘗止息。此虛實動靜之機，陰陽

剛柔之始。浮而上者陽之清，降而下者陰之濁。其感遇聚結為風雨，為霜雪。萬品之流行[2]，山川之融結，糟粕煨燼，無非教也[3]。」

注釋

1 坱（粵：jœŋ²；普：yǎng）然：形容氣化流行絪緼盛大的樣子。太虛：張載《正蒙．太和篇第一》有「太虛無形，氣之本體」，「太虛不能無氣，氣不能不聚而為萬物，萬物不能不散而為太虛」。太虛即超越的性體、神體、道體。2 行：別本作「形」。3 **無非教也**：「教」，不是言說的教訓，而是從無處不是道，無處不是體道的契機說教。一切氣化無不是太虛神體的神妙變化，無處不是實理實事，因此道就在眼前，眼前無不是道的體現。

譯文

橫渠先生說：「充實飽滿的氣化流行，無一處不是太虛神體妙用其中。氣上升、下降流行不滯，未嘗停止，這就是萬事萬物虛實動靜變化的契機，陰陽二氣偏剛偏柔差異的開始。游移在上的是清明的陽氣，往下沉的則是昏濁的陰氣。陰陽二氣相遇、交感而形成風雨、霜雪等各種可能的現象。天地萬物各種的變化、差異，山川冰水的凝結或消融，甚至微小渣滓、灰燼，無不是太虛神體的作用，因此無處不是體會道的契機。」

賞析與點評

橫渠比較重氣，但並不是以氣為本體，而是認為從氣的往來、動靜、屈伸等變化中，可以看到道體的妙用，故橫渠是「體用不二」地說。在本條中，他從氣化的種種作用變化來說「無非教也」，就是要人即於氣化流行中，體會於其中妙運一切，使一切變化成為可能的道體。這樣，既可以具體了解無形的道體的作用，明白一切都是上天藉着氣化來啟發、教導我們，也可以由於一切都是道的呈現，而肯定世界存在的真實性。

1.44

橫渠曰：「游氣紛擾[1]，合而成質者，生人物之萬殊。其陰陽兩端，循環不已者，立天地之大義。」

注釋

1 游氣：四處發散，參差不齊的氣。

譯文

橫渠説：「流行之氣，參差不齊，凝聚而成有質定限制的存在，而表現人與物的種種差異。即使如此，陰陽二氣的活動仍沒有任何增損，且其作用仍循環不息，從這裏就可以了解太虛神體的神妙作用，使陰陽二氣流行沒有凝滯之大義。」

賞析與點評

此條表達了對天地生化的兩種觀點，從「游氣」的參差不齊，說明人與物的不同，這是「細分」的觀點；用「陰陽」的往來循環不已，來說明天地生化的大義，這是「總體」或宏觀的觀點，也可以說不管人與物的生化是如何參差不齊，都是陰陽兩端的往復生化。這條很能表現張橫渠宇宙論的見解。

1.45

橫渠曰：「天體物不遺[1]，猶仁體事而無不在也。『禮儀三百，威儀三千』[2]，無一物而非仁也。『昊天曰明，及爾出王。昊天曰旦，及爾游衍[3]』，無一物之不體也。」

注釋

1 體物不遺：「體」，體現，讓萬物能夠真實的存在。不遺，體萬物而不遺，即在物處，可見道的神妙作用，一個也不會欠缺。語出《中庸》第十六章。2「禮儀三百」兩句：禮儀，指婚冠喪祭等大禮。威儀，即進退、升降、揖讓等小禮。禮儀三百，威儀三千，即指一切大大小小的禮節無不包含在內。語出《中庸》第二十七章。3「昊天曰明」四句：引自《詩經・大雅・板》。昊天，廣大的天。出王，「王」假借為「往」，猶出遊。遊衍，遊逛、遊樂。意思是廣大的天是這樣光明，照耀你來往的每一個角落。廣大的天是這樣明亮，普照你出遊的每一處旅地。

譯文

橫渠說：「天道創生萬物，體現其神妙作用，一個也不會遺漏。好比仁者對人間所有事情，沒有不關注的。『禮儀三百，威儀三千』在這裏頭，沒有一件事情不是仁道的實現。《詩經》說：『昊天曰明，及爾出王。昊天曰旦，及爾遊衍』，即表示天道神妙莫測，沒有一個存在物不被天道所體貼、成就。」

賞析與點評

沒有一件事情是仁者不關心的。橫渠此說的確表達了仁者的心情，他以仁心的要求成就一切來說明或體會天道體物不遺的作用，即是以道德的實踐來說明宇宙的生化，這也非常貼切。橫渠此說也表達了人要充分實現仁心的要求，使人能真正像天道一般，能成就一切，這就是所謂「以人合天」的精神。

1.46

橫渠曰：「鬼神者[1]，二氣之良能也。」

注釋

1 鬼神：就陰陽二氣說。朱子說：「『鬼神者，二氣之良能』，是說往來屈伸乃理之自然，非有安排佈置，故曰『良能』也。」（《朱子語類》，卷第六十三）

譯文

天地萬物屈伸往來的變化，都是陰陽二氣自然的流行，也就是鬼神的作用。

賞析與點評

這條是橫渠代表性的言論。用二氣的良能來說鬼神，這對鬼神提出了一個宇宙論的解釋。鬼神是氣化的兩種作用。即鬼者「歸」也，神者「伸」也。此義見後一條。

1.47

橫渠曰：「物之初生，氣日至而滋息[1]。物生既盈，氣日反而游散。至之謂神，以其伸也。反之謂鬼，以其歸也。」

注釋

1 滋息：滋長生息。息，生息。

譯文

橫渠說：「萬物剛開始生長，陰陽二氣沒有一刻不匯聚而使萬物增長。等到萬物的生長已經成熟、壯大，陰陽二氣便慢慢地游離、消散。氣的凝聚、匯入稱作神，因為是伸長的意思，所以稱作神；氣的離開、回歸稱作鬼，因為是回歸，故用鬼來說。」

1.48

橫渠曰：「性者，萬物之一源，非有我之得私也。惟大人為能盡其道[1]，是故立必俱立，知必周知，愛必兼愛，成不獨成。彼自蔽塞而不知順吾理者[2]，則亦末如之何矣[3]。」

注釋

1 大人：有圓滿德性之人。2 蔽塞：因為自私而障蔽了本性。3 末如之何：也無可奈何。語出《論語・子罕》。

譯文

橫渠說：「性體作為天地萬物存在的根源，是普遍的、必然的，並不是我一個人私有的。只有具備偉大人格的人（聖人）能把此性體充分地表現出來：所以立己的同時，必須含着立一切人才能說立；一有所覺知，此知必須含着天地上下之知才稱作知；一有所愛，此愛必須就愛天地萬物而說的愛；所謂成就，此成必須是在成就天下一切善的事情才說成。但對於那一些私心自用，不能順從他的，也是我們的本性要求而行的人，也無可奈何了。」

賞析與點評

橫渠言性，從人物同一根源的天道來說，以天道為性，故此性不是人所能私有的，這如同前面伊川說「性即理也」之義。而從此義來說性，並非抹煞了人與物的不同。人與物的不同，宋儒從氣稟的不齊來說明，從前面橫渠所說的「游氣」（1.44 條）可見。此保住人、物或人禽的不同，並非為了說明人可以主宰萬物，而是說由於人的氣稟較其他萬物為優異，可以體現天道於人的生命中，於是人必須親親、仁民、愛物，成就一切、善化一切。橫渠於本條表達出這種自覺以天道為性，便必須以天道生化一切為自己的存心的理想主義的精神。

1.49

橫渠曰：「一故神[1]。譬之人身，四體皆一物，故觸之而無不覺，不待心使至此而後覺也。此所謂『感而遂通』[2]，『不行而至，不疾而速』也[3]。」

注釋

1 一故神：此神就性體、道體神妙不測說。一，即道體、性體、太極之體。《正蒙・參兩篇第二》：「地所以兩，分剛柔男女而效之，法也；天所以參，一太極兩儀而象之，性也。一物兩體，氣也；一故神，兩在故不測。兩故化，推行於一。此天之所以參也。」此段表示了道體、性體之「一」，在陰陽氣化的「兩」中體現其妙用。2 感而遂通：《易經．繫辭上傳》曰：「《易》無思也，無為也，寂然不動，感而遂通天下之故。」《易經》說寂感是就誠體、神體言體用；因此一說體，便有與天地萬物相感、相通之用。橫渠此處即承此意。3「不行而至」兩句：語自《易經．繫辭上傳》。因道體含感通的作用，而且此感通是無限的，因此不待事情發生，便能通透了解、掌握。

譯文

橫渠說：「天道神妙變化，無所不至，無所不感，無所不通，就像人的身體，四肢都屬同一個身體，不論觸碰到哪一個部位，全身都能同時感覺到，不用等待意念的產生才覺察到觸碰。這就是《易傳》所說『感而遂通』，『不行而至，不疾而速』的道理。」

賞析與點評

橫渠認為在人的形體存在中，有從本體而來的神用，此神用即於人的生命、形體而表現，故人的生命活動不能只以物質性的形體的功能來說明。人的生命所以能夠「感而遂通」、「不行而至、不疾而速」，就是因為有神體在其中起作用。

1.50

橫渠曰：「心，統性情者也[1]。」

注釋 1 統：依朱子解：「統，猶兼也。」（《朱子語類》，卷九十八）又解作「如統兵之統，言有以主之也。」（《朱子語類》，卷九十八）

譯文 橫渠說：「心統攝性與情。」

賞析與點評

這句話朱子非常看重，在朱子理論中，「心統性情」具有關鍵意義，即「性者，理也。性是體，情是用。性情皆出於心，故心能統之。」（《朱子語類》，卷九十八）依朱子之意，性具於心，為心之理，情是心的具體發用，而情的發用是否合理，須看心能否依性理的規定而活動。故性情都不離開心，但心、性、情是不同的。此是朱子之理解，在橫渠，心統性情的意思是否如此，則不能決定。

1.51

橫渠曰：「凡物莫不有是性[1]。由通蔽開塞，所以有人物之別。由蔽有厚薄，故有知愚之別。塞者牢不可開。厚者可以開而開之也難，薄者開之也易，開則達

於天道，與聖人一。」

注釋

1 性：天地萬物的氣稟雖然不同，但所稟受於天的性卻是「一」，天地萬物皆有性，以性作為其存在根據，而人所以成聖，也是因為性體內在於我的緣故。

譯文

橫渠說：「天地萬物的存在沒有不是以性作為其存在的根據，但因稟受的氣不同，而有通暢、一偏、開明、閉塞的差別，因此造就了人與物的不同。又因為氣偏蔽有較多和較少的分別，因而人又有聰明與愚昧的區分。物因為氣性完全阻塞不通，所以不可能將天道的意義彰顯出來。在人，雖然只是厚薄的差別，但氣性厚濁的人，即使可以體道，但卻必須艱難地用工夫，才可以突破氣性的限制。至於障蔽較少的人，因為很容易體道，所以一旦體道，便能通曉天道生物之心，且與聖人實踐德性意義相同。」

賞析與點評

此則除了說明萬物是同一性體，也對人與物氣質的不同作出考慮。可見橫渠對義理之性與氣質之性有清楚的意識。

卷二　為學

本卷導讀——

本卷討論為學的要旨。宋儒所說的為學，是探討成聖賢的工夫或方法。故此所謂「學」，是德性之學，而不同於知識的學習。本卷的內容對於德性之學的本質做了規定，對於這種學問的方法或工夫，也作了詳細的論述。

2.1

濂溪先生曰：「聖希天[1]，賢希聖，士希賢。伊尹、顏淵[2]，大賢也。伊尹恥其君不為堯舜，一夫不得其所，若撻於市。顏淵『不遷怒，不貳過』[3]，『三月不違仁』[4]。志伊尹之所志，學顏子之所學，過則聖，及則賢，不及則亦不失於令名。」

注釋

1 希：希冀、效法的意思。2 伊尹：殷商初期的賢臣，輔佐商湯建立商朝。3「不遷怒」兩句：見《論語・雍也》。不會把怒氣發泄在不相干的人、事、物上，犯過的錯誤也不會再犯第二次。4 三月不違仁：見《論語・雍也》。三月，形容時間很長。指很長的時間都能維持心境誠實自由和樂的境界。

譯文

周濂溪先生說：「聖人希冀如同天道一般，賢人希冀成為聖人，士人希冀成為賢人。伊尹和顏淵都是偉大的賢者，但是他們體現出來的德行卻有不同。伊尹認為，如果不能讓他輔佐的國君成為堯舜般的聖君，就是他作為人臣的恥辱；在國家中，如果有人不能獲得安身之所，就覺得自己好像在市集裏遭受眾人的鞭打與撻伐。顏淵則用心在內省的德性工夫上，他不會將怒氣發泄在別人身上，即使有了過失，也不會再犯。由於他懇切地作修養工夫，因此能長期維持心境符合仁的境界。如果一個人能夠以伊尹的志向作為自己的志向，並學習顏淵的內省工夫，超過他們就能夠成為聖人；和他們一樣，就能成為賢者；即使不如他們，至少也有美好的名聲。」

賞析與點評

希賢、希聖、希天，說明了儒家學問的進程與階等。濂溪表示了人一定要往上追慕，這是生命的向上之機。如果不維持此一向上之機，生命就會下墮。「聖希天」可以有兩種理解：其一，聖即天，聖人完全符合天道，但聖人雖然已經是聖人，卻不覺得自己是聖人，如孔子說：「若聖與仁，則吾豈敢？」（《論語・述而》）不覺得自己如同天地一般「無不持載，無不覆幬」（《中庸》第三十章），仍體察到自己生命的有限，因此在主觀上仍不斷要求自己修養德性。其二，聖與天仍有距離，人終究是有限的存有，相對於無限的天道，人不管如何實踐，也無法實踐完全。

伊尹、顏淵都是賢者，但他們表現出來的德行卻很不一樣。伊尹把天下的重擔放在自己身上，以天下為己任，而顏淵則表現出自省的工夫。濂溪將二人作為人志學的目標，即表示這兩人正好表現一重內聖、一重外王的儒家兩種形態。內聖外王本來是相通的，但這兩人卻只顯一面，顯然仍受到氣性偏重的影響，所以只是賢者。聖人則能內聖外王，不會偏重一方。濂溪言成聖的工夫，一方面以天下為己任，一方面在發心動念處作嚴格的考察，兩面下功夫，便可達到儒家之學內聖外王的終極目標。

2.2

濂溪曰：「聖人之道，入乎耳，存乎心[1]**。蘊之為德行，行之為事業。彼以文**

辭而已者，陋矣！」

注釋　1「入乎耳」兩句：語出《荀子》：「君子之學也，入乎耳，箸乎心，布乎四體，形乎動靜；端而言，蝡而動，一可以為法則。小人之學也，入乎耳，出乎口；口耳之間，則四寸耳，曷足以美七尺之軀哉！」（《荀子．勸學》）存：內化、反思之意。

譯文　濂溪說：「對於聖人的道理，在聽聞之後，要存放在自己的內心。涵蘊久了就會成為自己的德行，實踐在社會上就會成為事業。那些只把聖人的道理鋪陳為華麗的文章，是很淺陋的。」

2.3

或問：「聖人之門，其徒三千，獨稱顏子為好學[1]。夫詩書六藝，三千子非不習而通也，然則顏子所獨好者，何學也？」伊川先生曰：「學以至聖人之道也。」「聖人可學而至歟？」曰：「然。」「學之道如何？」曰：「天地儲精[2]，得五行之秀者為人[3]。其本也真而靜[4]。其未發也五性具焉，曰『仁義禮智信』。形既生矣，外物觸其形而動其中矣。其中動而七情出焉，曰『喜怒哀樂愛惡欲』。情既熾而益蕩，其性鑿矣[5]。是故覺者約其情，使合於中，正其心，養其性[6]。

愚者則不知制之，縱其情而至於邪僻，梏其性而亡之[7]。然學之道，必先明諸心，知所往，然後力行以求至，所謂『自明而誠』也[8]。誠之之道，在乎信道篤。信道篤則行之果，行之果則守之固。仁義忠信，不離乎心。『造次必於是，顛沛必於是』[9]，出處語默必於是。久而弗失，則居之安[10]。動容周旋中禮[11]，而邪僻之心無自生矣。故顏子所事，則曰：『非禮勿視，非禮勿聽，非禮勿言，非禮勿動[12]。』仲尼稱之，則曰：『得一善則拳拳服膺而弗失之矣[13]。』又曰：『不遷怒，不貳過[14]。』『有不善未嘗不知，知之未嘗復行也[15]。』此其好之篤，學之道也。然聖人則『不思而得，不勉而中』[16]，顏子則必思而後得，必勉而後中。其與聖人相去一息，所未至者，守之也，非化之也。以其好學之心，假之以年，則不日而化矣。後人不達，以謂聖本生知，非學可至，而為學之道遂失。不求諸己而求諸外，以博聞強記、巧文麗辭為工，榮華其言，鮮有至於道者。則今之學與顏子所好異矣。」

注釋

1 獨稱顏子為好學：出自《論語．先進》：「季康子問：『弟子孰為好學？』孔子對曰：『有顏回者好學，不幸短命死矣！今也則亡。』」 2 儲精：朱子解：「儲，謂儲蓄。天地儲蓄得二氣之精聚，故能生出萬物。」（《朱子語類》，卷第三十） 3 五行：指金、木、水、火、土。4 **其本也真而靜**：指人以太極為性，這本性原是真誠而平靜的。5 **鑿**：傷害。6 **養其性**：在「養其性」後，伊川的原文有「故曰性其情」一句。此在伊川是關鍵句，不知為何朱子與呂祖謙刪掉此句。「性其情」一句，出於王弼（《周易》注），可能朱子認為此句有道家的玄理意味，故刪。陳榮捷《近思錄詳註集評》提出朱子刪掉此二句（包含下一句的「故曰情其性」），是因為朱子反對伊川將情視作惡的。（見該書，頁七一）此說可供參考。7 **梏其性而亡之**：在「梏其性而亡之」後，原文有「故曰情其性」一句。8 **自明而誠**：《中庸》第二十一章：「自誠明，謂之性；自明誠，謂之教。誠則明矣，明則誠矣。」從明而誠，即明白本性的意義，然後充分的實現出來，這便是教，也就是學而知之。9 **「造次必於是」兩句**：語自《論語．里仁》。造次，倉促，緊迫。顛沛，比喻世道衰亂或人事挫折。君子時時以仁存心，即使處在倉促不安的局勢中也是如此。10 **居之安**：語自《孟子．離婁下》。居之安，指對於所認識的深信不疑。11 **動容周旋中禮**：語自《孟子．盡心下》：「動容周旋中禮者，盛德之至也。」中禮之中，是自然而中，非有意於中。此句指容貌言行細微曲折處，無不自然合於禮的要求。12 **「非禮勿視」四句**：語自《論語．顏淵》。顏淵問仁，孔子回答在視聽言行都不能違背禮。13 **得一善則拳拳服膺而弗失之矣**：語自《中庸》第八章：「子曰：『回之為人也，擇乎中庸，得一善，則拳拳服膺而弗失之矣。』」拳拳，持守不失的樣子。服膺，奉持謹守。得一善，便能反求諸己身，希望自己能真有此善；若能如此，則便真有此善，因善的根源即在本心善性中。

14「不遷怒」二句：語自《論語．雍也》。見本卷第2.1條。

15「有不善未嘗不知」兩句：語自《易經．繫辭下》。是說顏淵在不善的念頭產生時，一定能省察到，而且不讓它表現為行為，這可見顏淵內省工夫的深切。

16「不思而得」兩句：語自《中庸》第二十章：「誠者，不勉而中，不思而得，從容中道，聖人也。」不用思考就明白道理，不用勉強就可以表現恰當的行為。

譯文

有人問：「孔子門下學生有三千人之多，孔子惟獨稱讚顏回好學。孔子教導學生學《詩》、《書》，習六藝，這三千多個學生並不是不精通這些學問，那麼顏回所用心學習的究竟是什麼？」伊川先生說：「顏回所學的，是要如何成為聖人的學問。」又問：「聖人的境界是一般人可以通過學習而達到的嗎？」伊川說：「可以。」又問：「學習的方法是什麼？」伊川先生說：「天地通過陰陽二氣的精聚而生萬物，人則是五行中最靈明的。其初始的本性是至誠而真，淡然而靜。當尚未與外物相接觸時，仁、義、禮、智、信五性完整具足在人心之中。但人的形體既然已經存在，則外物必會觸動人的形體，而內心也會因而受到影響。心一旦受到影響，就會產生七情，即表現喜、怒、哀、樂、愛、惡、欲七種情緒。情感表現愈加熾熱，情緒反應就會愈加放蕩，人的本性就會受到影響而遭受傷害。所以，對德性有所覺察的人就會約束自己的情感，使情感的表現合於內在性理的要求。這就是端正自己的內心，涵養自己的本性。昏昧愚鈍的人則不能覺察自己的善性，因此不知道節制自己的情感，反而放縱自己的情緒任由外物牽引，因而到了邪惡偏激的地步。這是禁錮了自己的本性，反覆傷害使本性消亡了。但是為學的方法，必須先使心明白自己是以仁、義、禮、智、信為性，了解到這才是人所應當追求實現的，然後努力修養以求達成此目標。這就是《中庸》所說的『自明而誠』。達到「誠」的方法，在於肯認天道性理是人內在的本性，是人的絕對價值。當人深信這個道理，自然在實踐過程中能果斷。能果斷實行便能持守穩固，不輕易受外物搖動。於是仁、義、忠、信時時都在心中體現，如孔子所說『造次必於是，顛沛必於是』，不論是出仕或在家，發表言論或沉默不言都能固守着這些德性。如果能長期持守這些德性而不喪失，就可以自然而然地表現恰當的行為。應事接物時能恰當合宜而無偏失，這樣偏邪乖逆的想法自然就不會產生。所以顏回為學的工夫就是『不合於禮就不要去看，不合於禮就不要去聽，不合於禮就不要去說，不合於禮就不要去做。』孔子稱讚顏回，說他『學到一個好的道理，便能反求諸己身，希望自己真有此善而不喪失』、『不遷怒於他人，犯過的錯誤不會再犯』、『隨時戒慎恐懼，一有偏失便立即覺察，既覺察了就不會讓它表現為行為。』這就是顏回對德性之學能篤實的愛好，而且用心學習的方法。但顏回修養的境界仍與聖人有所差別。聖人體現德性是『不用苦心思慮便能明白道理，不必勉強遵循就能合於中道』，而顏回卻必須通過反省才能覺知性理的意涵，必須勉力學習才能符合德性的要求，這就是他與聖人所差的一點點。這一點差距在顏回仍必須通過自覺來持守，而並非像聖人已達到自然而然的化境。但即使如此，以顏回在修養德性上的用心與努力來看，如果他能再活久一些，他所體現的修養境界當同於聖人般，達到自然而然的化境。後人不明白這個道理，以為聖人天生就是如此，不須通過學習就能體道，致使為學以成聖人的方法被忽略而喪失。人不再反求諸己以實現自己本有的德性，反而求之在外，以追求豐富的經驗知識、製作精巧華麗的文章作為追求的目標。只追求華麗文藻是不可能體現聖人之道的，由此可見現代人所追求的與顏子所用心的學問是截然不同的。」

賞析與點評

這篇是伊川有名的文章。雖然是其少作，但已經能把儒家所說的學問，主要是生命實踐之學，也就是成德之教，作出了清楚的說明。本文從闡釋顏子的好學，即好成聖之學，而對於此學的要領、方法，做了系統的陳述。此文亦明白表示了用心於內省是成德之教不同於一般的學習之關鍵所在。北宋儒者比較看重顏淵，認為順着顏淵的學問工夫及生命表現，便可以達到孔子的聖人境界。聖人之化境不容易效法，而顏子在《論語》中所表現出來的，則是一個從明理而生正確的實踐，以及從賢以入聖的學習典範。

2.4

橫渠先生問於明道先生曰：「定性未能不動[1]，猶累於外物，何如？」明道先生曰：「所謂定者，動亦定，靜亦定，無將迎[2]，無內外。苟以外物為外，牽己而從之，是以己性為有內外也。且以性為隨物於外，則當其在外時，何者為在內？是有意於絕外誘，而不知性之無內外也。既以內外為二本，則又烏可遽語定哉？夫天地之常，以其心普萬物而無心；聖人之常，以其情順萬事而無情。故君子之學，莫若廓然而大公，物來而順應。《易》曰：『貞吉，悔亡，憧憧往來，朋從爾思[3]。』苟規規於外誘之除[4]，將見滅於東而生於西也。非惟日之不足，顧其端無窮，不可得而除也。人之情各有所蔽，故不能適道，大率患在於自私而用智。自私則不能以有為為應跡，用智則不能以明覺為自然。今以惡外物之心，而求照無物之地，是反鑒而索照也。《易》曰：『艮其背，不獲其身。行其庭，不見其人[5]。』孟氏亦曰：『所惡於智者，為其鑿也[6]。』與其非外而是內，不若內外之兩忘也。兩忘則澄然無事矣。無事則定，定則明，明則尚何應物之為累哉？聖人之喜，以物之當喜；聖人之怒，以物之當怒；是聖人之喜怒，不係於心而係於物也。是則聖人豈不應於物哉？烏得以從外者為非，而更求在內者為是也？今以自私用智之喜怒，而視聖人喜怒之正為如何哉？夫人之情，易發而難制者，惟怒為甚。第能於怒時遽忘其怒，而觀理之是非，亦可見外誘之不足惡，而於道亦思過半矣。」

注釋

1 定性：通篇雖討論「定性」，但實是討論如何定心，是工夫上的問題。性就是理，是客觀的理則，是作為天地萬物存在的超越根據，其本身是不會有定不定的問題。定不定只就人能否將此性理表現出來而說。又表現或體現性體是必須通過實踐的主體，即心的自覺活動。心的自覺活動既可將性理具體體現在日用中，而此心即是性理的活動；但也可以自我下墮而不純粹依從性理的要求而行，而成為經驗的決意的心，因此心才是實踐工夫的下手處，其本身才有定不定的問題。明道雖然針對橫渠定性問題作出回答，但其實是回答如何定心的問題。2 將迎：送往迎來的意思，出自《莊子．知北遊》：「聖人處物不傷物。不傷物者，物亦不能傷也。惟無所傷者，為能與人相將迎。」3「貞吉」四句：語自《易經．咸卦》，〈九四．爻辭〉。貞，即正。具有敬義工夫，此處強調虛中無我之意。虛中，故能大公無私；無我，故能物來順應。憧憧，往來不絕貌。朋從，朋類相從。思，思慮。此句說明人心感應無窮，無有止息。若能大公無私，物來順應，則能吉而無悔；倘若不能得正，則將隨順朋類，心緒紛亂地逐於外物而不休。4 規規：識見短淺拘泥的樣子。5「艮其背」四句：語自《易經．艮卦》卦辭。〈彖傳〉曰：「艮，止也。時止則止，時行則行，動靜不失其時，其道光明。」背在後，是身體比較不活動之處，譬喻人當「止」之地。止於當止便能無我而不自私。行其庭，不見其人，指行事時，只依理而行，不見利害私慾在其中。整句說明不論動靜出處都依理而行，止其所當止。6「所惡於智者」二句：出自《孟子．離婁下》。自以為聰明的人，為人所厭惡的地方就在於他私心用意而不能依理而行。

譯文

橫渠先生問明道先生說：「我要貞定心性，卻不能使它不動，而且還不斷受外物影響，那該怎麼辦？」明道先生說：「所謂貞定心性，是指不論與外物相接觸，或不與外物相接觸時，都能貞定，心不搖動。不因為外物的往來而有心去迎或送，也沒有物在外而我在內的區別。倘若以為外物是在我之外，和我是不同的，然後勉強自己去與外物相應對，這就是視自己的本性有內外之別。而且如果認為本性會隨着事物牽引在外，那麼當隨物在外時，在內的又是什麼？這種想法，是有意去除外物的引誘，卻不知本性是沒有內外的區分的。如果以性在內、物在外，二者有不同的根源，則怎麼可能有貞定的境界呢？天地的常道在於能以它的心為普遍的妙運萬物，而又無私心；聖人的常情則在於以他的情順應萬物而無私情。因此君子為學必須寬廣開闊，大公無私；面對事情時，則按着當然之理來處置。《易經・咸卦》說：『若能正當無私，則能吉而無悔；若出於私心而不得正，則將心思紛亂，逐於外物而不休。』如果執意杜絕外物的誘惑，則在東邊消滅它們，它們又會在西邊出現。這樣的話，不只因為時間有限，更是因為外誘無窮無盡，根本不可能根除。人的性情各自有不同的障蔽，因此不能直接通達大道；大抵而言，問題都出在自私卻又自以為聰明。自私就不能只因為順應事物所以才去作為；自以為聰明，就不能自然而然的表現本心的明覺。現在以厭惡外物的心，而要求在沒有事物存在的地方來表現心的光照，這就好比將鏡子隱藏起來，而希望能映照外物，這是不可能的。《易經・艮卦》說：『止於所當止而不見自己的私慾。與人應對，止於理之所當為而不見利害在其中。』孟子也說：『所以會厭惡自以為聰明的人，在於他私心用意而不能依理而行。』與其只肯定在內的心性，而將外在事物當作不合理而加以排除，不如將人我內外的分別都消泯。消泯分別，心中就能澄澈貫通而安然無事。心安然無事就能穩定平和，穩定平和就能光明清澈。心光明清澈，則在應對萬物時又怎麼會被外物所牽累？聖人的喜，是因為所面對的事物合理，所以喜；聖人的怒，是因為所面對的事物不合理，所以怒。因此，聖人的喜怒，不是取決於他自己的心，而是決定於外物是否合理。如此，聖人哪裏是守着自己的心性，而不與外物相應對？又怎麼可以認定應外物而活動一定不對，而尋找在內的不動的，才是對的？現在以自私用智的喜怒來對照聖人循天理的喜怒，難道未能覺察到其中的分別？在人的情緒中，容易發生而難以控制的，以憤怒最甚。但只要能在發怒時立刻放下怒氣，然後衡量、觀察事情的對錯，這樣也可看出外物對人的影響是不須厭惡而排斥的，而對於道的體會也就差不多了。」

賞析與點評

這封答書又稱為〈定性書〉，是程明道討論儒家的工夫論的重要文字。張橫渠要求定住自己的心性（以定心為主），但不能不受外物所牽動，這是如何使自己的生命保持穩定，不受外界影響的問題。橫渠的工夫也是合理的，他認為力求穩住自己的心性，不受外物的牽動，也是一般人該用的工夫。但明道的說法，則是較為高層次的，要當下顯出人的真心，承體起用的工夫。明道的回答十分高明，他認為橫渠要求自己生命安定而不受外在事物所牽引，這一想法中已經含有把自己與外在的事物分開為兩截，而這種區分其實是私心，也是使自己的生命活動不能有真正的安定之原因。把自己與外在事物區分開來，便是以己為主，以外物為從，要外在的事物順從自己，當中便有為了自己（即自私）的想法在裏頭。明道希望橫渠打破這種區分人我內外的想法；而打破這種區分的根據是自己的本性與仁心本來是無分內外人我，渾然與萬物為一體的。呈現此一體之仁，便會從根源上斷絕了以己為內、為是；以外物為外、為非的想法，如此便會認為一切人間的事物都是我的事物，不管所做的事情是如何繁多複雜，都不會厭煩，不會視之為外面加給自己的重擔，如是便可以達到不論動靜都能安定的生命境界。這是以頓現體物不可遺的仁心來解決受外物牽引而造成生命不安定的問題。

2.5

伊川先生〈答朱長文書〉曰[1]：「聖賢之言，不得已也。蓋有是言則是理明，無是言則天下之理有闕焉。如彼耒耜陶冶之器[2]，一不制，則生人之道有不足矣。聖賢之言，雖欲已得乎[3]？然其包涵盡天下之理，亦甚約也。後之人始執卷，則以文章為先，平生所為，動多於聖人。然有之無所補，無之靡所闕[4]，乃無用之贅言也[5]。不止贅而已，既不得其要，則離真失正，反害於道必矣。來書所謂欲使後人見其不忘乎善，此乃世人之私心也。夫子『疾沒世而名不稱焉』者[6]，疾

沒身無善可稱云爾，非謂疾無名也。名者可以厲中人[7]，君子所存，非所汲汲。」

注釋

1 朱長文：字伯源。（一〇三九—一〇九八）宋嘉祐四年進士，歷任太常博士、秘書省正字、樞密院編修，為當時學者。2 耒耜（粵：淚伺；普：lěi sì）陶冶：耒耜，翻土所用的農具。耒為其柄，耜為其刃。陶冶，製作陶器和冶金。3 已：止。4 靡：沒有。5 贅言：多餘的言詞。6 疾沒世而名不稱焉：語出《論語．衛靈公》：「子曰：『君子疾沒世而名不稱焉。』」譯文為：君子擔憂逝世而名聲不被稱頌。7 厲：勉勵、激勵。

譯文

伊川先生〈答朱長文書〉說道：「聖賢著作都是不得不言的論說。因為是必須說的，故有這些言說，道理才能清楚、明白，倘若沒有這些言說，則便會欠缺了這些道理。就像那些耒耜陶冶的農耕器具，如果沒有製作出來，則生養天下百姓的工具就會不夠，也就無法生養天下百姓了。因此聖人的言說，怎麼可以不講出來？雖然如此，聖人這些包含所有天下道理的言說，也是十分簡約的。後來的人一拿起書本，就想要先學會寫文章。寫出來的文章，數量動不動就超過聖人，但有了這些文章，對於道理並沒有什麼增補；即使沒有了這些文章，對於道理也沒有什麼損失，都是些沒有用的多餘言論。而且還不只多餘，因為不能掌握為學要領，便會背離正道真理，而這些必然反過來危害大道。你來信說寫作文章，是要後人見到文章而知道作者不忘記善道，這其實是世俗人虛榮的私心。孔子說『疾沒世而名不稱焉』，這句話是說君子擔憂逝世後，沒有善言善行值得被稱頌，而不是指害怕自己沒有名聲。聲名可以用來砥礪中等的人，但對於君子來說，並不是急着要追求的。

2.6

伊川曰：「內積忠信，所以進德也；擇言篤志，所以居業也[1]。知至至之，致知也；求知所至而後至之。知之在先，故可與幾。所謂『始條理者，智之事也[2]。』知終終之，力行也；既知所終，則力進而終之。守之在後，故可與存義。所謂『終條理者，聖之事也。』此學之始終也。」

注釋

1 「內積忠信」四句：伊川這整段文字是在解說《易經．乾卦》〈九三．文言〉。其原典為「君子進德修業。忠信，所以進德也；修辭立其誠，所以居業也。知至至之，可與幾也。知終終之，可與存義也。」心是為學的基礎，如果能時時信實而不虛假、無間斷，則德性自能日進於高明。業，並非即指事功。有德君子對內進德不已，對外亦能在事上修省言辭，當言則言，篤志於道。因無一毫游移、虛偽，因此其德性志業才能篤實而光大。知至至之，惟有透徹地了解道理，才可以恰當地實踐。幾，含而未發的意念或事情。若對道體有正確的了解，在意念或事情已發未發之際，即能給出正確的知見與判斷。2「始條理者」二句：語出《孟子・萬章下》。原文為「金聲也者，始條理也。玉振之也者，終條理也。始條理者，智之事也。終條理者，聖之事也。」條理，脈絡、條貫。

譯文

伊川說：「為學之道，若對內能存養本心，使心真誠信實而無間斷，則其德性自然能日進於高明；對外若能修省言辭，敦篤心意，則其修養志業自能篤實而光大。惟有對道理有透徹的了解，才能如實達到修養目標，這就是致知的工夫；即先了解什麼是聖人之道，然後努力地實踐並達成此目標。先了解聖人之道，就能對事情給出恰當的知見與判斷。所謂『在一開始就能掌握事情的條理與發展，這是智者所能達成的。』知道目標所在並確實地完成，這就是力行的工夫；既然知道為學的目標與途徑，就更應該努力實踐並完成德性志業。能夠在致知後，篤實的遵循正道，便可將性理存養在心中而不失。所謂『能夠圓滿地完成前後始終的條理，這是聖人所完成的志業。』這便是為學的進程。」

賞析與點評

此條表達了先知後行的實踐程序，這是伊川思想的關鍵處。他主張先在知理上用功，對於理有真知後，才能有真切篤實、貫徹始終的踐履，他用此義來詮釋孟子的始終條理之說，是十分順當的。按孟子之說，確表示了須對道有恰當的了解，所謂「始條理之智」，方能有圓滿的實踐，即「終條理之聖」。

2.7

伊川曰：「君子主敬以直其內，守義以方其外[1]。敬立而內直，義形而外方。義形於外，非在外也。敬義既立，其德盛矣，不期大而大矣，德不孤也[2]。無所用而不周，無所施而不利，孰為疑乎？」

注釋

1「君子主敬以直其內」二句：語自《易經・坤卦》〈六二・文言〉。原典為「君子敬以直內，義以方外，敬義立而德不孤。」2 德不孤：《論語・里仁》亦有「德不孤，必有鄰」一語。

譯文

伊川說：「君子以誠敬存心而使內在的生命端正，以義理作為準則而使外在的行事合於規矩。誠敬存心，內心自然端正；持守義理，行事自然合乎規矩。在行事上表現的義理雖表現在外，但根據仍是內在的性理。敬與義的工夫既內外兼備，則德性自然盛大；不待勉強，不求盛大而自然盛大，使眾人都受其德性感召而與之親近並變化氣質。所以由此所發揮的作用是沒有不周遍的，所施行的作為是沒有不順利的，這些還有什麼好懷疑的呢？」

賞析與點評

伊川此條解釋「敬以直內，義以方外」的意思，認為有「敬以直內」就會有「義形於外」，二者是相關聯的，而這便是儒家內外兼備的學問。此一對「敬」與「義」的說明，應該很能表達《大學》所說的能「誠於中」則必「形於外」之義。用此來形容儒者的生命表現，應該比內聖外王更為貼切。

2.14

伊川曰：「古之學者為己，欲得之於己也。今之學者為人，欲見之於人也[1]。」

注釋　1「古之學者為己」四句：這一段是伊川解釋《論語・憲問》之語：「子曰：『古之學者為己，今之學者為人。』」為己其實是無己，讓無私的己得以顯現。為人，是為了炫耀於人，使自己停留在個人慾望上的滿足。為己是讓自己有所得，暢通無條件為善的自己，所以這才是反身修德的學問，不讓自己的慾望限制了自己，跳脫出慾望的自我。「為己之學」，可說是儒學的要點。

譯文　伊川說：「古時候的學者學習是為了自己，即為了在學問中有所得，使自己的人格修養有所提升。現代的學者學習是為了別人，即為了獲得別人的賞識和名聲。」

2.15

伊川先生謂方道輔曰[1]：「聖人之道，坦如大路，學者病不得其門耳。得其門，無遠之不到也。求入其門，不由於經乎？今之治經者亦眾矣，然而買櫝還珠之蔽[2]，人人皆是。經所以載道也，誦其言辭，解其訓詁，而不及道，乃無用之糟粕耳[3]。覬足下由經以求道，勉之又勉，異日見卓爾有立於前[4]，然後不知手之舞，足之蹈[5]，不加勉而不能自止矣。」

注釋　1 方道輔：名元寀，是程子門人，與程頤多書信往來。2 買櫝（粵：讀；普：dú）還珠：典出《韓非子．外儲說》。楚國一位珠寶商人到鄭國賣珠寶，有人出高價買去，但他只看中精美的匣子，遂將珍珠還給珠寶商。後比喻為捨本逐末的意思。櫝，盒子。3 糟粕（粵：魄；普：pò）：酒糟、米糟等渣滓。後比喻粗劣無用之物。4 卓爾：《論語．子罕》云：「顏淵喟然歎曰：『仰之彌高，鑽之彌堅，瞻之在前，忽焉在後。夫子循循然善誘人。博我以文，約我以禮，欲罷不能，既竭吾才，如有所立卓爾。雖欲從之，末由也已。』」此則為顏淵讚歎孔子學問博大高遠而難以企及。5「不知手之舞」二句：《詩經．序》：「詩者，志之所之也。在心為志，發言為詩。情動於中而形於言，言之不足，故嗟歎之；嗟歎之不足，故詠歌之；詠歌之不足，不知手之、舞之、足之、蹈之也。」

譯文

伊川先生告訴方道輔說：「聖人之道平易正直，就像一條平坦的大路，問題是學者找不到正確的門徑。如果能得到正確的門徑，再遠的路都能夠到達。要進入這個門徑，方法不就是讀聖賢所遺留下來的經書嗎？現在研讀經書的人也算多了，但捨本逐末的毛病，人人都犯了。經書的內容是為了記載聖賢的道理，因此如果背誦書中的言辭，解釋字詞的意思，卻不能深入探究其中的義理，則經書都是沒用的東西。看你為學的態度則不是如此，你是要從經書中探求聖賢之道，並十分努力而不肯鬆懈，能夠這樣，聖賢之道終將在你面前卓然展現，到時你將內心歡喜得手舞足蹈，不待勉強而自然日益精進。」

2.16

明道先生曰：「『修辭立其誠』[1]，不可不子細理會。言能修省言辭，便是要立誠。若只是修飾言辭為心，只是為偽也。若修其言辭，正為立己之誠意，乃是體當自家『敬以直內，義以方外』之實事[2]。道之浩浩，何處下手？惟立誠才有可居之處。有可居之處，則可以修業也。『終日乾乾』[3]，大小大事，卻只是忠信所以進德，為實下手處。修辭立其誠，為實修業處。」

注釋

1 修辭立其誠：語自《易經．乾卦》〈九三．文言〉。其原典為「君子進德修業。忠信，所以進德也；修辭立其誠，所以居業也。」2「敬以直內」二句：語自《易經．坤卦》〈六二．文言〉。3 終日乾乾：語自《易經．乾卦》〈九三〉。原典為「君子終日乾乾，夕惕若，厲無咎。」

譯文

明道先生說：「『修辭立其誠』，這句話必須仔細體會。意思是說能夠修治並省察言辭有無不當，便是要暢通並體現自己的誠體。如果只是刻意地修飾言辭，便是虛偽了。修飾言辭如果是為了顯發自己的真誠，便是體認自己「以敬來端直內心，以義來規範外事」的真實活動。大道浩浩無窮，何處才是工夫下手處？惟有彰顯內在誠體，才是德性修養的根本。根本一旦確立，就可以如實地修養以建立德性事業。『整日剛健奮發而自強不息』，不論大事小事，都只是以忠信來修德，以此作為切實下手的地方。修省言辭以體現誠體，確實是成就德性事業的方法。」

賞析與點評

明道這段話是回答弟子蘇季明的問題。蘇季明認為師友在一起應討論經義，不能只是空談。明道回答說人如果能當下立誠，則在日常談論中，就可以表現出真生命，而使種種的生命活動都實現最高的意義與價值，他不認為只有在討論經書、義理的時候，才是有意義的，只要人當下給出真誠的用心，則目前的行為就是天理的流行，都有真實的意義。明道這種回答，十分高明。

2.17

伊川先生曰：「志道懇切，固是誠意，若迫切不中理，則反為不誠。蓋實理中自有緩急，不容如是之迫。觀天地之化乃可知。」

譯文

伊川先生說：「懇切的志於大道固然是生命真誠的表現，但若過於迫切而不合於理則，反而是不真誠了。理在事中表現本來就有緩有急，而人既有志於道，理當優游涵泳以盡大道之妙，不能這樣急迫。這個道理，從觀察天地的化育就可以明白。」

‖2.18

伊川曰：「孟子才高，學之無可依據。學者當學顏子，入聖人為近，有用力之處。」又曰：「學者要學得不錯，須是學顏子。」

譯文

伊川說：「孟子天資超邁，見識極高，想要學他，沒有依循的辦法。學者應該要學習顏回，這樣進入聖人之道比較近，因為顏回博文約禮，知行並進，學者當下就有用功的地方。」又說：「學者學聖人之道要學得不錯，就必須學顏回。」

賞析與點評

顏淵「不遷怒，不貳過」的省察工夫，是內聖之學的要領。又伊川十分欣賞顏淵博文約禮的工夫，認為這可以使人知行並進，而知行並進正是程伊川的重要主張。從此處所說孟子才高，不易效法，也可以看出程伊川對孟子之學的理解未必相契。

2.19

明道先生曰：「且省外事，但明乎善，惟進誠心[1]。其文章雖不中，不遠矣。所守不約，泛濫無功。」

注釋

1「但明乎善」二句：語自《中庸》：「不明乎善，不誠乎身矣。」但又有一點變化。明道主張以明道誠身為主要的關心，外面禮文的表現是其次的事。

譯文

明道先生說：「暫且簡省外在禮文之事，只要能明白善道，誠心就會日益彰顯。這樣的人雖然文采不見得很好，但距離大道卻不遠了。如果人不能守住要點，即持守內在的心性，卻專注於外在的文采，那就泛濫、散亂，毫無用處。」

2.20

明道曰：「學者識得仁體，實有諸己，只要義理栽培。如求經義，皆栽培之意。」

譯文

明道說：「學者只要體會生命中的仁體，讓仁體真實的為自己所掌握，要做的工夫只須用義理來栽培。就像研讀經書，以求其中的義理，也都是栽培仁體的意思。」

賞析與點評

程明道強調仁是人生命中的本體，為學是要把這仁體顯發出來，而研讀經書是要栽培這本有的本體，讓其更為茁壯。

2.21

明道曰：「昔受學於周茂叔，每令尋顏子仲尼樂處[1]，所樂何事[2]。」

注釋

1 顏子仲尼樂處：孔子所樂的是：「飯疏食、飲水，曲肱而枕之，樂亦在其中矣！不義而富且貴，於我如浮雲」，「發憤忘食，樂以忘憂，不知老之將至云爾」。（《論語．述而》）顏子所樂的則是：「一簞食，一瓢飲，在陋巷。人不堪其憂，回也不改其樂」。（《論語．雍也》）2 所樂何事：這是問孔、顏究竟是因為什麼而快樂呢？這成為宋儒一個提點學者思考的話題，也可以說是儒門的公案。對此提問，一般給出的答案乃是孔、顏所樂是樂道。人如果能私慾淨盡，舉手投足都是理的呈顯，心胸自然灑落無礙。這是工夫修養的極致，也是儒家體道的最高境界。

譯文　明道說：「以前向濂溪先生問學，他常教我們尋問孔子、顏回所說的樂，究竟是樂什麼？」

2.22

明道曰：「所見所期[1]，不可不遠且大，然行之亦須量力有漸。志大心勞，力小任重，恐終敗事。」

注釋　1 所見所期：所見，着眼於看待事情的態度。所期，對未來自我的期許。

譯文　人的見識和對自我的期許固然不可以不遠大，但當付諸實踐時卻必須量力而為，循序漸進。如果因為志向遠大而令心思勞頓，能力小而責任重，最後恐怕會壞了事情。

賞析與點評

對「志大心勞，力小任重」兩句，張伯行解曰：「若不量其力，進不以漸，則立志雖大，不能如其所願，徒為勞苦其心。力量既小，而妄受艱鉅之任，其不至於困頓顛越者幾何？亦終見其敗事而已。」

2.23

明道曰：「朋友講習，更莫如「相觀而善」工夫多[1]。」

注釋

1 相觀而善：《禮記．學記》：「大學之法，禁於未發之謂豫，當其可之謂時，不陵節而施之謂孫，相觀而善之謂摩。此四者，教之所由興也。」工夫：成效、效用。

譯文

明道說：「朋友講習討論的好處，沒有比互相觀摩、學習朋友的優點，有更大的成效。」

2.24

明道曰：「須是大其心[1]，使開闊。譬如為九層之臺[2]，須大做腳始得。」

注釋　1 大其心：使心開闊，無所私。人沒有私心，自然充沛而無不周全，道德實踐也得以穩固。2 九層之臺：《老子》六十四章：「合抱之木，生於毫末；九層之臺，起於累土；千里之行，始於足下。」

譯文　明道說：「必須使心量廣大開闊，為學才能不急迫。就像蓋九層的高臺，必須把基底建得又深又廣，才能作為後來發展的基礎。」

2.26

明道曰：「參也[1]，竟以魯得之[2]。」

注釋　1 參：曾參，孔子弟子。以孝聞名。2 魯：魯鈍。

譯文　明道說：「曾子魯鈍，卻因此而能承繼孔子的學問，可知為學工夫在於篤志真切，如實地體道方得。」

賞析與點評

據《論語》上的記載，曾子三省其身，仁以為己任；在臨終時表達戰戰兢兢，如履薄冰的戒慎恐懼的心情，又認為「臨大節而不可奪」才可稱得上是君子。可知曾子是用心於內，要求自己真誠地實踐孔子的教訓。孟子也說曾子能「守約」，即能夠守住要點。用心於內，真誠的省察自己，就是成聖工夫的要點。故曾子的「魯」，應該是精神沉潛內省的樣子，並非真的是愚魯。

2.28

明道曰：「禮樂只在進反之間[1]，便得性情之正。」

注釋

1 **進反**：朱子曰：「『禮主於減』，謂主於斂束。然斂束太甚，則將心意消了，做不去，故以進為文，則欲勉行之。『樂主於盈』，謂和樂洋溢。然太過則流，故以反為文，則欲回來減些子。故進反之間，便得情性之正。不然，則流矣。」（《朱子語類》，卷九十五）

譯文

明道說：「只要在進與反兩端來體會禮樂的意義，就可以使性情達到中正的境界。」

賞析與點評

禮在於約束人的行為，使人謙虛、退讓，但這不是人所願意去做的，因此用「進」這個字去督促人努力去做。樂在於抒發人的情感，使人和樂、舒暢，但這容易導致人過於放蕩，因此用「反」這個字去節制人的行為。而人性情的陶冶就在「禮的一進」和「樂的一反」中得到中正合宜之道。

2.29

明道曰：「父子君臣，天下之定理，無所逃於天地之間。安得天分[1]，不有私心，則行一不義，殺一不辜，有所不為[2]。有分毫私，便不是王者事。」

注釋

1 天分：朱子說：「天分，即天理也。」（《朱子語類》，卷九十五）2「行一不義」三句：語自《孟子．公孫丑上》：「行一不義、殺一不辜而得天下，皆不為也。」

譯文

明道說：「父子有親，君臣有義，這是不容改變的道理，且每個人都要努力去實踐，沒有人可以逃避此天地賦予人的義務。人惟有安於此天所賦予人的職分，純粹依從此普遍的理則而行，那麼即使只做一件不合理的事或去殺一個不應該殺的人而可以得到天下，也不願意去做。一個人如果內心夾雜了一點個人的私慾，便不是王者的事業。」

2.30

明道曰：「論性不論氣[1]，不備；論氣不論性，不明。二之則不是。」

注釋

1 性：天道性命相貫通而為人的性，此性即義理之性，亦即孟子所說的四端之性、良知良能的善性。氣：此氣就氣質說。陰陽二氣聚合而成人形，但因稟受的氣有昏濁厚薄的不同，因而有清明昏昧的差別。

譯文

對人性的體會，如果只說到人性本善，而忽略氣性對人的限制，這是對人性的體會不夠周延。但如果只考慮到現實氣性的不同，而忽略天命之性才是人真正的本性，則人性的價值就不能真切的顯發。因此，只論性或只論氣都不是正確地體會人性的內涵。將性與氣質看作截然可以分開的，這便不對了。

2.31

明道曰：「論學便要明理，論治便須識體[1]。」

譯文

明道說：「談學問便要明理，論政治便要知事體。」

賞析與點評

儒者修養自己，必須端正所學，了解所學何事。而儒者內聖之學即明白內在德性根源，知天人之不二。在外王方面，不論是推行教化或政事，亦須歸於事之所當然之理，純粹依從天理要求而無所偏失，而這就是所謂體，故外王須以內聖為本。

2.32

明道曰：「曾點、漆雕開已見大意[1]，故聖人與之[2]。」

注釋

1 曾點：孔子學生，曾子的父親。《論語・先進》：「曾點言志，曰：『莫春者，春服既成，冠者五六人，童子六七人，浴乎沂，風乎舞雩，詠而歸。』夫子喟然歎曰：『吾與點也。』」。漆雕開：孔子學生。《論語・公冶長》記載：「子使漆雕開仕。對曰：『吾斯之未能信。』子說。」大意指二人對天道已有大概的理解。2 與：稱讚、讚許。

譯文

明道說：「曾點、漆雕開對於道的意義，已經有大概的理解，所以得到聖人的讚許。」

賞析與點評

明道此段話是說：曾點言志，體會到大道流行，又於日用中表現灑脱自得、物各付物之自然之意。漆雕開推遲出仕，認為自己才能不足勝任，這是因為他體會到天理無窮無盡，仍須真切篤實地修養自己。因此不論是曾點或漆雕開，儘管表現上不同，但他們都能體會到天理真實流行、無窮無盡之意，因此得到孔子的稱許與認同。

2.33

明道曰：「根本須是先培壅[1]，然後可立趨向也。趨向既正，所造淺深，則由勉與不勉也。」

注釋

1 培壅（粵：翁；普：yōng）：在植物根部覆蓋泥土，加強穩固，以免倒伏。

譯文

明道說：「為學就像栽種植物，必須先用泥土覆蓋根部，使根本穩固而不倒伏，然後才可以確立志向。志向既然已經端正，則最後所能達到的境界的深淺，則由為學之人的努力程度而定。」

賞析與點評

所謂培壅根本，是指對成德之學的培養與學習。宋儒肯定人皆有善性，這是人的根本，培養此性是最為重要的。

2.34

明道曰：「敬義夾持，直上達天德自此。」

譯文　明道說：「以誠敬來涵養本心，以道義來規範事理，在內外兩相夾持的工夫修養下，由此便可通達天道性命之理。」

2.35

明道曰：「懈意一生，便是自棄自暴。」

譯文　明道說：「懈怠之心一旦產生，就是自暴自棄。」

賞析與點評

天道生化萬物，沒有一刻止息。明道此處勉勵君子應當自強不息，努力奮發，以體現天道。人一旦有懈怠之心，便和天道不相似了。

明道曰：「不學便老而衰。」

譯文

明道說：「人一旦停止學習，生命便會老化而衰退。」

賞析與點評

明道此段應是針對年長的人來說的，長者如果保持學習的興趣，便不容易衰老。當然此處所謂的學，是重在使德性、真生命暢通出來的成德之學。

2.37

明道曰：「人之學不進，只是不勇。」

譯文

明道說：「一個人的學問沒有進展，只是因為不能奮勇。」

賞析與點評

明道認為人的為學如果能勇決，則不管在什麼生活遭遇、情況下，都可以成就學問。

2.38

明道曰：「學者為氣所勝，習所奪，只可責志。」

譯文

明道說：「學者如果被氣性勝過而不能作主，為習性左右而不能上進，只能責備自己立志不夠堅定。」

賞析與點評

此條提出人的立志可以引發生命中的理性力量，可以勝過習性與氣質的限制。

2.40

董仲舒謂：「正其義[1]，不謀其利。明其道，不計其功。」孫思邈[2]曰：「膽欲大而心欲小，智欲圓而行欲方。」

注釋：1 義：有些版本寫作「誼」。2 孫思邈：隋末唐初著名的醫學家。

譯文 董仲舒說：「立身處事，要端正自己的存心，只因為義之所當為而為，不是為了謀取其中的利益；只為了彰顯正道，不是為了行動達到的功效。」孫思邈說：「做事情膽量要大，而心思要細密；智慧要圓融周密，而行事要端正不阿。」（此條為明道引）

2.43

明道先生曰：「學只要鞭辟近裏[1]，著己而已[2]。故『切問而近思，則仁在其中矣』[3]。『言忠信，行篤敬，雖蠻貊之邦，行矣。言不忠信，行不篤敬，雖州里，行乎哉？立則見其參於前也，在輿則見其倚於衡也，夫然後行[4]。』只此是學。質美者明得盡，查滓便渾化，卻與天地同體。其次惟莊敬持養，及其至則一也。」

注釋 1 鞭辟近裏：鞭辟，警策。近裏，深處。鞭辟近裏指作學問要自我督促，深入精微處研究。2 著己：切己，猶言貼身。3「切問而近思」二句：語自《論語．子張》：「子夏曰：『博學而篤志，切問而近思，仁在其中矣。』」[4]「言忠信」十一句：語自《論語・衛靈公》。

譯文

明道先生說：「為學工夫只在自我督促，向內深入反省，以貼切身心而已。所以孔子說：『若能懇切地自我反省，貼近地思考，那麼仁德便在其中了。』又說：『言語忠誠信實，行為敦厚恭敬，雖然身處在偏遠未開發的地方，也能行得通。言語不能忠誠信實，行為不能敦厚恭敬，雖然身處在地方鄉里，能行得通嗎？忠信、篤敬這立身處事原則，在站立的時候，就好像在自己的面前；乘車的時候，就好像立在車前的橫木，要能時時如此清晰的警惕自己，然後才能待人處世。』這就是為學的道理。資質醇美的人很能清楚、明白地了解，且一旦體會到其中的道理，渣滓般的私慾、習氣也就消化掉，且使自己與天地的大道通合為一。其他資質較平庸的人，只要能用莊嚴、恭敬的態度來操持、涵養自己，最後所能達到的境界，也將和前者一樣，沒有分別。」

2.44

明道曰：「『忠信所以進德，修辭立其誠所以居業』者[1]，乾道也。『敬以直內，義以方外』者[2]，坤道也。」

注釋　1「忠信所以進德」二句：語自《易經．乾卦》〈文言〉。2「敬以直內」二句：語自《易經．坤卦》〈文言〉。

譯文　明道說：「『以忠信之道來修養品德，端正文辭以樹立誠心來建立德性事業。』這是乾卦要表達的道理。『以持敬工夫使內心誠明正直，以合乎道義的存心作外在行事的標準。』這是坤卦要表達的道理。」

‖2.45

明道曰：「凡人才學，便須知著力處。既學，便須知得力處。」

譯文　明道說：「凡是人們開始作學問，便應該知道要下工夫的地方。在做了學問後，便應該知道能使自己得以進步的方法。」

‖2.46

有人治園圃，役知力甚勞[1]。先生曰：「〈蠱〉之象：『君子以振民育德。』君子事惟有此二者，餘無他焉。二者，為己為人之道也。」

注釋　1 役：作為、施行。

譯文　有人栽種園圃，耗費了許多心力。明道先生說：「〈蠱卦〉的〈象傳〉說：『君子應該提振百姓，使其日新；涵養自己性情，以合於天德。』君子要做的事，只有這兩件事，沒有其他的了。這兩樣，就是為己為人的道路。」

賞析與點評

此條與《論語》中樊遲請學稼於孔子的回應大意相近，這不能被解釋為儒家輕視園藝的工作，而是認為士人應該有振民育德的抱負。

2.47

伊川曰：「『博學而篤志，切問而近思』[1]，何以言『仁在其中矣』？學者要思得之。了此，便是徹上徹下之道。」

注釋　1「博學而篤志」二句：語自《論語・子張》。原典為「子夏曰：『博學而篤志，切問而近思，仁在其中矣。』」

譯文 伊川說：「『廣博地學習並堅定自己的志向，在切要處提問，在近身處思考』，為何說這樣仁德便在其中了？學者要思索出箇中的道理，了解了這個答案，就是通曉人事與天道，上下通徹是同樣的道理了。」

‖2.49

伊川先生曰：「古之學者，優柔厭飫[1]，有先後次序。今之學者，卻只做一場話說，務高而已。常愛杜元凱語[2]：『若江海之浸，膏澤之潤，渙然冰釋，怡然理順，然後為得也。』今之學者，往往以游、夏為小[3]，不足學。然游、夏一言一事，卻總是實。後之學者好高，如人遊心於千里之外，然自身卻只在此。」

注釋 1 優柔厭飫（粵：jy³；普：yù）：優柔，寬舒、從容不迫。厭飫，飽食。比喻為學要從容自得，深入體會。2 杜元凱：杜預，字元凱，西晉人。作《春秋左氏經傳集解》，此書序中有伊川此段所引杜預的話。3 游：言偃，字子游。夏：卜商，字子夏。孔子四科中以文學著稱。

譯文 伊川先生說：「古時候的學者，修養能寬舒自得，猶如飽食充足一般，學問能依先後次序逐步實踐。現在的學者，卻只是把學問當成一場講演，力求說得高深莫測而已。我一直很喜愛杜元凱的一段話：『為學工夫就如同江海的浸淫，甘霖的滋潤，冰的融化消散，當道理終於暢通，內心感到欣喜，然後才稱得上有所得。』現在的學者，往往認為子游、子夏的學問太過狹隘，不值得學習。然而子游、子夏的每一句言辭，每一件行事，卻都是實實在在的。後來的學者喜好高遠的說法，這就像人的心思遊蕩在千里之外，然而實際上自己卻依然停留在原地。」

2.50

伊川曰：「修養之所以引年，國祚之所以祈天永命，常人之至於聖賢，皆工夫到這裏，則有此應。」

譯文

伊川說：「保養身體之所以能夠延年益壽，國家的存續之所以能祈求上天而延綿長久，一般人所以能夠修德而達到聖賢的境界，都是因為工夫達到這裏，才有如此的回應。」

賞析與點評

伊川相信工夫用得深，便一定會有合理的結果產生。

2.52

伊川曰：「仁之道，要之只消道一『公』字。公只是仁之理，不可將公便喚做仁。公而以人體之，故為仁。只為公，則物我兼照。故仁所以能恕，所以能愛。恕則仁之施，愛則仁之用也。」

譯文

伊川說：「仁的道理，撮其要只須說一個『公』字。但是公也只是仁的「理」的一面，不可以把公說成就是仁。仁是由人把公這一道理具體表現出來。只因為是公，所以能關照我與其他人、物。因此，有了仁就能推己及人，也就能廣博的愛人。推己及人就是仁的具體施為，廣博的愛人則是仁的作用。」

賞析與點評

這一段是程伊川討論仁之意義的代表性文字，他以公作為仁的理，而仁是人把公具體表現出來的活動，這樣便區分了仁之理與根據此理而表現出來的愛的不同。他要把在具體活動中所含藏的道德之理抽出來，以作清楚的了解。這一分析，很能表現伊川的哲學性思辨。

2.53

伊川曰：「今之為學者，如登山麓[1]。方其迤邐[2]，莫不闊步，及到峻處便止。須是要剛決果敢以進。」

注釋　1 山麓：山基、山腳。2 迤邐（粵：以里；普：yǐ lǐ）：連續不斷的樣子。這裏應指平緩的山路。

譯文　伊川說：「現在做學問的人，就像要從山腳開始爬山一樣。當走在平緩的山路上，沒有不是大步向前的，但等走到山勢陡峭的地方，卻停了下來。這時應該要剛毅果決地勇敢前進。」

賞析與點評

伊川此段說明做學問一定會遇到困難，而能夠在一般人都停止的困難處邁進，才會有真正的進境，困難處就是進步的契機。

2.54

伊川曰：「人謂要力行，亦只是淺近語。人既能知[1]，見一切事皆所當為，不

必待著意。才著意，便是有個私心。這一點意氣，能得幾時了？」

注釋

1 知：指對理的真正了解。

譯文

伊川說：「人常說要努力實踐，這也只是淺近的說法。人如果能夠真正了解道理，就可以理解到一切事情都是自己所當做的，這樣就不必刻意去做才去行動。一旦刻意地考慮，這就是有私心。這樣一點勉強維持的意氣，能夠堅持多久呢？」

賞析與點評

伊川重視明理，認為對理有透徹的了解，就能自然而然的實踐，不需要勉強刻意。勉強刻意力行，而不在明理上用功，道德實踐是不能夠持久的。

2.55

伊川曰：「知之必好之，好之必求之，求之必得之。古人此箇學，是終身事。果能顛沛造次必於是[1]，豈有不得道理？」

注釋 1 **顛沛造次必於是：**語自《論語‧里仁》。是說有仁德之人，不論遭遇什麼情況，都會遵守道德原則。在此段是表示隨時都用心於求道。

譯文 伊川說：「當對道理有了相當的了解，必然會喜愛它；對它產生了喜好，必然會進一步的探求其中的奧義；當對它努力不懈的探求，必然能在其中有所收穫。古人如此治學，是將它當成終生的職志。如果能在生活倉促不安定時，也能如此用心求道，怎麼會得不到道理？」

賞析與點評

這段表示了程伊川重「知」的思想，他認為真知理便可以引發不斷的實踐力量。

2.56

伊川曰：「古之學者一，今之學者三，異端不與焉。一曰文章之學，二曰訓詁之學，三曰儒者之學。欲趨道，舍儒者之學不可。」

譯文 伊川說：「古時的學問只有一種，現在的學問卻有三種，而儒學以外的佛老學說還不算在內。一是研究文藝修辭的文章之學，二是研究字詞解釋的訓詁之學，三是研究道德性命的儒者之學。若想要追尋大道，捨棄儒者之學是不可以的。」

賞析與點評

宋儒反對佛老之學，稱他們為異端；又辨別儒學與詞章、訓詁之學的不同，以標舉內聖成德之教的重要性。

2.57

問：「作文害道否？」伊川曰：「害也。凡為文不專意則不工，若專意則志局於此，又安能與天地同其大也？《書》曰：『玩物喪志[1]。』為文亦玩物也。呂與叔有詩云[2]：『學如元凱方成癖[3]，文似相如殆類俳[4]。獨立孔門無一事，只輸顏氏得心齋[5]。』古之學者，惟務養情性，其他則不學。今為文者，專務章句，悅人耳目。既務悅人，非俳優而何？」曰：「古學者為文否？」曰：「人見六經[6]，便以謂聖人亦作文，不知聖人亦攄發胸中所蘊，自成文耳，所謂『有德者必有言』也[7]。」曰：「游、夏稱文學[8]，何也？」曰：「游、夏亦何嘗秉筆學為詞章也？且如『觀乎天文，以察時變；觀乎人文，以化成天下』[9]，此豈詞章之文也？」

注釋

1 玩物喪志：《書經．旅獒》：「玩人喪德，玩物喪志。」玩物喪志指一味地玩賞器物，因而消磨人的志向。2 呂與叔：呂大臨，字與叔。3 元凱：杜預，字元凱。4 相如：司馬相如，西漢著名文學家，以賦著稱。殆：一作「始」。俳：雜戲。俳優，表演雜耍或唱戲的人。5 心齋：本《莊子．人間世》一語，指摒除私慾，在虛靜狀態下悟道。呂與叔此指悟得道德本體。6 六經：六經本指《詩經》、《書經》、《禮記》、《樂經》、《易經》、《春秋經》，但後來《樂經》失傳。宋人則以《周禮》代替。7 有德者必有言：語自《論語．憲問》。有道德的人說話自然感人。8 游、夏稱文學：游、夏，即子游、子夏。在孔門四科中，二人以文學著稱。9「觀乎天文」四句：語自《易經．賁卦》〈彖傳〉。天文，指日月星辰自然運行的理則。人文，指禮樂法度的條理與規章。

譯文

有人問：「寫作文章會妨害明道嗎？」伊川說：「會妨害。凡是寫作文章，如果不專心便不能達到工巧，如果專心在這個地方，則心志便被局限了，又怎麼能夠與天地同樣廣大呢？《尚書》說：『沉溺於賞玩無益的事物，會消磨人的志向。』寫作精美的文章也如同沉溺於賞玩無益的事物。呂大臨有一首詩說：『像杜預般用心鑽研學問，才能成就他對《左傳》的癖好；像司馬相如般寫作辭賦達到華美艷麗的地步，才可以類似俳優表演，來取悅眾人。我只用心於聖人之學，心無旁騖，惟獨在心齋工夫上仍不如顏回。』古代的學者只專心致力於修養性情，其他會干擾成德的外務是不去學習的。現在寫作文章的人，專心致力於文辭的精美，以吸引眾人的耳目。既然以取悅人為目的，不算是俳優還能是什麼呢？」有人問：「古時候的學者也寫作文章嗎？」伊川說：「人們看到六經，就以為聖人也寫作文章，殊不知聖人只是抒發胸中對於大道的體會，自然而成為文章罷了，就像孔子所說的『有德的人，必然能夠流露出美好的言辭』那樣。」有人問：「子游與子夏在孔門中不是以『文學』著稱嗎？這又是為什麼呢？」伊川說：「子游、子夏又何曾拿着筆學習寫作精巧的文章？況且如『觀看天文以考察時序的推移，觀看人文以教化成就天下』，這些「文」哪裏是辭章的文呢？」

賞析與點評

這條與上一條意思一樣，區別了儒家之學與辭章之學的不同，強調了從事成德之教者，必須專心於省察心志，不能用心在文辭上以取悅別人。並不能根據這些言論，便說宋儒反對文學。所謂「作文」，是有心寫成華美的文章。而自然而然地寫成的，如有德者亦會有美文，則程子並不反對。

明道曰：「涵養須用敬，進學則在致知[1]。」

注釋　1 致知：出自《大學》：「致知在格物」。據程伊川、朱子的解釋，這句話是推致人的心知，在事物上了解道理之意。又此條見《二程遺書》卷十八，應是伊川語。

譯文　明道說：「涵養德性必須用敬的工夫，要使學問進步則必須推致自己的心知。」

賞析與點評

這兩句是二程重要的言論，更可以涵蓋伊川論學的宗旨。伊川主張持敬與致知，內外兩面用功，就可以修養自己成為聖賢。

2.59

伊川曰：「莫說道將第一等讓與別人，且做第二等。才如此說，便是自棄[1]。雖與不能居仁由義者差等不同，其自棄一也[2]。言學便以道為志，言人便以聖為志。」

注釋

1 自棄：語自《孟子・離婁上》。自棄者，雖然能知仁義之美，但因怠惰而不肯有所作為，只是一味推托自己沒有能力實踐道德。2 棄：一作「小」。

譯文

伊川說：「不要說要把第一等人讓給別人去做，自己姑且只做第二等人。僅只是這麼說，就是自棄。這雖然和孟子所責備的自棄，即認為自己根本沒有能力實踐仁義，在程度上有所不同，但在小看自己的態度上，卻是一樣的。要講學問就應以道為志向，要論做人就應以成聖為目標。」

2.60

問：「『必有事焉』[1]，當用敬否？」明道曰：「敬是涵養一事。『必有事焉』，須用集義[2]。只知用敬，不知集義，卻是都無事也。」又問：「義莫是中理否？」曰：「中理在事，義在心。」

注釋　1 必有事焉：語自《孟子．公孫丑上》。指日用平常都要為了仁義而行，即後文所說的「集義」。此條見《二程遺書》卷十八，應是伊川語。2 集義：語自《孟子．公孫丑上》。即隨時隨事皆依義之所當為來裁定，並逐步積累而得以心安。

譯文　有人問：「孟子所說的『必有事焉』，這應當用敬的工夫嗎？」明道回答：「持敬是涵養本心的工夫。『必有事焉』，須事事以義之所當為來裁定，並逐步積累而得以心安。如果只知用敬的工夫，卻不知要集義，那便是無事無為的空頭涵養。」又問：「『義』就是行為合乎道理嗎？」明道回答：「只說合乎道理，這只能算是在事情上表現合理，『義』應該是就存心上說。」

2.61

問：「敬、義何別？」伊川曰：「敬只是持己之道，義便知有是有非。順理而行，是為義也。若只守一箇敬，不知集義，卻是都無事也。且如欲為孝，不成只守着一箇孝字？須是知所以為孝之道，所以侍奉當如何，溫清當如何，然後能盡孝道也。」

譯文　有人問：「『敬』跟『義』有什麼分別？」伊川說：「『敬』只是持守自己的方法，

『義』則是知曉事情的是非對錯。順着道理來行事，就是『義』。如果只是守着一個『敬』，不曉得要集義，以此涵養，就成了無事無為的空頭工夫了。就如同想要行孝時，難不成只是守着一個『孝』字？必須要知曉怎樣才是實踐孝的方法，如知道怎樣侍奉起居、怎樣使父母在夏天清涼、冬天溫暖，然後才算是能盡孝道。」

賞析與點評

程子這兩條對敬與義作出區分。敬只是涵養，使存心端正；而義則要明是非，這便必須用窮理的工夫。能格物窮理，便能明是非，這亦即是集義。如此方能有合理的生活行為。

2.62

伊川曰：「學者須是務實，不要近名，方是。有意近名，則是偽也。大本已失，更學何事？為名與為利，清濁雖不同，然其利心則一也。」

譯文　伊川說：「為學必須務實，不要貪求名聲，才是恰當的態度。有意求取名聲，就是虛偽。這樣已經失去了根本，那麼還想要學習什麼？追求名聲與追求利益，雖然有清濁的不同，但都是出於求利的存心。」

賞析與點評

伊川用義利之辨作為求學的原則，這在成德之學而言是很恰當的。利心即是有所為而為，求利與求名雖然不同，但都是出於有所為而為的存心。

2.63

明道曰：「『回也其心三月不違仁』[1]，只是無纖毫私意。有少私意，便是不仁。」

注釋

1　回也其心三月不違仁：語自《論語・雍也》。是孔子評論並稱讚顏回好學之語。三月，並非實指三個月，而是喻長久的時間。

譯文　明道說：「『顏回的內心能長久不違背仁』，這是因為他沒有一點為自己謀取好處的私意。只要稍有些許私意，便是不仁了。」

‖2.64

明道曰：「『仁者先難而後獲[1]。』有為而作[2]，皆先獲也。古人惟知為仁而已，今人皆先獲也。」

注釋

1 仁者先難後獲：語自《論語・雍也》。是說仁者只力求為善，不會先考慮收穫。

2 有為：此指有目的的作為。

譯文

明道說：「『仁者先盡本分，不避困難，把收穫看作是其次的事。』有目的地去作為，都是先考慮收穫。古時候的學者只知實踐仁道而已，但現在的學者卻都先考慮收穫。」

‖2.65

伊川曰：「有求為聖人之志，然後可與共學。學而善思，然後可與適道。思而有所得，則可與立。立而化之，則可與權。」[1]

注釋　1「有求為聖人之志」八句：此是伊川發揮《論語．子罕》一則，表達了從學者以至於聖人各階段的生命特色。原典為：「子曰：『可與共學，未可與適道；可與適道，未可與立；可與立，未可與權。』」

譯文　伊川說：「有要成為聖人志向，才可以和他一起學習。學習時能善於思考反省，才可以和他一同邁向求道之路。在思考反省後能對道體有所體悟，便可以和他一同樹立修德的理想。學問德性都有所樹立，而又能隨時處置得宜，這樣就可以和他一起權衡事情的輕重。」

2.66

伊川曰：「古之學者為己，其終至於成物。今之學者為物，其終至於喪己[1]。」

注釋　1「古之學者為己」四句：此是伊川發揮《論語．憲問》一則。原典為「子曰：『古之學者為己，今之學者為人。』」

譯文　伊川說：「古時候的學者學習是為了充實自己，最後卻能德澤他人。現在的學者學習是為了得到外界的美譽，最後卻迷失了自己。」

2.67

伊川曰：「君子之學必日新[1]。日新者，日進也。不日新者，必日退。未有不進而不退者。惟聖人之道，無所進退，以其所造者極也。」

注釋

1 日新：《禮記・大學》第二章：「湯之盤銘曰：『苟日新，日日新，又日新。』」指德性修養當日進而不止。

譯文

伊川說：「君子求學修德，每天都要有新見。每天能有新見，就能每天都有進步。不能每天都有新見的人，就會每天退步。從來沒有不進步又能不退步的人。只有達到聖人的境界，才沒有進步或退步的問題，因為他德性的修養已達到最高的境界。

2.68

明道先生曰：「性靜者可以為學。」

譯文

明道先生說：「性情恬靜的人可以從事學問。」

賞析與點評

明道這段話可以與周濂溪〈太極圖說〉（本書卷一）所說的「主靜立人極」、「無欲故靜」，相參照。「主靜」與「主敬」都是宋儒所重視的修德工夫。

2.69

橫渠曰：「弘而不毅則無規矩，毅而不弘則隘陋。」

譯文　橫渠說：「志向弘大卻沒有毅力，便會沒有規矩；有毅力但志向不弘大，便會器量狹小、見識鄙陋。」

2.72

伊川曰：「『博學之，審問之，慎思之，明辨之，篤行之[1]。』五者廢其一，非學也。」

注釋　1「博學之」五句：語自《禮記・中庸》。

譯文　伊川說：「『廣博地學習，詳細地問難，謹慎地思考，清楚地判別，篤實地行動。』這五項工夫如果偏廢了其中一項，就不是真正的治學了。」

2.74

明道先生曰：「人之為學，忌先立標準。若循循不已，自有所至矣。」

譯文

明道先生說：「人們做學問，最忌諱先訂定一個標準。如果能不停息地循序漸進用工夫，自然能夠達到一定的成就。」

賞析與點評

為學固然志在成聖成賢，但若先立一個目的，恐怕會汲汲營營地求速成，反而不能循序漸進地下工夫。因此明道作此提醒，此亦同於孔子所說下學而上達之義。

2.75

尹彥明見伊川後[1]，半年方得《大學》、〈西銘〉看[2]。

注釋

1 尹彥明：尹焞，字彥明，號和靖。師事伊川二十年。2《大學》：《禮記》第四十二篇。受宋朝學者重視，朱子將它與《論語》、《孟子》、《中庸》合刊作注。稱作「四子書」。西銘：張載所作。體現理一分殊、天人合德的最高境界。見後文。

譯文　尹彥明跟隨伊川學習，經過了半年之久，伊川才給他看《大學》與〈西銘〉。

2.76

有人說無心。伊川曰：「無心便不是，只當云無私心。」

譯文　有人說到「無心」的修養工夫。伊川說：「『無心』就不對了，應當只說『沒有私心』。」

賞析與點評

程伊川對於「無心」之意並不欣賞，認為不能無心，只能無私心。但無心可以理解為做事自然而然，或為善而不自以為是善。即此「無」乃是作用上的「無」，並非有無之「無」。

2.77

謝顯道見伊川[1]。伊川曰：「近日事如何？」對曰：「『天下何思何慮[2]？』」伊川曰：「是則是有此理，賢卻發得太早。」在伊川直是會鍛鍊得人，說了又道：

恰好着工夫也。」

注釋

1 謝顯道：謝良佐，字顯道，學者稱為上蔡先生。2 天下何思何慮：語自《易經·繫辭下傳》。原典為「子曰：『天下何思何慮？天下同歸而殊塗，一致而百慮。」指天道生化一切，都是無心而自然。

譯文

謝顯道去見程伊川。伊川說：「最近工夫做得如何？」謝顯道引用《易經·繫辭下傳》的話來回答：「『天道的生化自然而然，哪裏有什麼思慮呢？』」伊川說：「的確是有這個道理，但你卻說得太早了。」伊川實在善於鍛鍊人，他說完了以上的話，又接着說：「正好由此用工夫。」

賞析與點評

從謝上蔡對伊川的回答，說明他對道體是有體悟的，但他的體悟可能是一時大體的了解，未必真切，容易流於虛見，因此伊川才警惕說「賢卻發得太早」。但這確是一個修養上的關鍵問題，故伊川又說「正好由此用工夫」，這可看到伊川善於指點學生。

2.78

謝顯道云：「昔伯淳教誨，只管着他言語[1]。伯淳曰：『與賢說話，卻似扶醉漢，救得一邊，倒了一邊。』只怕人執着一邊。」

注釋

1 只管着他言語：意思是指對明道的話能執守而不失，但卻不能了解其中的意思。

譯文

謝顯道說：「以前聽明道的教誨，往往只執定他的言語。明道說：『跟你說話就像攙扶着醉漢，扶着了一邊，又倒向另一邊。』先生講學，惟恐弟子將他的話語執定了一邊。」

賞析與點評

宋儒教學生常用當機指點的方式，因着學生的生命現狀或對義理的了解情形而啟發他，所說的義理不能受限於當時言說的情況。因此這些教導的語言須活看，不能執定。

2.79

橫渠先生曰：「『精義入神[1]。』事豫吾內，求利吾外也。『利用安身[2]。』素利吾外，致養吾內也。『窮神知化。』乃養盛自至，非思勉之能強。故崇德而外，君子未或致知也。」

注釋　1 精義入神：語自《易經・繫辭下傳》。指深入義理本身，體會天道神化之境。2 利用安身：語自《易經・繫辭下傳》。指要有利己之用，先安其身。

譯文　橫渠先生說：「〈繫辭下傳〉說『精研義理以通曉天道生化萬物的神妙。』這是說要能在事物未至之前預先燭理，以求在實踐上能夠通達。『能利用濟世，則能安養自身之德。』如果凡事皆能依理善化、通達於外，則可以修養自身的心性。『窮極神妙之理，知曉天地的變化。』這是修養至極而達到的成果，不是通過苦思力索就能勉強的。因此君子惟有崇德力行，此外便不去致意求知了。」

賞析與點評

橫渠這一段文分三個層次：一是明於內，以通於外；二是由利用於外，以養其內；三是內外為一，上下通徹。最後的境界是自然達到的，並非可用工夫勉強。

2.80

橫渠曰：「形而後有氣質之性[1]。善反之[2]，則天地之性存焉。故氣質之性，君子有弗性者焉。」

注釋

1 氣質之性：人的氣質有清濁厚薄的不同，這種氣質上的參差不齊，橫渠名為「氣質之性」。此是人性中屬於氣質、才性這一面。相較於氣質之性，橫渠亦提出天地之性。天地之性是就《中庸》所說的「天命之謂性」，即以人的道德本性為人性，此性也就是天道，故說是「天地之性」。2 反：反省自覺，讓天地之性呈現。

譯文

橫渠說：「人一有了形體，便有氣質之性。(但天地之性，並不由形體的存在而後有)，人如果能努力實踐，不受氣性的限制，就可以使天地之性表現出其作用。所以對於氣質之性，君子並不把它視作為人的本性，而刻意去滿足它。」

2.81

橫渠曰：「德不勝氣，性命於氣。[1]德勝其氣，性命於德[2]。窮理盡性，則性天德，命天理。氣之不可變者，獨死生修夭而已[3]。」

注釋

1 性命於氣：性與命都在氣的影響中表現。2 性命於德：性與命都在德行中表現。

3 修夭：同「壽夭」。

譯文

橫渠說：「如果一個人的德性不能勝過氣性，則他的性命便要受限於氣稟。但如果德性能夠勝過氣性，則性命便能表現出道德價值。人若能窮究天地之理，充分實踐道德本性，那麼他的本性便是天德的展現，他的生命活動就是天理的流行。氣性中一定不能改變的，只有生死和壽夭而已。」

賞析與點評

橫渠此段強調了變化氣質是為學的關鍵工夫，他認為人一定可以變化氣質，讓天地之性（義理之性）在人的生命中得以完全實現，此時人便成為與天德合一的聖人。

2.83

橫渠曰：「大其心，則能體天下之物。物有未體，則心為有外。世人之心，止於見聞之狹。聖人盡性，不以見聞梏其心。其視天下，無一物非我。孟子謂『盡心則知性知天』[1]，以此。天大無外，故有外之心，不足以合天心。」

注釋

1 盡心知性知天：語自《孟子．盡心上》：「孟子曰：『盡其心者，知其性也。知其性，則知天矣。』」

譯文

橫渠說：「擴充、張大自己的心，就能體貼、感通天下萬物。若有外物是我不能體貼、感通的，則我此心便是有物在我之外的，即此心為有限的心。一般人的心，是以所聞所見的有限的範圍來規定，聖人能充分實現自己的本性，不因有限的聞見而禁錮他的心，因此他看待天下萬物，沒有一個存在不是他自己。孟子所說的『如果能充分實現自己的本心，便會了解自己的本性，也能了解天道的意義』，也是就這個道理來說的。由於天道是至大無外的，所以有物在其外的心，就不足以契合天地創生萬物之心。」

賞析與點評

橫渠要人「大其心」，使心能如同天道般感通、潤澤一切，他希望以人有限的生命具體表現天道的無限意義。

2.85

橫渠曰：「上達反天理[1]，下達徇人欲者歟！」

注釋

1 上達：達，即向前直去。上達，是向上去之意，於此即復返於天理。相反於上達，下達即依循人欲要求而有下墮之意。

譯文

橫渠說：「上達是說，人能返回到天理；下達是說，人順着慾望的要求而向下墮落！」

賞析與點評

此則為橫渠發揮《論語》「君子上達」之意。《論語‧憲問》：「子曰：『君子上達，小人下達。』」

2.86

橫渠曰：「知崇，天也[1]，形而上也[2]。通晝夜而知，其知崇矣。知及之而不以禮性之[3]，非己有也。故知禮成性而道義出，如天地位而易行。」

注釋

1「知崇」二句：語自《易經・繫辭上傳》。橫渠藉此句發揮知與禮必須互相配合之義。

2 形而上：語自《易經・繫辭上傳》：「是故形而上者謂之道，形而下者謂之器。」形而上，指超越在有形的事物之上，作為事物存在的超越的原理。3 性之：此當即是孟子言「堯舜，性之也；湯武，身之也；五霸，假之也」（《孟子・盡心上》）之「性之」之意，即自然順乎天性至善而行，無一絲勉強致力。

譯文

橫渠說：「智慧可極致高明，就如同天道般，在一切有形的東西之上。可以通徹晝夜變化而知事物之理，這樣的智慧可以說是非常崇高了。但如果說只是智慧達到這境界，而不能通過禮文而自然地體現出來，則這樣的智慧還不算是自己所有的。因此智慧必須通過禮來成就天賦的本性，而道義也在當中顯現，這就如同天地各有其份位，而『易』道在其中流行不已。」

2.87

橫渠曰：「困之進人也[1]，為德辨，為感速。孟子謂：『人有德慧術智者，常存乎疢疾』[2]，以此。」

注釋

1 困：此句是橫渠發揮《易經・困卦》之意。〈繫辭下傳〉云：「困，德之辨也。」明辨是非而能進德。2「人有德慧術智者」二句：語自《孟子．盡心上》：「孟子曰：『人之有德慧術知者，恆存乎疢疾。』」疢（粵：趁；普：chèn）疾：猶災患。

譯文

橫渠說：「《困卦》所闡釋的義理，是要人體會到艱困的處境能夠使人進步，這是因為人在艱困中更能警惕戒慎地明辨事理，這時的感受與啟發也較為迅速。孟子所說：『人所以能有德性、智慧、道術與才智，是因為常有患難。』講的就是這個道理。」

2.88

橫渠曰：「言有教，動有法，晝有為，宵有得，息有養，瞬有存。」

譯文

橫渠說：「言語要有教化的功效，行為要展現出規矩與法度，白日裏要能有所作為，晚上要有體悟，呼吸之間要能涵養德性，瞬目之際也要能操存本心而不放失。」

賞析與點評

此段橫渠示人為學當自強不息，自一身以至一時一刻都不可鬆懈，隨時要求自己實現道德價值。

橫渠先生作〈訂頑〉曰[1]：「乾稱父，坤稱母[2]。予茲藐焉，乃混然中處。故天地之塞，吾其體[3]。天地之帥，吾其性[4]。民吾同胞，物吾與也[5]。大君者，吾父母宗子，其大臣，宗子之家相也[6]。尊高年，所以長其長；慈孤弱，所以幼其幼。聖其合德，賢其秀也。凡天下疲癃殘疾、惸獨鰥寡，皆吾兄弟之顛連而無告者也[7]。於時保之，子之翼也[8]。樂且不憂[9]，純乎孝者也。違曰悖德，害仁曰賊。濟惡者不才，其踐形惟肖者也[10]。知化則善述其事，窮神則善繼其志[11]。不愧屋漏為無忝[12]，存心養性為匪懈[13]。惡旨酒，崇伯子之顧養[14]。育英才，潁封人之錫類[15]。不弛勞而底豫，舜其功也[16]。無所逃而待烹，申生其恭也[17]。體其受而歸全者，參乎[18]！勇於從而順令者，伯奇也[19]！富貴福澤，將厚吾之生也。貧賤憂戚，庸玉汝於成也[20]。存吾順事，沒吾寧也。

又作〈砭愚〉曰：「戲言出於思也，戲動作於謀也。發於聲，見乎四支，謂非己心，不明也。欲人無己疑，不能也。過言非心也，過動非誠也。失於聲，繆迷其四體，謂己當然，自誣也。欲他人己從，誣人也。或謂出於心者，歸咎為己戲。失於思者，自誣為己誠。不知戒其出汝者，歸咎其不出汝者。長傲且遂非，不知孰甚焉！」

注釋

1〈訂頑〉：即〈西銘〉，原為《正蒙・乾稱篇》首則，張載將它抄錄於學堂雙牖右側，並將〈乾稱篇〉最後一則抄錄在左側，題為〈砭愚〉。後伊川建議將〈訂頑〉改名為〈西銘〉，〈砭愚〉改為〈東銘〉。訂，訂正。頑，固執己見，愚蠢不知變通者。2「乾稱父」二句：《易經・說卦傳》：「乾，天也，故稱乎父；坤，地也，故稱乎母。」3「天地之塞」二句：橫渠此二句當從《孟子》而來。《孟子・公孫丑上》：「其為氣也至大至剛，以直養而無害，則塞於天地之間。」強調人身氣血皆稟受天地陰陽二氣而來。4「天地之帥」二句：帥，主宰。此意當是從《孟子・公孫丑上》而來：「夫志，氣之帥也；氣，體之充也。」率領陰陽二氣的是天地之性，這是說天地之性是吾人之性。5「民吾同胞」二句：同胞，指同一父母所生。即人民和我都是同一父母所生的兄弟。物，指人以外的一切萬物。與，同類。萬物與我一體，故我必須善化一切人物，以成全天功。6「大君者」四句：大君，天子。吾父母，指乾坤、天地。宗子，嫡長子。家相，古時卿、大夫家中的總管。7「凡天下疲癃（粵：隆；普：lóng）殘疾、惸（粵：鯨；普：qióng）獨鰥（粵：關；普：guān）寡」二句：疲癃殘疾，指衰老殘缺，患有疾病的人。惸獨鰥寡，指孤苦無依，乏人照顧的人。顛連，非常困苦。無告，窮困痛苦而無處投訴。《孟子・梁惠王下》亦有云：「老而無妻曰鰥，老而無夫曰寡，老而無子曰獨，幼而無父曰孤。此四者，天下之窮民而無告者。」8「於時保之」二句：《詩經・

周頌・我將》：「畏天之威，於時保之。」於時，即於是。翼，小心翼翼。9 **樂且不憂**：《易經・繫辭上傳》：「樂天知命，故不憂。」故此即指安於接受天命，而不感到憂慮勞心。10 **踐形**：指可以全然體現德性而無失。11 **「知化則善述其事」二句**：知化、窮神，出自《易經・繫辭下傳》「窮神知化，德之盛也」一語。其餘則出自《禮記・中庸》「夫孝者，善繼人之志，善述人之事者也」。此二句表示人當以踐德來繼續天道生化一切的心志與事業。12 **不愧屋漏為無忝**：《詩經・大雅・抑》：「相在爾室，尚不愧於屋漏。」《禮記・中庸》引此詩，云：「故君子不動而敬，不言而信。」即指內心光明正大，毫無愧欠之意。《詩經・小雅・小宛》：「夙興夜寐，毋忝爾所生。」指不要讓父母招致恥辱。13 **存心養性為匪懈**：《孟子・盡心上》：「存其心，養其性，所以事天也。」孟子認為操存本心、完養善性是人事天的恰當態度。橫渠以「匪懈」，即子女不懈怠侍奉父母的心情，來表達孟子存心養性的意思。14 **「惡旨酒」二句**：《孟子・離婁下》：「禹惡旨酒而好善言。」崇伯子，崇是禹的父親鯀的封地。顧養，顧念父母的養育之恩。15 **「育英才」二句**：《左傳》魯隱公元年載，鄭莊公的弟弟公叔段因叛國而被滅，其母親牽涉其中而被莊公囚禁。潁考叔以自己的孝心感動了莊公，使莊公與母親重修母子之情。永錫爾類，《左傳》引《詩經・大雅・既醉》：「孝子不匱，永錫爾類」，說明孝子之心能推行於人，使人亦能盡其孝。16 **「不弛勞而底豫」二句**：弛，鬆懈、怠緩。底，當動詞用，到達。底豫，致使其快樂。意即舜能不鬆懈辛勤的工作，終究能使父母感到快樂。17「無所逃而待烹」二句：申生，春秋時晉獻公太子。晉獻公寵愛驪姬，驪姬進讒言於獻公，使獻公殺太子，太子不逃而受死。橫渠藉此典故表達人對天道當無條件的服從之意，但當然不能因此便說太子申生的作法一定是對的。18「體其受而歸全者」二句：身體髮膚受之於父母，生，不可毀傷，及死，也必須完好歸還。19「勇於從而順令者」二句：伯奇，古代孝子。受後母讒言，致使被父親放逐。20 庸玉汝於成也：庸，用以。指如琢磨玉器般，使有所成就。

譯文

橫渠先生作〈訂頑〉，內容是：「乾道就如同父親，坤道就如同母親。我雖是如此渺小，但乃是與乾坤陰陽混然而存在於天地之中。因此充塞於天地之間的陰陽二氣就是我的身體，而統攝陰陽二氣的天地之性也就是我的性。於是所有的人民都是我的同胞骨肉，其他萬物也都與我同類。天子就是我們父母的嫡長子，而他的大臣就是輔佐長子的家中總管。尊敬年長的人，就是尊敬我們自己的長輩；慈愛孤單弱小的人，正是愛護我們自己幼小的孩子。聖人是與乾坤父母之德相合的人，賢者則是我們兄弟中的優秀出眾者。凡天下間所有老弱病殘、無親無故而孤苦無依的人，都是我們顛沛流離而無處投訴的兄弟。於此用心的保護他們，這是作為天地的兒子該有的敬慎態度。快樂地接受上天的命令，努力遵循實踐，而不感到憂慮，這是純粹的孝道該有的表現。違背天命就是悖德，殘害了仁義就是賊子。長養惡端而不受教，就是不才之子；能夠使現實生命完全德性化，就是最像天地父母的人。能察知萬物深微的變化，因此能夠善於繼續天道的行事；能夠窮究天地的神用，所以能夠善於繼承天德的志向。處於暗處而能心地光明，這就是不辱及父母。時時操存本心、完養本性，就是不懈怠的事奉上天。要像大禹一樣以捨棄美酒、愛護百姓來報答天地父母之恩。作育英才，要像穎考叔能把自己的孝心推擴及於同類。事奉天地，要像舜一樣勤勞而不懈怠，而最後能獲得父母的歡心。聽命於天地，要如同申生般恭敬聽從父母之命而不逃避死亡。要如曾參謹慎地守護自己從父母那裏得來的身體，以致在最終能完整的歸還給天地。順從天命，要像尹伯奇一樣能無悔無怨地遵從父母的心意。人世間的富貴與福澤，是天地用來豐厚我以利於實踐德行。貧窮與憂患，是天地用來磨煉我以成就我更高的德性。活着的時候，我會順承天意，盡性而行；死亡的時候，我能安定平和，與天地同流。

又作〈砭愚〉說：「凡是戲謔的言語，都是出於人的思慮；戲謔的舉動，都是源於自身的謀劃。發出聲音的言論，表現在四肢的行動，卻說不是自己的心意，這是不明智的人。想要人家不懷疑自己，這也是不可能的。過度而不合宜的言論，本來就不是發自於本心；過分而不恰當的行為，本來就不是根源於誠意。但既然已經在言論上有過失，在行為上出現錯誤昏亂，卻還堅稱自己本來便應如此，這就是在誣賴自己。如果還想要別人同意順從，就是在誣賴他人。或許有人把出自於有心的過失，歸咎於是自己一時的戲謔語，把缺乏思考的無心之過，當做是一種誠心的表現，這都是錯誤的。這樣只會使自己不知警惕那些出自於自己的過失，反而把過錯都歸咎在真誠的本心上，如此只會變得更加傲慢而流於不善，還有什麼比這更不明智！」

賞析與點評

張橫渠這篇〈西銘〉闡釋發揮了儒家以天地萬物為一體，所謂民胞物與的精神，這是儒家要求充分實現人的仁義之心的理想境界。橫渠以人的道德本性就是天地生物之心，即人性就是天道或「天道性命相貫通」，作為立論的基礎。由於人的本性就是天地之道，所以人盡其道德本性的實踐活動，應該如天地之道以生萬物、成就萬物為心。以天地生萬物作為效法的對象，故人應該親親而仁民，仁民而愛物。人的生命雖然有限，但仁心要成就、善化一切的要求，是無限的。當然人不能做盡一切該做的事情，但也不能預先劃定一個範圍，認為我們仁心的實踐只到此界線為止。橫渠對於仁心這種無限的要求有很深的體會，於是認為人的道德實踐應該以全天下的人與物的存在作為實踐的範圍，即是要以善化一切為自己的義務，此所謂「盡性」。張橫渠十分看重盡性之義，他強調人的德實踐必須以天地萬物作為實踐的範圍，故道德並不只是人類社會的事情。故人能盡其性，就等於把天地生化的活動、天地生萬物的意義，在我個人的有限生命活動中彰顯出來，此所謂「盡性立命」（唐君毅先生很強調此義）。此「盡性立命」的理想是先秦、宋明以及當代的新儒學所共同肯定的。

又橫渠在本篇用孝子的心情來類比人對天地之道該有的態度，孝子應敬慎服從父母之命令，而人對於上天賦予我們的天地之性，要如孝子之於父母一樣，不論這一生遭遇到的情況是吉是凶，不論這一生的壽命是長是短，都要無條件地遵守天地對於我們的命令。橫渠這個譬喻十分親切，至孝的兒女的內心確是不忍心拂逆父母的命令。固然人間的父母對兒女的要求或命令不一定完全合理，故兒女常不遵從父母的命令，但這不是本篇着重的意思。而人完全地服從以道德意義為內容的天命，當然是沒有問題的。

2.90

橫渠曰：「將修己，必先厚重以自持。厚重知學，德乃進而不固矣[1]。忠信進德，惟尚友而急賢。欲勝己者親，無如改過之不吝。」

注釋 1 固：此處作「固滯」解。

譯文 橫渠說：「學者要修養自己的德性，必須先敦厚穩重。性情敦厚穩重，又懂得學習，德性才能日益精進而不流於固滯。除了要實踐忠信以增進德性，還要敬重朋友，並以結交有德的人為優先的事。想要道德學問勝過自己的朋友和自己親近，沒有比努力改過更好的辦法了。」

賞析與點評

此是橫渠發揮《論語·學而》中之一則。原典為：「子曰：『君子不重則不威，學則不固。主忠信，無友不如己者，過則勿憚改。』」橫渠對如何達到「無友不如己者」，提出了很好的見解。

2.91

橫渠先生謂范巽之曰[1]：「吾輩不及古人，病源何在？」巽之請問。先生曰：「此非難悟。設此語者，蓋欲學者存意之不忘，庶游心浸熟[2]，有一日脫然如大寐之得醒耳。」

注釋　1 范巽之：名育，張載弟子。2 浸：漸漸、逐漸。

譯文　橫渠先生問范巽之説：「我們不及古人，毛病的根源在哪裏？」巽之不能回答，請教先生。橫渠説：「這不難懂。我這樣問，其實是希望你們時時把這個想法放在心裏，不要忘記，等到內心漸漸熟習聖人之道，有一天便能像從大夢中醒來一樣徹底的悟道。」

賞析與點評

橫渠要學生時時以「我們比不上古人的病源在哪裏？」來省察自己，確是切己的反省，也等於是時時以聖人的行為作為自己效法的對象。

2.93

橫渠曰：「明善為本。固執之乃立，擴充之則大。易視之則小。在人能弘之而已。」

譯文　橫渠説：「為學以明白至善之道為根本。明善之後堅守着它才能穩固，擴充它才能日益光大。如果以輕率的態度來看待，就會變得固陋狹隘。所以為學的關鍵只在人能不能弘大善道而已。」

賞析與點評

此則是橫渠發揮《論語》中「人能弘道，非道弘人」一語。見〈衛靈公〉。

2.94

橫渠曰：「今且只將『尊德性而道問學』為心[1]，日自求於問學者有所背否？於德性有所懈否？此義亦是『博文約禮』[2]，『下學上達』[3]。以此警策一年，安得不長？每日須求多少為益。知所亡，改得少不善。此德性上之益。讀書求義理，編書須理會有所歸著，勿徒寫過。又多識前言往行。此問學上益也。勿使有俄頃閒度，逐日似此，三年庶幾有進。」

注釋

1 尊德性而道問學：語自《禮記．中庸》。即尊崇至誠的德性以通曉天道的廣大，並致力於學問以求外通而成物，表示聖人之學內外並進，不可偏廢。2 博文約禮：即以文博我，以禮約我。以文博我，即道問學之事。以禮約我，即尊德性之事。3 下學上達：下學，此處為一泛稱，指一切禮樂教化等人文素養。上達，則指向上通達於至誠至善的天道。天德美善內在於我，因此人生修養重在通過禮樂的教化，以喚醒內在仁心的自覺，並由德性實踐的工夫以開啟人生的大道，且由此上達，體證天道性命相貫通之意。

譯文

橫渠說：「學者為學只須將『尊德性而道問學』一語時時謹記在心，每天自我反省在求學的工夫上有沒有違背？在德性的修養上有沒有懈怠？這個道理也就是孔子所教的『博文約禮』，『下學上達』的工夫。用這個辦法警惕鞭策自己一年，哪裏會有不長進的呢？每天必須要求自己多少有一點進步。了解到自己所缺乏的，改掉自己一些不好的習性。這便是在德性上有所長進。讀書不只是章句訓詁之事，還要窮究其中的義理。抄錄編寫書籍必須會歸其中的要義，不能只是寫過而已。又多去認識書中所載前賢的德行，以警惕自己。這就是在學問上有所增進。不要稍有停滯怠惰，每天都要這樣認真奮發，三年以後差不多就會有所長進。」

2.95

橫渠曰：「為天地立心[1]，為生民立道[2]，為去聖繼絕學，為萬世開太平。[3]」

注釋

1 **為天地立心**：天地以生物為心，創生萬物而使萬物各得其正，聖人則參贊化育萬物，使萬物有更合理的存在情況。因此志於聖賢之學的人必須寬大心量，努力實踐德性，以揭明此生生不息的大心。2 **為生民立道**：生民，即人民。人民以倫常為道，愛親敬長而喜愛美德，這都是人良善的稟賦。因此儒者必須建立義理綱常，使人有所依循而能發揮良善的稟賦。3 **為萬世開太平**：為後世建立理想的政治制度，這是宋儒由內聖通外王的理想。

譯文

橫渠說：「志於聖賢的人必須寬大心量，努力實踐德性，以彰明天地生物之心，並為百姓樹立綱常倫理，使他們良善的稟賦得以體現。又上承聖賢道統，使德性事業得以延續，並為千代萬代的子孫開啟太平盛世。」

賞析與點評

張橫渠這一段話一般稱為「四為句」，是他最具代表性的言論，充分表達了宋儒的理想與抱負。《張子全書》卷十四（《四部備要本》），此條作「為天地立心，為生民立命，為往聖繼絕學，為萬世開太平。」此四句與《近思錄》所載本條略異，較為通行。

2.96

橫渠曰：「載所以使學者先學禮者，只為學禮，則便除去了世俗一副當習熟纏繞[1]。譬之延蔓之物，解纏繞即上去。苟能除去了一副當世習，便自然脫灑也。又學禮，則可以守得定。」

注釋

1 一副：總括之詞，即一切之意。又有人認為「一副當」是當時關中地區的方言。

譯文

橫渠說：「我之所以讓學者先學禮，是因為學禮能免去世俗一切繁文俗套的拖累與糾纏。就像延綿蔓生的植物，只要將纏繞解開，就能直通上去。如果能去除所有一切世俗的俗套，便能自在灑脫，中心和樂。另外，學禮又能使德性堅定，持守牢固而不移。」

賞析與點評

橫渠重視以禮來教學者，這是有關學的特色。學者習禮的確可以當下拋開習氣，換上莊重的心情來學習。

2.98

橫渠曰：「人多以老成則不肯下問，故終身不知。又為人以道義先覺處之，不可復謂有所不知，故亦不肯下問。從不肯問，遂生百端欺妄人我，寧終身不知。」

譯文

橫渠說：「人多因自視自己年長尊大，而不肯向他人請教學問，致使很多事理終身不知。又因自己已被別人當作道德上的先覺者，便不能再說還有不知道的，所以也不肯向別人請教。從自己有不知而不肯向別人請教這一件事，就會產生各種虛妄不誠、自欺欺人的弊病，而寧願終生不知。」

賞析與點評

張橫渠此條對於自以為是前輩，不肯下問的人之心理毛病，分析得十分透徹。

2.100

橫渠曰：「為學大益，在自求變化氣質。不爾，皆為人之弊，卒無所發明，不得見聖人之奧。」

譯文

橫渠說：「成德之學最大的好處在於變化自己一偏的氣性。如果不朝着這方向努力，則治學便只是為了獲取美名利益而流於慾望的追逐，而這終究不能體會大道，不能了解聖人的境界。」

賞析與點評

「變化氣質」是張橫渠有名的主張，既說明了「為己之學」之意義，也表達了成德之教可以暢通人內在的道德心，引發動力來改善人的現實生命。

2.102

橫渠曰：「不知疑者，只是不便實作。既實作則須有疑。有不行處，是疑也。」

譯文

橫渠說：「為學過程中沒有產生疑問，那是因為沒有真切地下手做工夫。如果能真切地實踐，就會產生疑問。在實踐過程中有行不通的地方，這就是疑問。」

賞析與點評

橫渠認為在實踐中才會看出問題，從而改進，此一說法甚有價值。

2.103

橫渠曰：「心大則百物皆通，心小則百物皆病。」

譯文　橫渠說：「心地寬廣宏大，待人處世自然無不通達明白。如果心地鄙陋狹小，則處處都滯礙難行。」

2.108

橫渠曰：「學未至而好語變者，必知終有患。蓋變不可輕議。若驟然語變，則知操術已不正。」

譯文　橫渠說：「如果學習還沒達到義精仁熟，卻喜好談論改革、權變，這樣最終會招致禍患。因為改革或權變不是可以隨便議論的。如果為學尚未精熟，卻突然議論起改革、權變，就可知這人的心術已違背正道。」

2.111

橫渠曰：「學者大不宜志小氣輕。志小則易足，易足則無由進。氣輕則以未知為已知，未學為已學。」

譯文　橫渠說：「學者切切不可志向狹小而氣度輕薄。志向狹小就容易滿足，容易滿足就不可能再往前進。氣度輕薄就容易自大，不知道卻說知道，沒有實得卻說已經實得。」

卷三　致知

本卷導讀——

「格物致知」是伊川與朱子最重視的入聖工夫，認為明理要達到真知的地步，才能有正確的道德實踐。如何致知、格物以窮理，本卷有許多相關的討論。在窮理的工夫中，讀書是最有效的，本卷對於通過讀書來明理，也作了很詳細的說明。

3.1

伊川先生〈答朱長文書〉曰：「心通乎道，然後能辨是非，如持權衡以較輕重，孟子所謂『知言』是也[1]。心不通乎道，而較古人之是非，猶不持權衡而酌輕重。竭其目力，勞其心志，雖使時中，亦古人所謂『億則屢中』[2]，君子不貴也。」

注釋

1 **知言**：語自《孟子・公孫丑上》：「我知言，我善養吾浩然之氣。」此處指能通曉當時思想家的言說，辨明是非曲直。2 **億則屢中**：語自《論語・先進》。原典為：「賜不受命，而貨殖焉，億則屢中。」億，推測。此處是指對道體若無真切了解，則評論古人之是非，也不過是憑空推斷，料想猜中而已。

譯文

伊川先生〈答朱長文書〉說：「心對道能通徹明白，然後才能辨明是非，如同持有秤具才能估量事物的輕重，這就是孟子所說的『知言』的意義。心不能通徹明白道，而去較量古人言行的是非，如同沒有持着秤具卻去估量事物的輕重。在這種情況下，竭盡眼力，勞煩心志，雖然偶爾會有說中的時候，但那也不過是古人所說的『億者屢中』，不會為君子所肯定。」

賞析與點評

「心通乎道」是心對道有清楚的了解，有清楚的了解才能辨別是非。通於道等於是「真知」。這是伊川最強調的工夫論，即以對道理的真正了解來促使人作出正確的道德實踐。

3.2

伊川先生答門人曰：「孔孟之門，豈皆賢哲？固多眾人。以眾人觀聖賢，弗識者多矣，惟其不敢信己而信其師，是故求而後得。今諸君於頤言，才不合則置不復思，所以終異也。不可便放下，更且思之，致知之方也。」

譯文

伊川先生答門人說：「孔孟門下弟子，難道都是賢哲之人嗎？他們之中也有很多是一般人而已。以一般人的想法來看聖賢的道理，必然有許多不能明白的地方，只是他們不敢相信自己的判斷，而寧願相信老師所說的道理，所以才能在探求老師所說的深義後，便會有真實的了解，於是便可以進步。現在你們對於我所說的話，一感到不合自己的想法，就擱到一旁而不再思考，所以最終和孔孟門下學生的成就有所不同。對於不契合之處，不可輕易放過，要作更深刻的思索探究，才是致知的方法。」

賞析與點評

這一條說明眾人常常不能深入了解聖賢的話，然而即使在開始時不能真正了解聖賢的道理，但仍要信任聖賢。此即是說，為學之初要對聖賢所説先有崇信，即使自己不太懂，也要先肯定，然後作進一步的探究。這當然不是說對聖賢所說的道理都要無條件的接受，而是在為學之初須抱着謙虛的態度，即使暫時不懂聖賢所說的深奧道理，仍要放下自己的成見，通過對聖賢的尊崇，努力進一步探究，這樣便可進一步了解道理。初學者如果不承認自己對道理的了解比較膚淺，而聖賢所說並非是自己一下子可能了解的，就很難於誦讀聖賢之言時有真正的突破與邁進。伊川此條也表示對於道理的真切了解是不容易的，故不能因為自己尚未有真切了解就不相信老師。在還沒有達到真知之前要相信已經達到真知境界的老師。這一方面要人尊師，另一方面表達一般人的了解經常不可靠，必須要用功思考，才能有真知。

3·3

伊川先生答橫渠先生曰：「所論大概，有苦心極力之象，而無寬裕溫厚之氣。非明睿所照，而考索至此，故意屢偏，而言多窒，小出入時有之。更願完養思慮，涵泳義理，他日自當條暢。」

譯文

伊川先生回答橫渠先生說：「你來信的論說，大概來看，有苦心思考、極力探索的形象，而沒有優游從容、溫和敦厚的氣度。你的見解好像不是從自然流露的睿智心靈所照見，而是通過思考探求而得的，因此所表達的意思屢屢出現偏差，用語窒礙難懂的也不少，也常有小的地方需要商榷。希望你能更進一步完養思慮，沉潛涵泳自己的義理見解，日後學說的表達自然能條理通暢。」

賞析與點評

伊川在這一條對橫渠的思想及其表達方式作出了批評。張橫渠力學精思，對儒學義理的掌握當然是很深湛的，但由於要提出與佛老相抗衡的理論，努力通過運用概念的方式來表達，故有強探力索之象。伊川對他的批評並不太公平。此段也表達了，當人真正明白道理時，會有寬裕溫厚之氣。由於要明的道理是道德之理，也就是本性本有的道理，故越明白這個道理，便越呈現真正的本性，而不會覺得道理是從外加進來要自己服從的，於是真知道理便不會有「苦心極力之象」。如果還有「苦心極力之象」，便表示道理是外面的道理，不是從本性自然流露的。伊川的格物致知工夫，雖然好像是從外的事物中尋找道理，但所尋找的，也就是本性本有的道理，故明白外在事物的道理，也就是明白自己本有的道理。必須有這種預認，才可以了解明理而表現「寬裕溫厚之氣」的講法。

伊川曰：「欲知得與不得，於心氣上驗之。思慮有得，中心悅豫[1]，沛然有裕者，實得也。思慮有得，心氣勞耗者，實未得也，強揣度耳[2]。嘗有人言：『比因學道[3]，思慮心虛。』曰：『人之血氣，固有虛實。疾病之來，聖賢所不免。然未聞自古聖賢，因學而致心疾者。』」

注釋　1 悅豫：歡欣愉悅。2 揣度：猜測、估量。3 比：最近。

譯文　伊川說：「要知道對於道理是否真有所得，可以從人的心思和氣性上去察驗。如果思慮對道體有所得，內心自然感到愉悅，施行起來也會從容有餘裕，這就是真正的有所得。如果思慮對道體有所體會，但心思和氣力卻感到勞累耗損，這就不是真正的有得，只是勉強揣度而已。曾有人說：『最近因為學習道理，用心思索使得心氣虛耗。』我回應說：『人的血氣確實有虛弱和強健的分別，疾病的發生，連聖賢也不能避免。雖然如此，卻從不曾聽說自古以來的聖賢有因為學習道理而導致心病的。』」

賞析與點評

此條跟上一條意思相近。思慮有得，便會「中心悅豫」，因為所知的理是我本有的理，就如朱子所說的「明善而復其初」（《論語集註》卷一〈學而時習之〉注）思考道理要思考得深切，才會有所得，這雖然並不容易，但在知道道理時，會讓人寬裕温柔，心中愉悅，故不會有「心氣勞耗」的樣子。伊川在此段最後所說的「未聞自古聖賢，因學而致心疾者」，這學必須是成德之教的學問，並非其他各門各類的知識，學習經驗知識或者專家知識，當然會有因為學不會而勞累的情況；而學習成德之教由於是通過學習而明白自己原來具有的道理，故會越學習而越愉悅。從這幾段可以看出伊川所謂的學習或講明道理，一定是就人性中本有的道理來說。宋儒所謂的「性理」，也就是道德之理。如果不是學習這種道理，不會有越學習越「悅豫」的結果。於是我們不能說伊川主張格物窮理，便認為他所要窮的理是外在的、自己原來沒有的道理。

3.5

伊川曰：「今日雜信鬼怪異說者，只是不先燭理[1]。若於事上一一理會，則有甚盡期[2]。須只於學上理會。」

注釋　1 燭理：洞察道理。燭，察明。2 甚：什麼。

譯文　伊川說：「現在隨意相信鬼怪異說的人，只是因為沒有先把道理看明白。但如果是將事物一件一件仔細梳理了解，又會沒有完結的一天。所以只須在窮究道理的學問上用功。」

賞析與點評

伊川用格物窮理來破鬼怪異說，表明通過格物窮理而產生的明智，可以祛除疑惑。指出相信鬼怪異說的人，是因他們不明白道理。由於對於理有相應的了解，便會產生正確的行為，如唐君毅先生所說的如實知起真實行（見《生命存在與心靈境界．導論》）。這表明哲學思辨對驅除生命的疑惑是有幫助的。而伊川所説的不需要在事物上一一理會，而只於學上理會，即是説重點在於成德之學的道理上理會。事情本身的道理是形構之理，而在學上理會的是存在之理，或道德之理。形構之理必須從研究事物的性相而得到（如方圓、黑白等，或事事物物之本質），而存在之理是存在的根據，所謂天理，即道德之理。道德之理除了是道德行動的根據外，也是一切存在所以會存在的根據。

3.6

伊川曰：「學原於思。」

譯文　伊川說：「成德之教的學問源於對道理深刻的思考。」

賞析與點評

從此條可見伊川重視思辨，他要通過思辨來深入了解德性之學的道理。如果沒有通過深刻的思辨，對於成德之教的道理，便不能有清楚的了解，也就不能成就德性。

3·7

伊川曰：「所謂『日月至焉』[1]，與久而不息者，所見規模雖略相似，其意味氣象迥別。須潛心默識，玩索久之，庶幾自得[2]。學者不學聖人則已，欲學之，須熟玩味聖人之氣象，不可只於名上理會，如此只是講論文字。」

注釋

1 日月至焉：語自《論語．雍也》。原典為：「子曰：『回也，其心三月不違仁；其餘，則日月至焉而已矣。』」指無法持之以恆，僅能短暫地實踐仁德。2 庶幾：大概、差不多。

譯文　伊川說：「所謂『只能短暫地體現仁德』，和長久不息地實踐仁德相較，兩者所表現出來的樣子雖然大略相似，但內在的意境、氣象卻大不相同。學者必須靜心專注地體會，慢慢地思索品味，才可以有近於道的體會。學者不學習聖人也就罷了，若要學習，就必須熟悉玩味聖人的氣象，不可以只在文字的表面意義上去理解，不然如此一來，只是講解論述文字而已。」

賞析與點評

此則區分了偶然表現仁義與恆常表現仁義的不同。此二者在表現仁義的外觀上大略相同，但意味是很不一樣的，這也等於是「常知」與「真知」的不一樣。如果真知仁義之道，實踐起來就會自然而然，毫無勉強。伊川此則所説的「須熟玩味聖人之氣象」，也就是要以真知作為理想，認為能真知道或如上文所説的通於道，就可以使自己實踐道德，達到自然而然的地步，而這就是聖賢的氣象。伊川認為通過「學」可以使人成為聖賢，而這成為聖賢的理想境界不只是了解仁義的道理，而是要自然而然的實現仁義，而這就是道理與生命合一。因此伊川所謂的真知是通過對道理的真切了解而達至聖人的自然而然的修養境界，真知是知得真切，又含行得自然之義。

問：「忠信進德之事，固可勉強，然致知甚難。」伊川先生曰：「學者固當勉強，然須是知了方行得。若不知，只是覷卻堯[1]，學他行事，然無堯許多聰明睿智，怎生得如他動容周旋中禮[2]？如子所言，是篤信而固守之，非固有之也。未致知便欲誠意，是躐等也[3]。勉強行者，安能持久？除非燭理明，自然樂循理。性本善，循理而行，是順理事，本亦不難，但為人不知，旋安排着，便道難也。知有多少般數，煞有深淺。學者須是真知，才知得是，便泰然行將去也[4]。某年二十時，解釋經義，與今無異，然思今日覺得意味與少時自別。」

注釋

1 覷（粵：趣；普：qù）卻：看着。2 動容周旋中禮：語自《孟子・盡心下》。指言行舉止與待人處事都能合乎禮節。動容，動作與儀容。周旋，原指古代行禮時作揖謙讓的動作，後引申為交際應酬之意。3 躐等：《禮記・學記》云：「幼者聽而弗問，學不躐等也。」躐等，不循次序。據《大學》「欲誠其意者，先致其知」而言，未能「致知」，便求「誠意」，此便是越次躐等。4 泰然：心情閒適而態度自然的樣子。

譯文

有人問：「在實踐忠信、體現德性之事，固然還可勉強去做，但是要在學問上真懂得道理就很困難。」伊川先生回答：「學者固然應當勉力去實踐，但必須是真正知道道理才可以去實行。如果不了解道理，那只不過是像看着堯，就去學做他表面的行事，但又沒有堯這樣的聰明智慧，這樣一來怎麼能像他一樣行動舉止處處合於禮呢？如你所說的，只是深信忠信進德之事而勉力堅持，並不是體會到忠信進德之事是根植我的本心而自然為之。還未真正致知，就要進一步誠意，這是不顧為學的次序而越級了。就算再勉力去做，又怎麼可能持久？除非能夠洞燭明白道理，自然樂於遵循理則，便能持久。人性本善，遵循理則而行動，本來就是順理的事，並不困難，但一般人不知道，以為要刻意安排，才會覺得困難。「知」或理解有許多情況，有明顯的深淺之不同。學者必須達到真知，才能知得正確明白，才能泰然自若地實踐。我二十歲時，解釋說明經典內容和現在沒有不同，但現在從經典中所感覺到的意趣況味，和年少時自然是不同了。」

賞析與點評

忠信進德是實踐的事情，這可以勉強去做，即是說行為的實踐可以勉力而為，而「致知甚難」是說「致知」的事情很難勉強。問者之意是說行為實踐上可以勉力而為，但要真的懂得道理，勉強努力不一定有用，這是把知行區別開來，認為不知也可以勉力去行。此意是可以說的。人雖然不能深切了解仁義之理，但大體也了解仁義是人該行的，而且實踐行動的確可以勉強，但伊川在此處強調了知對於實踐的作用，即他認為必須「知」了，方行得。如果不懂道理，只模仿聖人的外在行為，是無法成為聖人的。除非人能明白道理，不然不會樂於為善。此如上一則所說伊川要用對於道理的真知，使道德的實踐成為自然而然的行動。故說「才知得是，便泰然行將去也」。從這幾則看來，伊川確實主張人不能停留在對道德之理的一般了解（常知）的地步，必須通過致知，使對理的常知進至真知的地步，能真知才可以自然的樂於為善，而此才是「誠意」。真知因為有常知為起點和根據，所以此知並非從外而來的經驗知識；而真知含自然而然的實踐，則此知並不只是了解道德之理而已。或可以如此解說，由於真知所知的理是人本有的，所謂性理，則當人真知自己本有的道德之理時，便會毫不懷疑地實踐。故雖然是由知入手，最後可以達到如聖賢般實踐的結果，而這種聖賢般地實踐，也就是下一則所說的「貫通」，或朱子所說的「豁然貫通」。「貫通」固然是知的事，但也含實踐出來自然而然之意。所以本則從致知不能勉強，而討論到努力致知，而達至真知時，便化掉勉強之意。致知、明理時固然可以說勉強，但到真知理時，便化掉了知與行都可能有的勉強。真知是知的事情，而能否對道理有真知，應也有關於人的天分的高下，故本則開首便說致知似乎不能勉強。但如果人根據他本有的、對道理的常知，而努力推致，則最後也可以不受限於氣稟、天分，而人人都可以成聖，這應該是伊川強調致知的用心。雖然強調「知」，但伊川認為在知中有本性（性理的呈現），故在致知的工夫的努力中，可以不斷地引發道德的本性的作用，他希望可以通過致知使道德的本性逐步暢通開來。後來朱子強調「致知」，認為在知或明德中有仁義禮智的道理的呈現，也是此義。此由致知、明理而達到自然而然的道德實踐，為儒家的道德實踐的工夫論，提供了一個以明理為主的義理論型態，此一工夫論所以能夠成立，需要肯定對於道德之理是人人本來就知道的，所謂「常知」，而致知的工夫在於把本知、常知的理抽出來作充分的了解。由於有常知作根據，故格物明理並非從完全不了解理來開始。又雖然是從對於理有了解來開始致知從理，但也不能一蹴即至，因為把理抽出來作充分的了解，是需要下許多工夫的。對於理人雖然有了解，若了解得不夠深切，容易受感性慾望的影響，而使人對理的了解從清楚變為不清楚（此即康德所謂「自然的辯證」，見康德《道德底形上學之基本原則・第一章》）。又，理固然是道德之理，而且是一樣的，但理在種種事情上，表現出來就顯得不一樣，對於理在不同情況下的表現，如何在不同情況下給出當然的處置，也必須要用工夫考察，在這種考察的過程中，也自然對於理，有比較深切的了解。能對於理有比較深切的了解，實踐出來便比較容易。

3.9

伊川曰：「凡一物上有一理，須是窮致其理。窮理亦多端，或讀書講明義理，或論古今人物，別其是非，或應接事物而處其當，皆窮理也。」

或問：「格物須物物格之，還只格一物而萬理皆知？」曰：「怎得便會貫通？

若只格一物便通眾理，雖顏子亦不敢如此道。須是今日格一件，明日又格一件。積習既多，然後脫然自有貫通處[1]。」

注釋

1「或問」一段：張伯行集解本此獨立為一條。

譯文

伊川說：「凡一件事物上都有一個理，必須去窮究其中的理。窮究道理也有很多方法，或透過讀書來講解明白道理，或縱論古今人物來評判是非對錯，或在待人接物中作恰當的處置，這些都是窮理。」

有人問：「格物必須是每一件事物都窮究，還是只要窮究一件事物就能通曉萬物之理？」伊川回答：「怎麼可能窮究一件事物就能貫通萬理？如果只窮究一件事物便能通曉各種事物之理，就算是顏回也不敢這麼說。應該是今天格一件事物，明天又格一件事物，累積學習多了，然後便能自然地豁然貫通了解。」

賞析與點評

上文説理是「一」，因為宋儒所講的理，是道德之理。所謂道德之理，是孟子所謂的義利之辨的意義。所謂義利之辨，是人當該本着該行而行的存心來行事，即是説，人去從事一個行為，要本着這行為是該行而行的存心，不能因為該行為對於我有利，所以我才去從事。所謂道德之理就是在道德行為上所含有的「因為是當行而行」這個道理，這個道理可以用康德所說的「道德的行為是按照無條件的律令而行」來說明，如果行為的存心是按無條件的律令而行，就是道德行為。反之，就不是道德行為，要明道德之理，就是要明白這個道理。這個道理人人都知道，譬如說假如我們不是因為該孝父母、該信朋友，而作出孝與信的行為，而是因為孝父母、信朋友可以得到好處，那麼我們便會知道，以這種存心所做的行為，不能算是道德行為。我們都知道這個道理，但常常行不出來，這很可能是由於我們對這理的認識不夠深切，於是如何使我們加強對於這個道理的知，使我們毫無懷疑地照着這個道理去行動，或甚至樂於循理，便是最關鍵的。依伊川及朱子的見解，便是要靠通過格物致知的工夫。

又由上文的說明就可以理解伊川此條的涵義，即雖然在事物上表現這個理是一樣的理，但必須從多方去格物窮理，這樣才能對理有深切了解。雖然是從多方去格物窮理，但並不是要了解經驗知識方面的理，而且多方窮理會有脫然貫通處，此義如本條後半所說。

3.10

伊川曰：「『思曰睿』[1]，思慮久後，睿自然生。若於一事上思未得，且別換一事思之，不可專守着這一事。蓋人之知識於這裏蔽着，雖強思亦不通也。」

注釋 1 思曰睿：語自《尚書・洪範》。指善於思考就能有聰明睿智，通達事理。「曰」是語氣詞，無義。

譯文 伊川說：「『思曰睿』，是指一個人思考久了，睿智自然產生。若在一件事情上思考了卻沒有收穫，就暫且先換別的事來思考，不要只專門守着這一件事。因為人的識見智慧剛好在這裏有閉塞難解，即使勉強去思考也是無法想通的。」

賞析與點評

伊川認為對於理，思慮久了，會產生睿智，睿智是就事理通達來說的。從「若於一事上思未得，且別換一事思之」，可知通過事上來知的理，應是普遍的道德之理。如果是經驗認知之理，則於一事上思未得，不可能換思別的事，也可以明白。道德之理是一，雖然因為事情的不同而有不同的表現，但應該是相通的。故在一事上想不通，可以換別的事來體會、了解此理。

3.11

問：「人有志於學，然知識蔽固[1]，力量不至，則如之何？」伊川曰：「只是致知。若知識明，則力量自進。」

注釋　1 蔽固：閉塞固陋。

譯文　有人問：「人有心向學，但知識閉塞固陋，力量也達不到，應當如何解決？」伊川說：「只要去做致知的工夫。若對道德之理有明確的了解，那麼在實踐的力量自然會增進。」

賞析與點評

伊川認為致知可以增加知識，而且實踐的力量也會增進。這所謂的知識是就了解道德之理說，人若真知道德之理必須遵循，實踐的力量就會增加。此即前文所說伊川是以對理的了解來引發或增強實踐的動力。知道此理是我的道理，便會要求自己按此理來實踐。

3.12

問：「觀物察己，還因見物反求諸身否？」伊川曰：「不必如此說。物我一理，才明彼，即曉此，此合內外之道也。」又問：「致知先求之四端[1]，如何？」曰：「求之情性，固是切於身，然一草一木皆有理，須是察[2]。」

注釋

1 **四端**：語自《孟子．公孫丑上》。四端之心即惻隱之心、羞惡之心、辭讓之心、是非之心，此四者是人的道德本心。2 **須是察**：此句後有一段原注：「自一身之中以至萬物之理，但理會得多，胸次自然豁然有覺處。」

譯文

有人問：「所謂觀察外物而審視自己，是要順着所見之事事物物之理來反省自己嗎？」伊川説：「不必如此解釋。外物與我都是同一個道理，才明白那個事物之理，就能同時知道在我之理，這是由於內外之理本來是一致的緣故。」又問：「致知的工夫先從四端之心來探求，如何？」伊川回答説：「在性情上探求，固然是切於自己，但是在一草一木上都有這個道理，必須仔細觀察體會。」

賞析與點評

伊川認為從事物處了解道理，自然會返回來要求自己，不會在了解事物之理之後，還需要體察自己是否有這個道理。從在外在的事物中明白這個道理的時候，便同時知道在我身上的這個道理。他説「內外一理」、「才明彼，即曉此」，這是相當有名的話，由此可以了解伊川所謂的理，的確是道德之理，或曰性理。此道德之理是我固有之的，從事物處也常可看到此當然之理，當人格物而知道在事物處的當然之理時，便馬上會曉得，此理是我必須同意的，於是就可以提振人的道德意識。於是在外在的事物做格物致知、窮理的工夫，是可以讓自己明白本有的且必須肯定的道德性理。如果伊川所窮格的不是道德之理，或他不認為道德之理（性理）是本來知道的，而要人從外在的事物處來格物、求知此理，則人並不能馬上體會到在我處也表現這個理。即是說如果對道德之理原無了解，則在外在事物處要明白此理是沒有保證的，而且即使在事物處了解到道理，回頭要求自己必須符合此理，也不能夠產生必須依循此理的動力。這就是所謂「他律的倫理學」。但按照伊川此條所表示的文意，應該不是「他律的倫理學」，他是在對性理本有了解的情況下格物，通過格物而對此理有進一步的了解，就是所謂的「真知」。在對此理有真知時，便會更加了解在我處也有這個理，而且我本來就是肯定此理的。於是才可以說「才明彼，即曉此」及「內外一理」。如果伊川要明的理只是物的所以然之理，並非我本知的道德之理，那麼內外一理只能是一種存有論上的預設，不會引發實踐的動力。這不合伊川本則文字所表達的意思。

3.13

伊川曰：「『思曰睿，睿作聖[1]。』致思如掘井，初有渾水，久後稍引動得清者出來。人思慮始皆溷濁，久自明快。」

注釋

1 睿作聖：語自《尚書・洪範》。原典為：「五事：一曰貌，二曰言，三曰視，四曰聽，五曰思。貌曰恭，言曰從，視曰明，聽曰聰，思曰睿。恭作肅，從作乂，明作哲，聰作謀，睿作聖。」即思慮聰明，通達事理，便稱得為聖明。

譯文

伊川曰：「『善於思考就能聰明睿智，睿智而通達事理便可成為聖人。』用心於格物致知的致思工夫就如同挖鑿水井，剛開始只見到污濁的渾水，但用力久了，便會漸漸湧現清澈的井水。人們思考道理，一開始也是十分渾濁，但經過長久的努力，漸漸了解道理，自然就能明白通暢。」

賞析與點評

伊川認為致思（也即是做格物致知的工夫）開始時是不清楚的，後來才有清明的智慧產生。雖如此說，開始做致知工夫時，是有對道理的了解存在的；好比是開始掘井時就有水出來，雖然是渾水，但渾水也是水。此譬喻人在開始做致知（或致思）工夫時的理解雖然不清楚，但對於理是有了解的，這渾水與清水的分別，也就是常知與真知的分別，真知等於睿智。

3.14

問：「如何是『近思』[1]？」伊川曰：「以類而推。」

注釋

1 近思：語自《論語・子張》。

譯文

有人問：「什麼是『近思』呢？」伊川回答：「從自己切身所了解的道理，循序漸進地類推到其他事物上，以求進一步的理解。」

賞析與點評

類推應該是從已知之理進一步探究，或從此處事物已知的當然之理，推到另一事物上，從而明白到此另一事物也是以此理作為根據。因為理是普遍的，故可以作這種類推。

3.15

伊川曰：「學者先要會疑。」

譯文

伊川說：「學者為學要先學會提出疑問。」

賞析與點評

由於須從常知進至真知，故對於常知，即對道理的一般了解，並不能太自信，要進一步思考。如果對於道理的了解停留在一般的、初步的了解上，不起懷疑，那就沒有進至真知的可能。此懷疑是進一步了解道理，並非由於對於道理的了解而產生順着本能慾望的反彈，而對道理起懷疑。當然這種情況也須面對，而對理作進一步的思考來克服。

3.16

橫渠先生答范巽之曰[1]：「所訪物怪神姦[2]，此非難語，顧語未必信耳。孟子所論『知性知天』[3]，學至於知天，則物所從出，當源源自見[4]。知所從出，則物之當有當無，莫不心諭[5]，亦不待語而後知。諸公所論，但守之不失，不為異端所劫[6]，進進不已，則物怪不須辨，異端不必攻，不逾期年[7]，吾道勝矣！若欲委之無窮，付之以不可知，則學為疑撓，智為物昏。交來無閒，卒無以自存，而溺於怪妄必矣[8]。」

注釋

1 范巽之：名育，張載弟子。2 所訪物怪神姦：訪，詢問。物怪，事物上發生的種種變異。神姦，泛指鬼神怪異等事物。即詢問有關一切鬼神變異之事。3 知性知天：語自《孟子・盡心上》。原典為：「孟子曰：『盡其心者，知其性也。知其性，則知天矣。』」4 源源：連續不斷。5 諭：明白、了解。6 刦：被威嚇的手段所脅迫。此指被異端所迷惑而信服。7 期（粵：基；普：jī）年：一週年。8 怪妄：指不尋常與荒誕的種種說法。

譯文

橫渠先生回答范巽之說：「你所問的那些鬼神變異之事，並不是難以回答的問題，只是講出來你也未必相信罷了。孟子曾說：『充分實踐本心，就能了解人的道德本性與天道的意義』，學問修養若已能上達知天的境界，對於事物之所以產生的根源，就能源源不絕地呈顯在面前。知道事物所以產生的根源，則事物是當該存在或不存在，皆能了然於心，也不須等待別人言說就可以明白。你們的講論，只要時時持守着正道，不被異端所迷惑，持續不斷地在學問上精進，那麼鬼神變異之說就不須辨明，異端之說也不必攻擊，這樣不用超過一年的時間，我們儒家的正道便能獲勝！如果想把這些問題推之於天地無窮的變化，將答案交付於不可知（即是認為神怪之事可能存在，只是不可知），那麼學問就會受到內心的疑惑所干擾，心智也受外物影響而變得昏亂。鬼神邪妄之說時時相隨而來，致使自身學問終究無法存續，如此則必然要陷溺於怪誕虛妄的神怪之說了。」

賞析與點評

橫渠在此段對有關如何面對怪力亂神的事情提出了儒家的觀點。他認為只要修德、盡心實踐，自然就可以達到知性知天的地步，對於一切事情的發生都有一個根源性的了解。所謂根源性的了解，是指一切存在是因為當該存在而存在。如果有怪力亂神的存在，由於皆是一些不應該存在的存在，那對此就不必深究。雖不深究，也不會因此而留下疑惑。只要能守着儒家的正道，便可以知道神怪之說不足驚駭，而對於一些宗教家或異端之說有關神怪存在的說明，也不必去辨明，修德久了就自然可以勝過。橫渠此說認為只要修德盡性、堅守正道，就可以破除由怪力亂神而引起的內心的疑惑，也可以勝過儒家以外的，對怪力亂神的理論說明。橫渠的見解，甚顯儒家的以道德之理來說明一切存在，及以理性面對不可知的事物的態度。

3.17

橫渠曰：「子貢謂：『夫子之言性與天道，不可得而聞[1]。』既言夫子之言，則是居常語之矣。聖門學者『以仁為己任』[2]，不以苟知為得[3]，必以了悟為聞，

因有是說。」

注釋 1「子貢謂」三句：語自《論語．公冶長》。原典為：「子貢曰：『夫子之文章，可得而聞也。夫子之言性與天道，不可得而聞也。』」子貢，孔子弟子，善於言語。他表示聽不懂孔子所說的性與天道的高深道理。2 以仁為己任：語自《論語．泰伯》：「曾子曰：『士不可以不弘毅，任重而道遠。仁以為己任，不亦重乎？死而後已，不亦遠乎？』」指士人當以實踐仁義之道為自己的責任。3 苟知：膚淺、草率的了解。

譯文 橫渠說：「子貢說：『老師關於性與天道這一方面的言論，我是不能聽聞的。』。既然說是孔子的言論，那麼便應該是平時曾說過的，既然說過，何以不得聽聞呢？聖人門下的學者，是『以實踐仁道為自己責任』的，因此不會以粗淺的了解為『已得』，而且必定是有真切的了悟才稱『聽聞』，所以子貢才有這樣的說法。」

3.18

橫渠曰：「義理之學，亦須深沉方有造[1]，非淺易輕浮之可得也。」

注釋 1 造：成就。

譯文 橫渠說：「儒家的義理，必須要有深沉的探究才能有所成就，不是粗淺輕浮的人能有所收穫的。」

賞析與點評

橫渠此條之意與伊川所重視的從「常知」進到「真知」之說相同，這應該是此條被選錄的原因。

3.19

橫渠曰：「學不能推究事理，只是心麤[1]。至如顏子未至於聖人處，猶是心麤。」

注釋 1 麤（粵：粗；普：cū）：通「粗」。

譯文 橫渠說：「做學問不能深入探究事事物物的根本道理，那是由於心粗。至於顏回所以還未達到聖人地步，那也是由於心粗。」

賞析與點評

張伯行對此段的注解是：「直須義精仁熟，全體不息，而後可謂不麤（粗），此則聖人之事也。」

3.21

橫渠曰：「義理有疑，則濯去舊見[1]，以來新意。心中有所開，即便劄記[2]。不思，則還塞之矣。更須得朋友之助。一日間朋友論着，則一日間意思差別。須日日如此講論，久則自覺進也。」

注釋

1 濯：洗滌。2 劄（粵：札；普：zhá）記：讀書時記錄心得摘要的筆記。

譯文

橫渠說：「義理上有疑問，便當去除過往的陳見，以便迎來新的看法。心中如果對於道理有所領會，便要立刻摘錄下來寫成筆記，這樣就可以促進思考。一旦不思考，則會再度阻塞思路。還必須得到朋友的幫助。在一天裏與朋友互相談論，則在這一天裏就有不同的意味。必須每天這麼講述談論，日子久了，便會自覺學養有所增進。」

賞析與點評

橫渠此條表示了學問的探究需要推陳出新，而所謂新意就是心中對於道理有所覺悟，他認為當心對道理有所開悟時，就應該馬上做成劄記，這樣才會保持內心的覺悟。橫渠此論是很好的讀書研究方法。

3.22

橫渠曰：「凡致思到說不得處，始復審思明辨，乃為善學也。若告子則到說不得處[1]，遂已，更不復求。」

注釋

1 若告子則到說不得處：此指《孟子．公孫丑上》：「告子曰：『不得於言，勿求於心；不得於心，勿求於氣』」一事。告子對於自己心有所未得之言（即未能徹底了解的說法），不再去探究。

譯文

橫渠說：「舉凡致思工夫到了言語不易解說處，便要開始重新周密地思考、透徹地辨析，這樣才算是善於做學問。告子便是到了言語不易解說處，便停止了下來，不再繼續探求。」

賞析與點評

此條認為告子到了不能言說處，不能深思，故不能深入了解道理。其實告子「不得於言」是對別人的言說見解不同意或不了解，並非是不能用言說概念來表達。告子對自己不同意或不了解的言論，不去思考，於是就可以「不動心」。橫渠對告子之說或許理解得不恰當，但此段所說的對思考到說不得處，不要放過，要更審思明辨以求突破，則是很正確的學習態度。

3.23

伊川先生曰：「凡看文字，先須曉其文義，然後可求其意。未有文義不曉而見意者也。」

譯文

伊川先生說：「凡是閱讀文字，必須先通曉文句的意義，然後才能尋求文章的意旨。未曾有文句的意義尚未通曉，卻能懂得文章意旨的。」

賞析與點評

伊川主張先通文句，再探求義理。此可見宋儒治學並不排斥訓詁考證。

3.24

伊川曰：「學者要自得。《六經》浩渺，乍來難盡曉[1]。且見得路徑後，各自立得一箇門庭[2]，歸而求之可矣。」

注釋 1 乍來：剛開始的時候。2 門庭：門徑、方法。

譯文 伊川說：「學者讀書要自己心中有所體會。《六經》的內容十分繁多，剛開始看的時候是難以完全明白的。且等到看出途徑後，各人便能創立自己的一套門路，再以此為基礎，自己探求即可。」

3.25

伊川曰：「凡解文字，但易其心[1]，自見理。理只是人理，甚分明，如一條平坦底道路。《詩》曰：『周道如砥，其直如矢[2]。』此之謂也。或曰：『聖人之言，恐不可以淺近看他。』曰：『聖人之言，自有近處，自有深遠處。如近處怎生強要鑿[3]，教深遠得？揚子曰[4]：「聖人之言遠如天，賢人之言近如地[5]。」頤與改之曰：「聖人之言，其遠如天，其近如地。」』」

注釋 1 易其心：易，平易。易其心，指以平易的心去看文字。2「周道如砥（粵：底；普：

dí）」二句：語自《詩經．小雅．大東》。砥，原指磨刀石，此喻如同磨刀石表面般的平整。矢，箭。3 鑿：牽強附會。4 揚子：即揚雄，字子雲，西漢思想家、文學家。5「聖人之言遠如天」二句：語出揚雄《法言．五百》。

譯文

伊川說：「凡是要理解書中的文字義理，只要能平下心來理會，自然能見到其中的道理。書中所說的理，只是人生的道理，十分清楚明白，就像一條平坦的道路。《詩經》說：「周朝的道路如同磨刀石般的平整，筆直得就像一支箭。」說的就是這個意思。

有人說：「聖人的言論，恐怕不可以用淺近直白的想法來看待它。」伊川說：「聖人的言論，當然有淺近直白的地方，也有寓意深遠的地方。如果是在淺近直白的地方，又怎麼可以勉強地去穿鑿附會，令它顯得寓意深遠？揚雄說：『聖人的言語，寓意深遠如同蒼天；賢者的言語，意思淺近如同大地。』我將它改成：『聖人的言語，其寓意深遠處如同蒼天，其意思淺近處如同大地。』」

賞析與點評

伊川認為對於聖人之言，不可一味想像它的高深玄遠，聖言也可以像日常的事情般平易明白。此意可以進一步理解為：聖人之言即近即遠，在淺近的言說中包涵深遠的涵義；在討論深遠的道理時，也可以說得明白淺易。又伊川說理只是人理，十分分明，即前面數則似說對於道德之理，人人都有一般的理解（常知）之意。

3.26

伊川曰：「學者不泥文義者，又全背卻遠去。理會文義者，又滯泥不通。如子濯孺子為將之事[1]，孟子只取其不背師之意，人須就上面理會事君之道如何也。又如萬章問舜完廩浚井事[2]，孟子只答他大意，人須要理會浚井如何出得來，完廩又怎生下得來。若此之學，徒費心力。」

注釋

1 子濯孺子為將之事：見《孟子．離婁下》。鄭國派遣子濯孺子攻打衞國失敗後，衞國令庾公之斯去追殺他。子濯孺子因病不能執弓，但在知道追擊者是庾公之斯後，便推斷自己性命無虞。他的理由是：庾公之斯是尹公之他的弟子，而尹公之他的箭術是自己所傳授，尹公之他為人端正，他所交的朋友也會是正人君子。因此子濯孺子認為庾公之斯不會加害自己。後來庾公之斯趕上子濯孺子時，果然因顧念師承的關係而放過了子濯孺子。2 萬章問舜完廩浚井事：見《孟子．萬章上》：舜的父親瞽叟與弟弟象曾想要加害舜，便趁舜修繕穀倉時，取走木梯，點火焚燒穀倉，要燒死舜；又趁舜挖井時，朝井中傾倒泥土，想活埋舜。完廩，修繕穀倉。

譯文

伊川說：「學者中不拘泥於文義的人，又全都違背文義，離題甚遠。用心理會文義的人，卻又滯礙拘泥於文字句意，無法通達意旨。如《孟子》書中子濯孺子擔任鄭國將領侵衛的事情，孟子只着重故事中不背棄老師的意旨，人卻要從故事中研究事君的道理應當如何。又如萬章詢問孟子關於舜在修繕穀倉，以及挖井時遭受父親與弟弟陷害的故事，孟子只是回答萬章故事的中心要旨，即舜的善待父親，而學者卻要探究舜在挖井時，如何從井中逃出來；在整理穀倉時，又怎麼從燃燒中的穀倉屋頂下來。做這樣子的學問，只會白白浪費心力而已。」

賞析與點評

從此條可見，宋儒主要關心如何成就德性，這可以說是觀書中的「大意」。這種觀大意的治學方式，亦確與訓詁考據之學不同。

3.27

伊川曰：「凡觀書不可以相類泥其義，不爾，則字字相梗。當觀其文勢上下之意，如『充實之謂美』[1]，與《詩》之『美』不同[2]。」

注釋

1 充實之謂美：語自《孟子·盡心下》：「充實之謂美，充實而有光輝之謂大，大而化之之謂聖，聖而不可知之謂神。」是說品德充實完善的人，能展現出人格的美。2《詩》之「美」：此美與「刺」相對，是歌頌之意。

譯文

伊川說：「凡看書不可以因為觀念的相似，拘泥其為相同的含義。不然的話，便會字字阻塞，無法通順理解。讀書應當要看文章的行文脈絡，考察上下文的意思，如《孟子·盡心下》形容德性人品的『充實之謂美』，與《詩經》美刺諷諭之『美』，便不相同。」

3.29

伊川曰：「『子在川上曰：「逝者如斯夫[1]！」』言道之體如此，這裏須是自見得。」張繹曰[2]：「此便是無窮。」先生曰：「固是道無窮，然怎生一個無窮，便道了得他？」

注釋

1「子在川上曰」二句：語自《論語．子罕》：「子在川上曰：『逝者如斯夫！不舍晝夜。』」依宋儒的理解，孔子是由川流不息體會到道體生化一切的作用，是無窮無盡的。2張繹：字思叔，伊川的學生。

譯文

伊川說：「『孔子在河川之上說：「流逝不停的，就像這川流不息的河水吧！」』是說這就是道體之本然，而這個道理是必須靠自己去體會得來。」張繹說：「這就是無窮。」伊川先生說：「固然是在說無窮，但這是怎麼樣的一個『無窮』？只用一個『無窮』，便把道體的生化都說盡了嗎？」

賞析與點評

對於孔子「逝者如斯」之歎，宋儒認為孔子藉此表達了對道體無窮作用的體會，這樣的理解是很恰當的。但如果只講一個「無窮」，則對於道的了解，可能講得太輕易、不夠深入，故伊川有這樣的提點。伊川之意，應是人當從自己生命的精誠奮發來體會天道的無窮。

3.30

伊川曰：「今人不會讀書。如『誦《詩》三百，授之以政，不達。使於四方，

不能專對。雖多，亦奚以為[1]？』須是未讀《詩》時，不達於政，不能專對。既讀《詩》後，便達於政，能專對四方，始是讀《詩》。『人而不為〈周南〉〈召南〉，其猶正牆面[2]。』須是未讀《詩》時，如面牆，到讀了後，便不面牆，方是有驗。大抵讀書只此便是法。如讀《論語》，舊時未讀，是這箇人，及讀了，後來又只是這箇人，便是不曾讀也。」

注釋

1「誦《詩》三百」七句：語自《論語．子路》。2「人而不為〈周南〉〈召南〉」二句：語自《論語．陽貨》：「子謂伯魚曰：『女為〈周南〉、〈召南〉矣乎？人而不為〈周南〉、〈召南〉，其猶正牆面而立也與！』」

譯文

伊川說：「現在的人不懂讀書。如孔子說：『熟讀了《詩經》之後，將政事交給他，卻無法通達處理。派遣他出使到外國去，面對外交之事又不能獨立應對。這樣即使讀得再多，又有什麼用呢？』應當是在未讀《詩經》時，無法通達處理政事，不能獨立應對外交工作；讀了《詩經》以後，可以通達地處理政事，能夠獨立應對出使四方的外交工作，才能算是真正讀懂《詩經》。孔子又說：『作為一個人，卻不研讀〈周南〉、〈召南〉，這就好像是面對着牆壁，什麼都看不到。』應當是在未讀《詩經》時，好像是面對着牆壁，等到讀過後，便不再像面對着牆壁，這才是讀書的效驗。大抵上讀書要能夠如此才算是讀書的方法。例如讀《論語》，過去沒讀過時，是這樣的一個人，等到讀過了，還是這樣一個人，這等於未曾讀過這書一樣。」

3.31

伊川曰：「凡看文字，如七年、一世、百年之事[1]，皆當思其如何作為，乃有益。」

注釋

1 七年：《論語．子路》：「子曰：『善人教民七年，亦可以即戎矣。』」聖人使人民通過七年的教化，知曉了道德仁義，此後方可以教人戰鬥。一世：《論語．子路》：「子曰：『如有王者，必世而後仁。』」三十年為一世。有德的君王經過三十年的努力，才足以實現仁政。百年：《論語．子路》：「子曰：『善人為邦百年，亦可以勝殘去殺矣。誠哉！是言也。』」聖人治國百年，也可以令暴戾者受到感化，而不需要動用殺戮之刑了。

譯文

伊川說：「凡是讀書，如讀到《論語》中所說的『七年』、『一世』、『百年』等，都要仔細想想其中如何施行做為，這樣才會有所助益。」

賞析與點評

「七年」、「三十年」、「百年」，時間不同，能夠成就的效果也應該不一樣。伊川認為看《論語》或其他書時，需要留心聖人對於不同時間可以達到哪些不同的效果。而從這裏用心，也就可以體會到儒家對於近程、遠程的實踐，會有哪些不同的教化效果達成的期望。這樣讀書，就會體會到聖賢的用心。

3.32

伊川曰：「凡解經，不同無害，但緊要處不可不同爾。」

譯文　伊川說：「凡是解讀經義，有不同處並沒有關係，但在重要的關鍵義理上，則不能不相同。」

賞析與點評

伊川認為經書的義理都有其共同性，這是義理的大綱脈，讀經的人需要掌握此點。

3·33

焞初到[1]，問為學之方。伊川先生曰：「公要知為學，須是讀書。書不必多看，要知其約[2]。多看而不知其約，書肆耳[3]。頤緣少時讀書貪多，如今多忘了。須是將聖人言語玩味，入心記着，然後力去行之，自有所得。」

注釋　1 焞：尹焞，字彥明，賜號和靖處士。伊川弟子。事見《宋元學案・和靖學案》。2 約：要領、綱要。3 書肆：書鋪。

譯文　尹焞剛到來時，問伊川做學問的方法。先生回答他說：「你要知道為學的方法，必須讀書。讀書不必要求博覽，而是要知曉其精要。只求博覽群書，而不知道其精要之處，便像一間書鋪般。我因為年少時讀書貪圖量多，如今已忘了多數的內容。讀書要將聖人的話語仔細玩味，牢記在心，然後努力地去實踐，自然便能有所收穫。」

3·34

伊川曰：「初學入德之門，無如《大學》，其他莫如《語》、《孟》。」

譯文　伊川說：「初學者要了解成德之學的門徑，沒有比讀《大學》更合適的，《大學》之外，沒有比《論語》、《孟子》更緊要的。」

3.35

伊川曰：「學者先須讀《語》、《孟》。窮得《語》、《孟》，自有要約處，以此觀他經，甚省力。《語》《孟》如丈尺衡量相似，以此去量度事物，自然見得長短輕重。」

譯文

伊川說：「學者先要讀《論語》、《孟子》。徹底了解《論語》、《孟子》後，自然能夠掌握關鍵要領，再由此來研讀其他經典，就省力多了。《論語》、《孟子》就像是權衡物品長度與輕重的器具一般，用這兩本書所表達的義理來衡量事物，自然能夠清楚了解每件事物的長短與輕重。」

賞析與點評

從以上兩則可見程子對《大學》、《論語》、《孟子》的重視，認為此數書是講論儒學成德之教的基本經典，是比其他經典重要的。朱子後來作《四書集註》，便是承繼了程子的想法。

伊川曰：「讀《論語》者，但將諸弟子問處，便作己問。將聖人答處，便作今日耳聞，自然有得。若能於《論》、《孟》中深求玩味，將來涵養成甚生氣質[1]！

注釋

1 甚生：如何、怎麼。此處表示讚歎的語氣。

譯文

伊川說：「閱讀《論語》的人，只要將書中每位弟子的提問，當作是自己在發問；將孔子的回答，當成是今日自己親耳聽見，自然就會有收穫。如果能夠在《論語》、《孟子》中深入探究，仔細體會，將來涵養成熟了，會是多麼好的氣質！」

賞析與點評

伊川在此則介紹了一種讀《論語》的方法，即把聖賢的問答想像為自己有疑問，並希望聖賢在現場為自己解答。這可說是切己反省法，或以「存在的方式」來讀書。如此讀書，當然會有所受用。

3.37

伊川曰：「凡看《語》、《孟》，且須熟讀玩味，將聖人之言語切己，不可只作一場話說。人只看得此二書切己，終身儘多也。」

譯文　伊川說：「凡是讀《論語》、《孟子》，當要仔細閱讀，並探索體會其中的涵意，把孔、孟先聖所說的話，放在自家身上深切體察，不可以只當作一場講話。人們只要將這兩部書的義理用來深刻地切己反省，終身受用不盡。」

3.38

伊川曰：「《論語》有讀了後全無事者，有讀了後其中得一兩句喜者，有讀了後知好之者，有讀了後不知手之舞之足之蹈之者。」

譯文　伊川說：「讀《論語》的人，有讀完以後全然不受影響的，有讀了以後對其中一兩句話感到欣喜的，有讀了以後知道愛好它的，有讀了以後深受感動，而不自覺地手舞足蹈的。」

伊川曰：「學者當以《論語》、《孟子》為本。《論語》、《孟子》既治，則六經可不治而明矣。讀書者當觀聖人所以作經之意，與聖人所以用心，與聖人所以至聖人。而吾之所以未至者，所以未得者，句句而求之，晝誦而味之，中夜而思之[1]。平其心，易其氣[2]，闕其疑[3]，則聖人之意見矣。」

注釋

1 中夜：半夜。2 易其氣：平心靜氣。3 闕其疑：保留尚未解明的疑問。闕，通「缺」。

譯文

伊川說：「學者應當以《論語》、《孟子》作為為學的根本。《論語》、《孟子》如果已經研究透徹了，那麼六經便可以不用仔細鑽研就能明白其中的義理。讀這兩本書的人，應當觀察聖人撰著經書的用意，以及聖人用心的地方，還有聖人能夠成為聖人的原因。又要反省我之所以還未能夠達到聖人的境界，之所以還無法對聖人的教誨有真切的了解的原因，用這一種方式來閱讀，一句一句的努力探索它，在白日裏誦讀玩味它，半夜裏反覆思量它。讓心平靜，讓氣舒坦，對於尚未明白的地方，暫時放下，不要勉強求解，那麼聖人的意思便能明白了。」

賞析與點評

伊川此段討論讀《論語》、《孟子》的方法，講得十分詳細，所說的既是讀書方法，也是修養身心的工夫，表達了一種懇切求道的精神，十分感人。這段所說的，也是後來朱子論讀書的要點。

3.40

伊川曰：「讀《論語》、《孟子》而不知道，所謂『雖多，亦奚以為[1]？』」

注釋

1 「雖多」二句：語自《論語·子路》。原典為：「子曰：『誦《詩》三百，授之以政，不達；使於四方，不能專對；雖多，亦奚以為？』」

譯文

伊川說：「讀了《論語》、《孟子》後，卻還不能了解道理，這正如孔子所說的：『雖然學了許多，然而又有什麼用呢？』」

3.41

伊川曰：「《論語》、《孟子》只剩讀着[1]，便自意足。學者須是玩味。若以

語言解著，意便不足。某始作此二書文字，既而思之，又似剩[1]。只有些先儒錯會處[2]，卻待與整理過。」

注釋 1 剩：餘、多。2 些：一作「寫」，應誤。

譯文 伊川說：「《論語》、《孟子》二書只要多多閱讀，其中義理自然充足完備。學者應當要深玩品味。如果用話語去解釋它，意思便無法充足完備了。我過去曾為這兩部書撰寫過文字解釋，後來想想，又感到似乎多餘。只是有些過去學者理解錯誤的地方，須將它重新整理過。」

賞析與點評

《論語》、《孟子》所說的大部分都是人生的至理名言，而這些道理大家讀讀就會懂得，越加沉潛玩味就越發現義理無窮。如要把其中所含的道理說出來，卻又覺得語言文字的表達不足以窮其義蘊，所以伊川說只需多讀就可以了。伊川此條所說可以作為現在提倡年輕讀經者的參考，即是說《論》、《孟》或其他儒學典籍所說的道理，是人生的常理，人人多少都會懂得，不須多作特別的解釋。但對於這些道理，越加涵泳，越會有深刻的了解，而了解越深刻，對於實踐越有幫助，如伊川所說的「真知」。故讀經不能特意求深，但也不能流於膚淺。

3.42

問：「且將《語》、《孟》緊要處看，如何？」伊川曰：「固是好，然若有得，終不浹洽[1]。蓋吾道非如釋氏，一見了便從空寂去。」

注釋 1 浹洽：透徹。

譯文 有人問道：「只把《論語》、《孟子》中最重要的部分拿來看，如何？」伊川說：「這固然是不錯，但這樣做，雖然好像會有所得，終究也無法貫通透徹。因為我們儒家的道理並不像佛教，一有了解便都是歸於虛空寂靜之說。」

賞析與點評

伊川在此段含蓄地批評讀書時只選擇精要的部分來讀的做法，他認為儒家的經典雖然可以只挑比較精要的部分來讀，但經中說法平易的地方往往也表現至理。故此讀書選讀精要部分的作法並不可取。可以說事情雖有大小，但都可以表現出道理，而道理是沒有精粗大小可分的（朱子曾說「事有大小，理無大小」），這是因為儒家所講的道理是倫常之理，倫常之理不離人生日用，不同於佛教的道理以出世為目的。伊川應是認為佛教所講的空寂之理不是人生日用的常理，因此容易表現其特性，而人在讀佛書時，可以選擇緊要處作特別的研讀。而儒學經典是講人生的常理常道，涉及人生各方面的活動，到處都是表現此理，故不宜只選重要的部分來看。

3·43

伊川曰：「『興於詩』者[1]，吟詠性情，涵暢道德之中而歆動之[2]，有『吾與點也』之氣象[3]。」

注釋 1 興於詩：《論語．泰伯》：「興於《詩》，立於禮，成於樂。」《詩經》可以使人興發性情。2 歆動：喜悅而感動。3 吾與點：語自《論語．先進》。與，肯定、讚許之意。

譯文 伊川說：「『興於詩』這句話，是指人經由吟詠詩歌來興發性情之真，涵養暢發於道德化育之中而自然喜悅感動，有孔子所說『我贊同曾點』時的氣象。」

3·44

謝顯道云：「明道先生善言詩。他又渾不曾章解句釋[1]，但優游玩味，吟哦上下，便使人有得處。『瞻彼日月，悠悠我思。道之云遠，曷云能來[2]？』思之切矣。終曰：『百爾君子，不知德行。不忮不求，何用不臧[3]？』歸於正也。」

注釋 1 渾：全。2「瞻彼日月」四句：語自《詩經．邶風．雄雉》。瞻，仰望。悠悠，綿長無盡的樣子。曷，通「何」。3「百爾君子」四句：語自《詩經．邶風．雄雉》。百爾君子，諸位君子。忮，嫉妒。臧，善。

譯文

謝良佐說：「明道先生擅長講說《詩經》，但他都不曾逐章逐句地一一解釋，只是悠然自得地玩賞品味，反覆吟詠，便讓聽講的人有所收穫。〈雄雉〉：『仰望着那太陽和月亮，引起我心中悠長的思念。道路如此遙遠，何時能回來？』這是思念得很真切啊！最終的一章說：『諸位君子們，怎能不知道德性為何。若不去嫉妒、不去貪婪，為何有不善？』這是歸於平正了。」

賞析與點評

此段說明道解說《詩經》，不採用章句訓詁的辦法，只教人吟哦諷誦，然後加一兩句案語。如上文所說「思之切矣」與「歸於正也」，這樣一提點，就讓人自然懂得詩意。這是一種當下引發人的真性情，以體會詩意的教學方式。這種讀詩的方式也值得推薦。

3.45

明道先生曰：「學者不可以不看《詩》，看《詩》便使人長一格價[1]。」

注釋

1 格價：此指人格、品德上的等級。

譯文

明道先生說：「學者不可以不讀《詩經》，讀《詩經》能夠使人的品格提升一級。」

卷四　存養

本卷導讀——

本卷討論涵養的方法。「主敬涵養」是程子（以伊川為主）提出的涵養工夫，伊川提出「主敬」不同於濂溪所說的「主靜」，對於持敬在生命中的作用，本卷作了充分的強調。又本卷對於如何安頓平伏人心，也有頗多的討論。

4.1

或問：「聖可學乎？」濂溪先生曰：「可。」「有要乎？」曰：「有。」請問焉。曰：「一為要。一者，無欲也。無欲則靜虛動直[1]。靜虛則明，明則通。動直則公，公則溥[2]。明通公溥，庶矣乎！」

注釋　1 靜虛：指心體合於中道，毫無障蔽而虛明周澈。動直：指心體持守中道，公而無私，純然依理而行。2 溥：廣大、普遍。

譯文　有人問：「聖人是可以學的嗎？」濂溪先生說：「可以。」「有要領嗎？」濂溪回答：「有。」請詳細說明。濂溪說：「『一』就是要領。所謂『一』，就是盡去私慾，使心純粹專一而體現天理。心體純粹無私，則心未發之時，只是清明澄澈，合於中道；已發時，則依理而行，完全不受外物干擾。當思慮清明，不受私慾障蔽，對事物之理就能融徹通達。當心大公無私，無所偏頗而行，對天下之事就能寬宏周遍。如果能做到清明通達、大公周遍，差不多就是聖人了。」

4·3

伊川曰：「動息節宣[1]，以養生也。飲食衣服，以養形也[2]。威儀行義，以養德也。推己及物，以養人也。」

注釋　1 動息：指行為的活動與休息。節宣：指情感的節制與宣泄。2 養形：保養身體。

譯文　伊川說：「行動和休息都有適度的節制和抒發，可以養生。適當的飲食和衣服，可以保養形軀。神情容貌不剛不柔，待人處世恰當合宜，可以培養德性。將內在仁心逐步推擴到天下物，就可以養人，以成就外王事業。」

賞析與點評

此則是伊川發揮《易經．頤卦》的道理。

4·4

伊川曰：「慎言語以養其德，節飲食以養其體[1]。事之至近而所繫至大者，莫過於言語飲食也。」

注釋

1 「慎言語以養其德」二句：《易經．頤卦》〈象傳〉云：「山下有雷，頤；君子以慎言語，節飲食。」〈頤卦〉卦象為下震上艮，象徵「頤養」。

譯文

伊川說：「說話謹慎可以涵養德性，節制飲食可以保養身體。對人來說，最切近且影響最大的，沒有比說話飲食更重要的了。」

賞析與點評

飲食言語，是最日用平常之事，因而也是最容易忽略、放縱之處，因此伊川要人從最切要處着手，以知德養德。

4.6

伊川曰：「人之所以不能安其止者[1]，動於欲也。欲牽於前而求其止，不可得也。故艮之道[2]，當『艮其背』[3]。所見者在前，而背乃背之，是所不見也。止於所不見，則無欲以亂其心，而止乃安。『不獲其身』，不見其身也，謂忘我也。無我則止矣。不能無我，無可止之道。『行其庭，不見其人。』庭除之間至近也[4]。在背則雖至近不見，謂不交於物也[5]。外物不接，內欲不萌，如是而止，乃得止之道。於止為無咎也[6]。」

注釋

1 止：在應當止息處止息。《朱子語類》：「止，是當止之處。」 2 艮（粵：gen^3；普：gèn）：指《易經》中的〈艮卦〉。 3 艮其背：《易經・艮卦》：「艮其背，不獲其身；行其庭，不見其人。無咎。」 4 庭除：門前臺階下的院子。 5 不交於物：不與外在的事物彼此干涉交擾。6 咎：過失。

譯文

伊川說：「人之所以不能安於道義而止於所當止，是因為受慾望影響的緣故。當慾望作為主宰，決定人的意志，則要求人不要向外追逐，那是不可能的。所以《易經．艮卦》『止之道』即表示應當『艮其背』；誘惑就在眼前，內心不免受到牽動，而背即背面的意思，在人的背面就無從看到。在看不到物慾的地方止住，內心就能不受干擾，清明純一且安於所止。〈艮卦〉『不獲其身』，就是不見其身，也就是忘掉感性形軀的我。當能去除自我的私慾而只見理，就能安於道義而止於所當止。倘若不能去除私慾，則必然受物慾牽引而無所停止。〈艮卦〉又說：『行其庭，不見其人』，庭院是人最近的處所，是人與人利益紛華的地方。在這麼近的地方卻像處在人的背面一樣，自然不受利益紛華所影響，也就是不受物慾的干擾。外在物慾不能干擾內心，內在私慾又不能萌生，如此就能止於所當止而合於天理的要求，這就是體現知止的道理。能合於正道而止於所當止，就能無過。」

‖4.8

明道曰：「聖賢千言萬語，只是欲人將已放之心約之[1]，使反復入身來[2]，自能尋向上去，下學而上達也。」

注釋

1 **已放之心**：語自《孟子·告子上》：「孟子曰：『仁，人心也；義，人路也。舍其路而弗由，放其心而不知求，哀哉！人有雞犬放，則知求之；有放心，而不知求。學問之道無他，求其放心而已矣。』」孟子認為道德修養的重點在於本心的自覺，本心的自覺是不待外求的，只要吾人當下一念自覺，即可完整朗現，因此學問的工夫無他，只在朗現吾人本具的道德本心而已。2 約：收斂。反復：重新回復。

譯文

明道說：「聖賢千言萬語，只希望人將追逐外物的心收斂回來，使它回復到自己身上，這樣自然就能依循它內在的理則，努力地向上修養，在日用平常的實踐中逐步體現天道。」

4.9

李籲問[1]：「每常遇事，即能知操存之意，無事時如何存養得熟？」明道曰：「古之人，耳之於樂，目之於禮，左右起居，盤盂几杖[2]，有銘有戒[3]，動息皆有所養。今皆廢此，獨有理義之養心耳。但存此涵養意久，則自熟矣。『敬以直內』[4]，是涵養意。」

注釋

1 李籲：字端伯，明道與伊川的弟子。事見《宋元學案·劉李諸儒學案》。2 盤：淺底的器皿。盂：碗狀的容器。几：小桌子。杖：手杖。3 有銘有戒：古人常於日常用具如茶具、桌椅等器物上，刻上訓誡的銘文，以此勉勵自己。4 敬以直內：語自《易經．坤卦．文言》：「『直』，其正也；『方』，其義也。君子敬以直內，義以方外。敬義立而德不孤。」

譯文

李籲問：「一遇到事，就能自覺作操持存養的工夫，但平時沒事時，又該如何作存養工夫？」明道回答：「古人耳朵聽的音樂，眼睛觀看的禮儀，平常起居生活，包含盤、碗、小桌子、手杖等用品，都刻着警惕人勿失義理的箴言，使人動靜之間隨時都能存養其道德的本性。現在這些都沒有了，只剩下內在的義理來存養本心。只要時時存養義理來涵養本心，久而久之，存養工夫自然能精熟。〈坤卦．文言〉：『心存誠敬，專一而不放逸』，就是涵養的意思。」

4.10

呂與叔嘗言患思慮多，不能驅除。明道曰：「此正如破屋中禦寇，東面一人來未逐得，西面又一人至矣。左右前後，驅逐不暇。蓋其四面空疏，盜固易入，無緣作得主定。又如虛器入水，水自然入。若以一器實之以水，置之水中，水何能入來？蓋中有主則實，實則外患不能入，自然無事。」

譯文　呂與叔曾經說擔心思慮太多，不斷干擾內心而不能驅除。明道說：「這就像在破屋中抵禦盜賊。東面來了一個還來不及趕走，西面又來了一個。前後左右，來不及驅逐得淨。這是因為屋子破敗，四面空疏，所以盜賊容易侵入，沒有辦法好好作主。又像把水倒進空的容器內，水自然流進裏面。如果一個容器裏面已經裝滿了水，把它放在水中，水又怎麼可能進入？所以只要心中有了主見，充實了，外在的紛擾就不能進入，內心也就自然安定。」

4.12

明道先生曰：「學者全體[1]此心[2]，學雖未盡，若事物之來，不可不應，但隨分限應之[2]，雖不中不遠矣。」

注釋　1 全體：全幅地去體貼、彰顯。2 分限：本分、資分。此處指自家在本心中，隨分體貼出的仁義道理。

譯文　明道先生說：「學者當努力全幅彰顯內在仁心，雖然天下事理還沒有一一窮盡通透，但事物既來到跟前，就必須面對。只要以仁心來對待每一事物自身的存在，雖然未必能合於事理，但也相差不遠。」

4.13

明道曰：「『居處恭，執事敬，與人忠[1]。』此是徹上徹下語，聖人元無二語。」

注釋 1「居處恭」三句：語自《論語．子路》。原典為：「樊遲問仁。子曰：『居處恭，執事敬，與人忠。雖之夷狄，不可棄也。』」

譯文 明道說：「『平日謙恭有禮，處世接物誠敬不二，與人相處忠信不欺。』這正是貫徹形而上與形而下之理，而聖人原本就沒有兩套說法。」

賞析與點評

「居處恭，執事敬，與人忠。」這句話雖分說恭、敬、忠三者，但其實都只是一心之開展，只因所處的時、所處的事不同，而有不同的別名。《論語》此說正表示下學方能上達，而上達就在下學中體現，而聖人所說的道理本來就是一貫的。這就是明道的「一本論」。（參考牟宗三先生《心體與性體》第二冊，論程明道處）

4.14

伊川先生曰：「學者須敬守此心，不可急迫，當栽培深厚，涵泳於其間，然後

可以自得。但急迫求之，只是私心，終不足以達道。」

譯文

伊川先生說：「學者須以誠敬工夫來涵養此心，但不可急迫，應當像栽培樹木一樣，逐步涵養本心，使心體對性理的把握越加嫻熟、深刻，然後才可真切的體悟性理內在於心的意義。如果急迫地想了解道理，而不能真正對性理的意義有所體會，那只是私心作主，終究不能全然體現天道。」

4.15

明道先生曰：「『思無邪』[1]，『毋不敬』[2]，只此二句，循而行之，安得有差？有差者，皆由不敬不正也。」

注釋

1 思無邪：語自《論語．為政》：「子曰：『詩三百，一言以蔽之，曰：『思無邪』。」孔子認為《詩經》中的篇章都是出自作者們的真情流露，沒有偏斜失當，故能引人得於性情之正。2 毋不敬：心中要時時刻刻存守持敬。語自《禮記．曲禮上》。原典為：「毋不敬，儼若思，安定辭，安民哉。」

譯文

明道先生說：「只要依循『思無邪』和『毋不敬』這兩句話，徹底的實踐在日常生活中，就不會有太大的過失。如果有過失，都是因為內心不夠恭敬、不夠端正的緣故。」

4.16

明道曰：「今學者敬而不自得[1]，又不安者，只是心生[2]，亦是太以敬來做事得重。此「恭而無禮則勞」也[3]。恭者，私為恭之恭也。禮者，非體之禮，是自然底道理也。只恭而不為自然底道理，故不自在也，須是「恭而安」。今容貌必端，言語必正者，非是道獨善其身，要人道如何，只是天理合如此，本無私意，只是箇循理而已。」

注釋　1 不自得：意同「不自在」。2 心生：對於本心的體會不夠熟落、透徹。3 恭而無禮則勞：語自《論語．泰伯》：「恭而無禮則勞，慎而無禮則葸，勇而無禮則亂，直而無禮則絞。」

譯文　明道先生說：「現在學者恭敬嚴謹，卻不優游自得，且因此感到不安，這是由於對心體體會不夠透徹，也是因為過於用敬來面對每一件事。這就是《論語》所說的『恭敬而不合於禮，只是勞煩不安。』這樣的恭敬，是私意私為的恭敬。所謂禮，並非指形軀進退表現合於禮節，而是發自於內在本心自然的道理。如果只是表現恭敬，卻不是發自內在本心的要求，自然感到拘束不自在，所以必須如孔子所說『恭敬且安然自在』。現在學者容貌必須端正，言語必須雅正，這不是為了讓自己特別好，讓別人稱讚，而是天理本來如此，人本來就不應當存有私意，只是誠敬地依循天理的要求而行。」

4.17

明道曰：「今志於義理而心不安樂者，何也？此則正是剩一箇助之長[1]。雖則心「操之則存，舍之則亡」[2]，然而持之太甚，便是「必有事焉」而正之也。亦須且恁去[3]。如此者只是德孤。「德不孤，必有鄰」[4]，到德盛後，自無窒礙[5]，左右逢其原也。

注釋

1 助之長：《孟子・公孫丑上》：「必有事焉而勿正，心勿忘，勿助長也。」由於日用平常之事都是道德實踐之事，故雖然不能預先懷有目的地去實踐它，但仍須無時無刻放在心底，時時操存，用力久之，自然能夠毫無勉強地發為德性實踐。2「操之則存」二句：語自《孟子・告子上》。原典為：「孔子曰：『操則存，舍則亡。出入無時，莫知其鄉。』惟心之謂與！」孟子引用孔子「操則存，舍則亡」一語，是針對心體來說，強調本心自覺的重要性。3 恁：如此、這樣。4「德不孤」二句：語自《論語．里仁》。
5 窒礙：阻塞不通。

譯文

明道說：「現在學者志於義理，內心卻不安樂自在，這是為什麼？這正是孟子所說的『助長』的問題。雖然心體『操存它就存在，捨棄它就亡失』，但一旦操持太過，便是落在事上就預期本心的作用。但也必須如此操存，一節節地做去。不然義理單薄，在德性修養上是孤立無助的。所謂『德不孤，必有鄰』，就是說當德性充沛厚實，對義理有深切的體會，自然就不會感到孤立無援、窒礙難行，而是理義充沛於身，隨心所欲無不自在。」

4.20

伊川曰：「伯淳昔在長安倉中閒坐，見長廊柱，以意數之，已尚不疑。再數之，不合。不免令人一一聲言數之，乃與初數者無差，則知越着心把，捉越不定。」

譯文

伊川說：「明道曾在長安的大倉庫中閒坐，看到長廊的柱子便在心裏數過一遍，數完了也不覺得有疑惑。等到再數一遍，卻發現與原先的不一樣，才覺得可疑。於是找人把廊柱大聲的一個一個的數過，竟然與最初的結果一樣，才知道心越是想捉住，就越不定。」

賞析與點評

心不是可以把捉之物，只是虛靈明覺之體。因此，對心的體會當是隨事而應，毋有造作，然後逐步存養，直到德盛，自然能左右逢源。

4.21

明道說：「人心作主不定，正如一箇翻車[1]，流轉動搖，無須臾停。所感萬端，若不作一箇主，怎生奈何？張天祺昔嘗言[2]，自約數年自上着牀，便不得思量事。不思量事後，須強把他這心來制縛，亦須寄寓在一個形象，皆非自然。君實自謂[3]：吾得術矣[4]，只管念箇『中』字。此又為『中』所繫縛，且『中』亦何形象？有人胸中常若有兩人焉，欲為善，如有惡以為之間；欲為不善，又若有羞惡之心者。本無二人，此正交戰之驗也。持其志使氣不能亂，此大可驗[5]。要之，聖賢必不害心疾。」

注釋 1 **翻車**：農耕用的水車。2 **張天祺**：張戩，字天祺，張載的弟弟。3 **君實**：司馬光，字君實，世稱涑水先生。北宋著名政治家、文學家、史學家，曾主持編纂《資治通鑒》。4 **術**：方法。5 **驗**：驗證、徵象。

譯文 明道說：「人心若不能自作主宰，那就像翻轉的水車流轉搖動，沒有一刻停息。萬物紛紜蕪雜而人心感應不息，倘若不能自作主宰，將該如何？張天祺曾說：已經約束自己很多年，一旦上牀，就不能想事情。讓自己不再想事情後，還必須強力制伏自己的心不受搖動，這樣還是必須將心專注在一個形象上，這都不自然。司馬光說：我有方法治心，就是只想着一個『中』字。這又被『中』所束縛，更何況『中』有何形象？有人心中好像存着兩個人，想要為善，卻好像有一個惡的念頭要人在當中貪點小利；想為惡時，又好像有羞惡之心在警醒人不能為惡。事實上，心只是一心，哪來有兩個人，這正表示人心不能作主，因此才會有善念與惡念交戰的徵象。惟有守住清明的心志，才能使氣不受外物所搖動，這是可以得到驗證的。總之，聖賢絕對不會患心病。」

4.22

明道先生曰：「某寫字時甚敬，非是要字好，只此是學。」

譯文　明道先生說：「我寫字時，內心非常真誠恭敬，這不是為了把字寫好，而這就是為學工夫所在。」

賞析與點評

寫字時要把字寫好，如果是為了得到別人的讚賞而如此做，這是「為人之學」；如果純粹為了把字寫好，則寫字時，就是天理的呈現，也就是「為己之學」。所以道可以在任何人生活動中表現，只要人的存心端正，則當下就可以是天理的活動。這也就是上文所說的明道的「一本論」。

4.23

伊川先生曰：「聖人不記事，所以常記得。今人忘事，以其記事。不能記事，處事不精，皆出於養之不完固。」

譯文　伊川先生說：「聖人不刻意去記住某一件事，但是每一件事都清楚明白。現今的人東忘西忘，是因為心中紛擾雜亂，刻意要記住許多事情。因此，不能記住事情，處理事情不能精確，原因都在於存養本心不夠踏實穩固。」

賞析與點評

此條說不要記事，反而記得事；而要記事，反而忘事。這一表達頗有弔詭性，關鍵在於人心的安與不安。如果心安，就自然可以記得事情，如果特意要去記事，便會造成心裏不安，這樣反而記不了事情。因此，去從事使心安定、清明的工夫，是根本的做法。這也可以說是「返本」的工夫。

4.24

明道先生在澶州日[1]，修橋少一長梁，曾博求於民間。後因出入，見林木之佳者，必起計度之心。因語以戒學者，心不可有一事。

注釋

1 澶州：明道於宋神宗熙寧三年至四年（一〇七〇—一〇七一），曾任鎮寧軍節度判官。澶州，今河南濮陽一帶。

譯文

明道先生在澶州修築橋樑時，因為少了一根長的木頭，所以曾經到民間到處詢問有沒有適當的木材。後來出入各地，儘管已經不負責修繕橋樑，但看到好的木頭，還是會起算計之心。明道覺察到有意有為對存心的影響，因而以此告誡學者，心中不可以存有一絲的貪念計較。

4.25

伊川先生曰：「入道莫如敬，未有能致知而不在敬者。今人主心不定，視心如寇賊而不可制，不是事累心[1]，乃是心累事。當知天下無一物是合少得者[2]，不可惡也[3]。」

注釋

1 累：牽累。2 合：可以、應該。3 惡：厭棄。

譯文

伊川先生說：「入聖賢之道沒有比持敬工夫更重要的，沒有不通過持敬而能達到知理的境地。現在人心不能自作主宰，對待心就好像看到寇賊一樣而難以抵制，這不是事情拖累本心，而是人心不能正確明理，使事情變得複雜。人必須理解，天下沒有一件事是可以缺少的，所以不可以厭棄它們。」

4.26

伊川曰：「人只有一箇天理，卻不能存得，更做甚人也！」

譯文 伊川說：「人之所以為人，就是因為天理作為人存在的準則。倘若人不能存養並體現天理的意義，那還稱得上是人嘛！」

4.27

伊川曰：「人多思慮，不能自寧，只是做他心主不定。要作得心主定，惟是止於事，『為人君，止於仁』之類[1]。如舜之誅四凶[2]，四凶已作惡，舜從而誅之，舜何與焉？人不止於事，只是攬他事，不能使物各付物[3]。物各付物，則是役物。為物所役，則是役於物。『有物必有則』[4]，須是止於事。」

注釋 1「為人君」二句：語自《大學》第三章：「為人君，止於仁；為人臣，止於敬；為人子，止於孝；為人父，止於慈；與國人交，止於信。」2 舜之誅四凶：典出《尚書．舜典》。原典為：「流共工於幽州，放驩兜於崇山，竄三苗於三危，殛鯀於羽山，四罪而天下咸服。」3 物各付物：事事物物上自有其理則，物各付物，即是依其理則恰如其分地對待之。4 有物必有則：《詩．大雅．烝民》：「天生烝民，有物有則。民之秉彝，好是懿德。」

譯文

伊川說：「人有太多的思慮，內心不能安寧，那是因為他的心不能堅定地自作主宰。要心能夠自作主宰，惟有讓心專注在事理上，如《大學》所說的『作為人君，只要體現仁理，就是完成人君應當完成的事。』又像舜誅殺四個大惡人，四個大惡人已經作惡，身為國君的舜只是依照法令去誅殺他們，對舜自身來說，並沒有將好惡之情參雜其中。人不能讓事回歸事理本身來處理，而只是依照自己的想法來決定，那就不能讓事回歸事而有恰當合宜的表現。心如果能止於理，讓事依循其自身準則來處置，那就是役物。如果受到外物影響而以私意作主，那就是役於物。『萬事萬物的存在都有它的準則』，所以做任何事情都必須止於事情所當有之理。」

4.28

伊川曰：「不能動人，只是誠不至。於事厭倦，皆是無誠處。」

譯文

伊川說：「不能感動別人，那是因為內心不夠誠敬。如果對事情感到厭倦，那都是因為自己不夠誠敬專一的緣故。」

4.29

伊川曰：「靜後見萬物，自然皆有春意[1]。」

注釋　1 春意：指天理體現在萬物上，猶如充滿生機的春天般生生不息。

譯文　伊川說：「當心寧靜專一，純然體現天理，自然能感受天地萬物存在只是一生之理，無窮無盡。」

4.31

伊川曰：「聖人修己以敬，以安百姓[1]，『篤恭而天下平』[2]。惟上下一於恭敬，則天地自位，萬物自育，氣無不和，四靈何有不至[3]？此體信達順之道[4]。聰明睿智皆由是出，以此事天饗地。」

注釋　1「修己以敬」二句：語自《論語．憲問》。原典為：「子路問君子。子曰：『修己以敬。』曰：『如斯而已乎？』曰：『修己以安人。』曰：『如斯而已乎？』曰：『修己以安百姓。修己以安百姓，堯舜其猶病諸。』」2 篤恭而天下平：語自《禮記．中庸》。原典為：「《詩》曰：『不顯惟德，百辟其刑之。』是故君子篤恭而天下平。」3 四靈：指麟、鳳、龜、龍四種降瑞的動物。見於《禮記．禮運》。4 體信達順：語自《禮記．

譯文

禮運》：「先王能修禮以達義，體信以達順故，故此順之實也。」

伊川說：「聖人以誠敬之心修養自己，並擴而充之安定天下的百姓，『對內篤實恭順而對外平治天下』。從君王到百姓都能以誠敬存心，天地上下才能各得其所，萬物得以自然化育，陰陽二氣無不調和，祥瑞之物哪有不降臨於世？這就是無一毫私偽，真誠通達於天地的結果。聰明睿智都是本着誠敬之心而有，並以此德性來體現天道、侍奉神明。」

4.32

伊川曰：「存養熟後，泰然行將去，便有進。」

譯文

伊川說：「持敬存養工夫純熟之後，心自然能安於理，因此只要泰然地將性理表現出來，便能有進步。」

4.33

伊川曰：「『不愧屋漏』[1]，則心安而體舒。」

注釋　1 不愧屋漏：語自《禮記．中庸》：「《詩》云：『相在爾室，尚不愧於屋漏。』故君子不動而敬，不言而信。」

譯文　伊川說：「『自反而能不感到愧欠』，則內心自然安定，心體自然舒暢。」

4·34

伊川曰：「心要在腔子裏[1]。只外面有些隙罅[2]，便走了。」

注釋　1 腔子：身軀。2 隙罅：縫隙。此指人心感物而搖動的時刻。

譯文　伊川說：「要時時存養本心而不放失。人心隨時感物而動，因此一旦受外物搖動而不能自作主宰，就會被外物所牽引。」

4·35

伊川曰：「人心常要活，則周流無窮而不滯於一隅。」

譯文　伊川說：「人心不能執着在一個物上，要時時讓它保持靈動，這樣才能涵養不息、周流不滯，應物而不累於物。」

4.36

明道先生曰：「『天地設位，而易行乎其中』[1]，只是敬也。敬則無間斷。」

注釋　1「天地設位」二句：語出《易經．繫辭上傳》。原典為：「易其至矣乎！夫易，聖人所以崇德而廣業也。知崇禮卑，崇效天，卑法地。天地設位，而易行乎其中矣！成性存存，道義之門。」

譯文　明道先生說：「『天設位於上，地設位於下，而陰陽變易之理行乎其中。』天地生生無窮之理，在人只是誠敬。惟有誠敬，才能體現天道生物之心而無間斷。」

4.37

明道曰：「『毋不敬』[1]，可以『對越上帝』[2]。」

注釋　1 毋不敬：語自《禮記．曲禮上》。2 對越上帝：《詩經．周頌．清廟》：「對越在天，駿奔走在廟。」上帝，意同上天。

譯文　明道說：「『沒有一刻不以誠敬存心』，這樣就可以『面對上天，沒有一絲愧怍。』」

明道曰：「『敬以直內，義以方外』[1]，仁也。若以敬直內，則便不直矣。『必有事焉而勿正』[2]，則直也。」

注釋

1「敬以直內」二句：語自《易經．坤卦．文言》：「直，其正也；方，其義也。君子敬以直內，義以方外，敬義立而德不孤。」2 必有事焉而勿正：語自《孟子．公孫丑上》：「必有事焉而勿正，心勿忘，勿助長也。」

譯文

明道說：「『心存誠敬使內在端正不阿，依循道義使事情合於準則』，這就是仁。倘若是有意用誠敬來規範內心的準則，那就不是真正依循內在義理而行，也就不正直了。『必須在事上磨煉，但不可以私意造作』，這就是正直而不阿。」

賞析與點評

明道上文對「敬以直內」與「以敬直內」作了區分。前者是順着生命中本有的誠敬來把它暢發出來；後者則是有意用「敬」來要求自己、提振自己。明道不贊成後者的做法，這表示了他的思想屬於「自律的倫理學」的型態，即是說他認為實踐的動力或根源，是從內心自發出來的。

明道曰：「『子在川上曰：逝者如斯夫！不舍晝夜[1]。』自漢以來，儒者皆不識此義。此見聖人之心，『純亦不已』也[2]。純亦不已，天德也。有天德便可語王道，其要只在慎獨。」

注釋

1「子在川上曰」三句：語自《論語．子罕》。2 純亦不已：《禮記．中庸》：「『於乎不顯！文王之德之純！』蓋曰文王之所以為文也，純亦不已。」

譯文

明道說：「『孔子在河岸上說：流逝不停者，就像這川流不息的河水，晝夜都不停歇。』自從漢代以來，儒者都不能明白這句話的道理。這句話表現了聖人實踐道德的本心，如同《中庸》稱頌周文王是「德性純粹，而實踐毫無止息」一般。德性純粹，而實踐毫無止息，這就是天德。能夠了解、體現天德的人，便可以與他討論王道，至於領會天德的要領，便只在於慎獨的工夫。」

賞析與點評

明道用「純亦不已」來體會聖人的精神境界，十分貼切。由於生命純粹、沒有夾雜，所以能引發不間斷的實踐道德的行為。

4·43

伊川先生曰：「學者患心慮紛亂，不能寧靜，此則天下公病。學者只要立箇心，此上頭盡有商量[1]。」

注釋 1 商量：此指進步精進的可能。

譯文 伊川先生說：「學者擔心思慮雜亂，不能平和安靜，這是天下人都會有的通病。學者只須敬謹操持以確立心志，那麼德性工夫就有精進發展的可能。」

4·44

伊川曰：「閑邪則誠自存[1]。不是外面捉一箇誠，將來存着。今人外面役役於不善[2]，於不善中尋箇善來存着，如此，則豈有入善之理？只是閑邪則誠自存，故孟子言性善皆由內出。只為誠便存，閑邪更着甚工夫？但惟是動容貌，整思慮，則自然生敬。敬只是主一也[3]。主一則既不之東，又不之西，如是則只是中[4]。既不之此，又不之彼，如是則只是內[5]。存此則自然天理明。學者須是將『敬以直內』涵養此意，直內是本。」

注釋 1 閑邪：語自《易經·坤卦·文言》：「庸言之信，庸行之謹，閑邪存其誠，善世而不伐，德博而化。」閑，防範、阻止。閑邪，防止邪念的產生。2 役役：勞苦不息的樣子。3 主一：使心專主於一事，不放逸。4 中：中正而無所偏斜。5 內：指心神持守於內。

譯文

伊川說：「『防止邪念產生，則誠心自然存在』，不是說從外面抓取一個『誠』，拿來放在心中。現在人在外忙於應對，時時有不善的產生，如果想從這不善中尋一個善來存守，這哪裏會有可能入於善的道理呢？只要防止邪念產生，那麼誠心便自然存在，所以孟子說性善都是從人的內心發出。只要內心存着誠敬，誠敬之心便時時存在，哪裏還需要防止邪念滋生的修養工夫？只要端莊容貌，整飭思慮，便自然會生出敬。敬只是專主於一而已。專主於一就是此心既不往東，又不往西，如此就只是持守於中。此心既不跑到這裏，又不跑到那裏，如此就只是持守於內。存此誠敬之心，那麼自然就能夠明白天理的意義。學者必須『以持敬工夫使內在正直』來涵養本心。內在誠明正直是修養的根本。」

賞析與點評

這一段是程伊川論「誠敬」的重要文字。他說「閑邪則誠自存」，不是從外面抓一個誠來存着，這也表示了誠是人生命中本有的，如同上面明道區分「敬以直內」與「以敬直內」的不同之意。而伊川對於如何「閑邪」（防止不端正的想法）也給出了很好的工夫作法，他認為人只須從外面做「動容貌，整思慮」的工夫就可以產生敬意，於是就可以「閑邪」。這是認為從外部用工夫，就可以在內心產生端正的效果。從外面做工夫是比較容易的。雖然工夫從外面做，但敬意是從內在的生命引發的，故不可以說這是從外面強加於自己的工夫。

4·45

伊川曰：「閑邪則固一矣，然主一則不消言閑邪。有以一為難見，不可下工夫，如何？一者無他，只是整齊嚴肅，則心便一。一則自是無非僻之干[1]。此意但涵養久之，則天理自然明。」

注釋

1 非僻之干：非，過失。僻，邪惡。非僻之干，過失與邪惡的干擾。

譯文

伊川說：「防止邪念滋生固然能夠使心專一，但如果能專主於一，就不必再講防止邪念的滋生。有些人以為使心專一是很難實現的，不容易下工夫，怎麼辦呢？專一的工夫沒有其他的要訣，只是態度舉止上整齊嚴肅，那麼心思便會歸於專一。專一了自然不會有過失與邪惡的干擾。這個意思只要工夫涵養久了，自然就能明白天理。」

4.46

有言：「未感時，知何所寓[1]？」伊川曰：「『操則存，舍則亡。出入無時，莫知其鄉[2]。』更怎生尋所寓？只是有操而已。操之之道，『敬以直內』也。」

注釋　1 寓：寄居、安置。2「操則存」四句：語自《孟子・告子上》。

譯文　有人說：「在情感未發之前，怎麼知道心安置在何處？」伊川說：「《孟子》書中引用孔子的話說：『把握了就存在，放下了就消失；去與來，沒有一定的時候，也無法知道它的去向。』那怎樣去尋找安置它的地方呢？只有通過操存工夫罷了。操存工夫的方法，就是『以持敬的工夫來使內心誠明正直』。」

4.48

伊川曰：「學者先務，固在心志，然有謂欲屏去聞見知思，則是『絕聖棄智』[1]。有欲屏去思慮，患其紛亂，則須坐禪入定。如明鑑在此[2]，萬物畢照，是鑑之常，難為使之不照。人心不能不交感萬物，難為使之不思慮。若欲免此，惟是心有主。如何為主？敬而已矣。有主則虛，虛謂邪不能入。無主則實，實謂物來奪之。大凡人心不可二用，用於一事，則他事更不能入者，事為之主也。事為之主，尚無思慮紛擾之患，若主於敬，又焉有此患乎？所謂敬者，主一之謂敬。

所謂一者，無適之謂一[3]。且欲涵泳主一之義，不一則二三矣[4]。至於不敢欺，不敢慢[5]，尚『不愧於屋漏』[6]，皆是敬之事也。」

注釋

1 絕聖棄智：《老子》第十九章：「絕聖棄智，民利百倍；絕仁棄義，民復孝慈；絕巧棄利，盜賊無有。」2 鑒：鏡子。3 無適：適，去、往。無適，沒有離去，此處指專一心志，使心思不會四處奔馳。4 不一則二三：不能專心主一，便容易三心二意。5 慢：輕視、侮慢。6 不愧於屋漏：語自《禮記・中庸》。屋漏，原指於宮室陰暗處所開的天窗，此處引申為無人所在的陰暗處。不愧於屋漏，指縱使在屋中無人且陰暗的地方，也不會做出愧對自己良心的事情。

譯文

伊川說：「學者的第一要務，固然在於安定心志，然而有人說想要排除眼見耳聞的經驗知識與心知，那就是老子所主張的『斷絕聖明，捨棄智慧』。有人想要排除思考計慮，害怕思慮紛擾雜亂，以為必須像佛教徒一樣地坐禪入定。其實人心就像一面明鏡在這裏，呈現在鏡子前的萬物自然都能映照出來，這就是鏡子的特性，很難要它不去映照萬物。人的心靈不能不與萬物產生交互感應，很難要它不去思考計慮。如果想避免思慮紛亂的困擾，只有讓心中自有主宰。怎樣才可讓心中自有主宰呢？只有『敬』了。心有主宰就能虛明透澈，能虛明透澈則邪念就不能侵入。沒有主宰而盈滿雜念，這些盈滿的雜念是因為外物奪取了心志。大抵來說，人的心靈不能夠同時分散地用在兩處，只能專注在一件事物上，那麼其他的事物就無法進入心中，因為原先專注的事物已經做了心中的主宰。以事物做心中的主宰，尚且可以免除思慮紛擾雜亂的憂患，如果是專心主一於『敬』，又怎麼會有這種憂患呢？所謂『敬』的工夫，就是專主於一。所謂的『一』，就是令心思不四處奔馳。只要悉心地涵養體會『主一』的道理，不保持專一，那麼便容易三心二意了。至於那些不敢心存欺瞞，不敢心存侮慢，『尚且能於屋中無人的陰暗一隅，也能無愧於心』，這都是關於『敬』的事。」

4·49

伊川曰：「『嚴威儼恪』[1]，非敬之道。但致敬須自此入」。

注釋

1 嚴威儼恪（粵：染確；普：yǎn kè）：《禮記・祭義》：「嚴威儼恪，非所以事親也，成人之道也。」嚴，嚴肅。威，威重。儼，莊嚴。恪，恭敬。

譯文

伊川說：「《禮記》所說的『嚴肅、威重、莊嚴、恭敬』，不是「敬」的意義，但要做到誠敬必須由此下手。」

4.50

伊川曰：「『舜孳孳為善[1]。』若未接物，如何為善？只是主於敬，便是為善也。以此觀之，聖人之道，不是但默然無言。」

注釋

1 舜孳孳（粵：資；普：zī）為善：語自《孟子．盡心上》：「雞鳴而起，孳孳為善者，舜之徒也。」孳孳，勤勉的樣子。

譯文

伊川說：「《孟子．盡心上》說：『舜勤勉不懈怠地為善。』若尚未與外物相接待，又怎麼為善呢？只要是使內心專注於敬，就是為善了。從這裏來看，聖人修養德性的工夫，並不只是沉靜無聲、一語不發。」

4.51

問：「人之燕居[1]，形體怠惰，心不慢，可否？」伊川曰：「安有箕踞而心不慢者[2]？昔呂與叔六月中來緱氏[3]，閒居中某嘗窺之，必見其儼然危坐[4]，可謂敦篤矣。心志須恭敬，但不可令拘迫，拘迫則難久。」

注釋

1 燕居：閒居。2 箕踞（粵：基句；普：jī jù）：兩腿伸展，形狀如同畚箕一般地坐着。古人認為這是一種散漫而不拘禮節的坐姿。3 緱（粵：溝；普：gōu）氏：位於今日的河南偃師東南一帶。4 儼然：端莊穩重的樣子。危坐：挺直身軀端正地坐着。

譯文

有人問：「人們在閒居時，身體樣貌顯得懈怠懶惰，內心卻不輕慢，可以嗎？」伊川說：「怎麼會有箕踞地坐着，內心卻不輕慢的人？從前呂大臨在六月時來到緱氏，在閒居時我曾去看他，他必定是恭敬端正地坐着，可以說是敦厚篤實了。學者在心志上應該要恭敬，但不可以勉強急迫，勉強急迫便難以持久。」

4.52

「思慮雖多，果出於正[1]，亦無害否？」伊川曰：「且如在宗廟則主敬，朝廷主莊，軍旅主嚴，此是也。如發不以時，紛然無度，雖正亦邪。」

注釋

1 果：確實。

譯文

有人問：「平日的思考計慮雖然繁多，如果確實是出於公正的，是否就沒有害處呢？」伊川說：「例如在宗廟之中，便要持守誠敬；在朝廷之上，便要持守莊重；在軍旅之時，便要持守嚴謹，這就對了。如果思想行為不能依據當時的需求作出適當的回應，行為舉止紛亂、沒有節制，雖然是出於公正，也是不對的。」

4·54

伊川曰：「人於夢寐間[1]，亦可以卜自家所學之深淺[2]。如夢寐顛倒，即是心志不定，操存不固。」

注釋　1 夢寐：睡夢中。2 卜：猜測、推斷。

譯文　伊川說：「人在睡夢之中，也可以推斷出自己學問修養的深淺。例如睡夢中的事理顛倒錯亂，就是由於心思志向不能堅定，操存涵養的工夫不夠穩固。」

4·55

問：「人心所繫着之事果善，夜夢見之，莫不害否？」伊川曰：「雖是善事，心亦是動。凡事有朕兆[1]，入夢者卻無害，捨此皆是妄動。人心須要定，使他思時方思，乃是。今人都由心。」曰：「心誰使之？」曰：「以心使心則可[2]。人心自由，便放去也。」

注釋　1 朕兆：預兆、徵兆。2 以心使心：前一個「心」字指義理之心，後一個「心」字指人心。以心使心，指以義理之心來管攝人心。

譯文　有人問：「如果人的心裏牽掛着好事，夜裏夢見它，有沒有什麼妨害呢？」伊川說：「雖然是好事，也是心念動搖。凡是事有徵兆而在夢中呈現的，就沒有妨害，除此之外都是心念妄動。人心需要貞定，讓它思考時才思考，這樣才對。現在的人都隨着心念妄動。」問：「心是由誰來驅使？」伊川回答：「以義理之心來支使人心是可以的。如任人心自由奔馳，就是放任縱容。」

4·57

問：「『出辭氣』[1]，莫是於言語上用功夫否？」伊川曰：「須是養乎中[2]，自然言語順理。若是慎言語，不妄發，此卻可着力。」

注釋

1 出辭氣：《論語·泰伯》：「君子所貴乎道者三：動容貌，斯遠暴慢矣；正顏色，斯近信矣；出辭氣，斯遠鄙倍矣。」出辭，說話。氣，指語氣。2 養乎中：透過涵養來使心知理，以能持中不偏。

譯文

有人問：「曾子所說的『令自己的言辭語氣謹慎合理』，是不是要人在言語上用工夫？」伊川說：「須是涵養此心以合於理，自然言語就能發而順理。如果是小心謹慎，言語不隨便說出口，這也是可以用工夫的地方。」

‖4.58

伊川先生謂繹曰[1]：「吾受氣甚薄[2]，三十而浸盛[3]，四十、五十而後完[3]。今生七十二年矣，校其筋骨，於盛年無損也。」繹曰：「先生豈以受氣之薄，而厚為保生耶？」夫子默然曰：「吾以忘生徇欲為深恥[4]。」

注釋　1 繹：張繹，字思叔，伊川門人。事見《宋元學案．劉李諸儒學案》。2 受氣：指生來所稟受的氣質。3 浸盛：逐漸旺盛浸。浸，逐漸。3 完：完備、完整。4 徇：謀求。

譯文　伊川先生對張繹說：「我生來稟受的氣質很是薄弱，三十歲才逐漸旺盛，四十歲、五十歲以後才完整。現在七十二歲了，檢查自己的筋骨，比起盛年時毫無減損。」張繹說：「先生難道是因為生來稟受的氣質薄弱，所以才重視保養生息嗎？」先生沉默了一會說：「我以忘記生命的價值而只順從慾望為莫大的恥辱。」

‖4.63

謝顯道從明道先生於扶溝[1]。明道一日謂之曰：「爾輩在此相從，只是學顥言語，故其學心口不相應，盍若行之[2]。」請問焉。曰：「且靜坐。」伊川每見人靜坐，便歎其善學。

注釋

1 扶溝：位於今河南省一帶。明道於宋神宗元豐元年到三年（一〇七八—一〇八〇）於扶溝縣擔任知縣。2 盍若：何不。盍，通「何」。

譯文

謝良佐在明道先生任職扶溝知縣時追隨他。明道有一天對他說：「你們在此處跟隨着我，只是學習我所說的話，所以所學到的任職心裏與口說得不相符，何不切實地實踐它。」謝良佐請問明道如何實踐。明道回答：「就靜坐吧。」

伊川每次見到人靜坐，便讚歎那人善於學習。

卷五　克己

本卷導讀——

本卷的文字大多針對氣性、慾望來作克己的工夫，比較偏重在生命的外部表現來照察。本卷有些注本寫作「克治」，所謂「治」是針對氣性的偏頗，下糾正的工夫，宋儒所說的這方面的工夫，十分嚴謹認真。對於生命的毛病，絲毫不肯放過。

5.1

濂溪先生曰：「君子乾乾[1]，不息於誠[2]，然必懲忿窒欲[3]，遷善改過而後至[4]。〈乾〉之用，其善是[5]，〈損〉、〈益〉之大[6]，莫是過。聖人之旨深哉！『吉凶悔吝生乎動』[7]。噫！吉一而已，動可不慎乎！」

注釋

1 乾乾：語自《易經・乾卦》〈九三・爻辭〉。原典為：「君子終日乾乾，夕惕若，厲無咎。」2 不息：《易經・乾卦》〈象傳〉：「天行健，君子以自強不息。」3 懲忿窒欲：《易經・損卦》〈象傳〉：「山下有澤，損；君子以懲忿窒欲。」〈損卦〉卦象為下兌上艮；山下有深澤，象徵減損。懲，懲戒；忿，憤怒；窒，抑止；欲，欲求。克制憤怒，抑制欲求。4 遷善改過：《易經・益卦》〈象傳〉：「風雷，益；君子以見善則遷，有過則改。」〈益卦〉卦象為下震上巽；風雷交助，象徵增益。5 其：一作「莫」。6〈損〉、〈益〉：指前文中所引《易經》中的〈損卦〉與〈益卦〉。二者皆是勸人克己向善。7 吉凶悔吝生乎動：語自《易經・繫辭下傳》：「是故《易》者，象也。象也者，像也。彖者，材也。爻也者，效天下之動者也。是故吉凶生而悔吝着也。」悔，後悔。吝，憾恨。

譯文

濂溪先生說：「君子效法至誠的天道，因而剛健奮發，自強不息，然而必須克制過分的怒氣和欲求，努力改過向善，才能真正體現誠體的意義。〈乾卦〉剛健奮發的作用，沒有比君子努力完成自己德性更重要的了。〈損卦〉、〈益卦〉減損忿慾、改過向善的大義，沒有比這更能對治人心的過失。聖人作《易》的含義是很深遠的。『不論吉利或凶險、悔恨或不足，都是在人的作為中產生』。唉！這四個當中只有一個是好的，人的行事作為怎麼可以不謹慎小心呢！」

濂溪先生曰：「孟子曰：『養心莫善於寡欲[1]。』予謂養心不止於寡而存耳[2]。蓋寡焉以至於無，無則誠立明通。誠立，賢也；明通，聖也。」

注釋

1 養心莫善於寡欲：《孟子・盡心下》：「養心莫善於寡欲。其為人也寡欲，雖有不存焉者寡矣；其為人也多欲，雖有存焉者寡矣。」 2 止：通「只」。

譯文

濂溪先生說：「孟子說：『存養善心最好的方法就是減少慾望。』我認為養心不只是減少慾望就可以存養義理。減少慾望直到慾望完全消除，慾望完全消除就可以樹立誠敬、智明通達。能樹立誠敬，就是一個賢者；能達到智明通達境界，則是聖人。」

賞析與點評

周濂溪在此條強調了修養工夫需要達到無欲的地步，這所謂無欲並不能被理解為滅去人的感性生理的慾望，而是認為在決定要從事道德實踐時，不要讓這時的存心受到感性慾望的影響，而使無條件的為善，轉為有條件的為善。即要無所為而為，而不能有所為而為。「無欲」應從為了義務而行，「以無條件的存心來要求自己」來規定。

伊川先生曰：「顏淵問克己復禮之目。夫子曰：『非禮勿視，非禮勿聽，非禮勿言，非禮勿動[1]。』四者身之用也。由乎中而應乎外[2]，制於外所以養其中也。顏淵請事斯語[3]，所以進於聖人。後之學聖人者，宜服膺而勿失也。因箴以自警[4]。〈視箴〉曰：『心兮本虛，應物無跡。操之有要，視為之則[5]。蔽交於前，其中則遷[6]。制之於外，以安其內。克己復禮，久而誠矣。』〈聽箴〉曰：『人有秉彝[7]，本乎天性。知誘物化，遂亡其正。卓彼先覺[8]，知止有定。閑邪存誠，非禮勿聽。』〈言箴〉曰：『人心之動，因言以宣[9]。發禁躁妄，內斯靜專[10]。矧是樞機[11]，興戎出好[12]。吉凶榮辱，惟其所召。傷易則誕[13]，傷煩則支[14]。己肆物忤[15]，出悖來違[16]。非法不道，欽哉訓辭[17]。』〈動箴〉曰：『哲人知幾[18]，誠之於思。志士厲行，守之於為。順理則裕，從欲惟危。造次克念，戰兢自持。習與性成，聖賢同歸。』」

注釋

1「非禮勿視」四句：此為顏淵問孔子如何實踐仁的條目。語出《論語．顏淵》。

2 中：此指內心、存心。3 事：遵從。4 箴：用來表達規勸性質的一種文體。

5 則：準則。6 其中則遷：中，指心志。遷，變動、轉移。指心志因為外物的障蔽而受到牽引，遂因此而產生改變。7 秉彝（粵：移；普：yí）：秉，執握。彝，常道。秉彝，心中持守的常道。《詩經．大雅．烝民》：「民之秉彝，好是懿德。」8 卓：卓越、偉大。9 宣：表達、抒發。10 靜專：虛靜與專一。11 矧（粵：診；普：shěn）：況且。樞機：原指戶樞與弩牙。後多用以比喻事物的關鍵。12 興戎出好：興戎，指言語失當可能導致戰爭。出好，言語和善能夠獲致和諧。《尚書．大禹謨》：「惟口出好興戎。」13 誕：荒誕。14 支：支離。15 己肆物忤：肆，放縱、不加拘束。忤，違逆。指言詞放縱、輕率而與事物的道理相違逆。16 悖：矛盾。17 欽哉：尊敬、佩服。18 知幾：原指能見到事情萌發的細微跡象，而預見其變化。此指能細察自己的每一個起心動念。

譯文

伊川先生說：「顏淵問克己復禮的條目。孔子說：『不合於禮的規範，就不要去觀看；不合於禮的規範，就不要去聆聽；不合於禮的規範，就不要去言說；不合於禮的規範，就不要去行動。』視聽言動是身體的作用，它們依循內心想法，並與外物相應，所以必須節制外在的行為，以涵養內在的心志。顏淵就是謹慎地遵循聖人的教誨，所以才能邁向聖人之境。後學者如果志於聖人之道，就應該好好地實踐而不要忘記。因此，我寫了視聽言動四項箴言來警惕自己。〈視箴〉：『心本是虛空而無形狀可見，它能感應萬物，自身卻無行跡可尋。存養心的要點在於觀看事物要有準則。當障蔽出現在眼前，內心就會受到影響而變化。所以必須節制外在的看，這樣內心才能安定專一。克制私慾以依循禮的要求而行，漸漸的就能體現天道誠體的內涵。』〈聽箴〉：『人一生持守常道，這是人的天性。但因在認知外物並進而分別、執着於物而產生變化，使心失去了它原本的中正清明。卓然精明的先覺者，了解心的認知作用必須限制才能安定，因此禁止邪念產生以存養誠敬之心，凡不合於禮的規範就不聽聞。』〈言箴〉：『人心之動，是藉由言語來抒發的。但言論的表達嚴禁輕率荒謬，且內心必須保持平靜專一。這是因為言論對事情的發展是至為關鍵的：言論失當，可能導致戰爭；言論和善，可以達到和諧。不論是吉是凶，是榮是辱，都是因為言論所導致的。言論失於輕率，就會荒誕，不切實際。言論流於繁瑣，就會支離，不得要領。自己的言談過於放肆，違悖事理，則這些悖理的言論終將返回而違逆自己。因此不合禮法的言論絕口不說，這個訓誡必須小心謹慎地遵守。』〈動箴〉：『哲人通曉念慮之微，在每一發心動念皆能真誠無妄。有志之士則勉勵警惕自己的行為，戒懼持守在每一當下的動作。順着天理而行，自然從容、寬裕。順着私慾而動，則必然招致災禍。因此，即使顛沛流離也必須警惕於心，戰戰兢兢的持守每一念慮、行為的發動。等到修養久了，自然與天賦的本性相契合，這樣就與聖人一樣能體現天道了。』」

〈復〉之初九曰[1]：「不遠復，旡祇悔，元吉。」伊川《易傳》曰：「陽，君子之道，故復為反善之義。初，復之最先者也，是不遠而復也。失而後有復，不失則何復之有？惟失之不遠而復，則不至於悔，大善而吉也。顏子無形顯之過，夫子謂其庶幾[2]，乃無祇悔也。過既未形而改，何悔之有？既未能不勉而中[3]，所欲不踰矩[4]，是有過也。然其明而剛，故一有不善，未嘗不知；既知，未嘗不遽改[5]。故不至於悔，乃不遠復也。學問之道無他也，惟其知不善，則速改以從善而已。」

注釋

1〈復〉：《易經．復卦》卦象為下震上坤；震雷在地中微動，象徵陽氣回復。〈初九．爻辭〉：「不遠復，旡祇悔，元吉。」說明在開始不久即回復正道，因此沒有大的災難與悔恨，是至為吉祥。祇，大。祇悔，大的悔恨。2 庶幾：相近、差不多。此處是說孔子認為顏回已經差不多近於道了。3 不勉而中：不待勉強就能合乎中道。4 不踰矩：不會逾越了規矩。《論語．為政》：「七十而從心所欲，不踰矩。」5 遽：急忙、立刻。

譯文

《易經．復卦》〈初九．爻辭〉說：「雖有過失，但能立即改過而表現善，這樣就不會有太大的悔恨，因此此爻之義是吉祥的。」伊川的《易傳》說：「陽爻象徵君子之道，所以復有復返於善之義。初爻是《復卦》最先的一爻，象徵雖有小過，但能即時改過而歸於善，就像行之不遠就復返之意。因為有過失，才有復返歸於善之意。如果沒有過失，又怎麼會有復返於善的道理？只有在失之不遠就復返於善，才不致於悔恨，才是大善且吉祥。顏淵沒有犯過明顯的過錯，孔子稱讚他的德性修養已達到很高的境地，不會有大悔之事。在過錯還沒有具體表現就立即改過，這樣怎麼會有悔恨呢？一般人如果不能像聖人不勉強就能表現中道，隨心所欲卻能不逾越規矩，就不免有過失。但如果能明理且堅毅地實踐道德，一旦有過失，沒有不能立即覺察的；一覺察有過失，沒有不立即改過的。所以雖有過失，但不致於會悔恨，這就是《復卦》「不遠復」的道理。為學的方法沒有別的，只有一覺察有過失就迅速改過而表現善而已。」

5.6

伊川曰：「〈損〉者[1]，損過而就中，損浮末而就本實也[2]。天下之害，無不由末之勝也。峻宇雕牆[3]，本於宮室；酒池肉林，本於飲食；淫酷殘忍，本於刑罰；窮兵黷武[4]，本於征討。凡人欲之過者，皆本於奉養，其流之遠，則為害矣。先王制其本者，天理也；後人流於末者，人欲也。損之義，損人欲以復天理而已。」

注釋

1〈損〉：《易經．損卦》卦象為下兑上艮；山下有澤，象徵減損。2 浮末：商賈等行業。古代以農業為首，商賈為末，故稱為「浮末」。此處指末節、次要之事。就：趨近、回歸。3 峻宇雕牆：高大的屋宇和雕飾華麗的宮牆。4 窮兵黷武：窮，極盡。黷，濫用。指肆意運用兵力，發動戰爭。

譯文

伊川說：「〈損卦〉的道理，在於減損過度以合於中道，減損浮末而回到根本。天下禍害的產生，沒有不是因為過度追逐枝節之末而導致。高峻精巧的樓宇，雕琢華麗的宮牆，是從居住的房屋所延伸出來的；以酒為池，以肉為林，是從人基本飲食需求所延伸出來的；過度殘忍嚴酷的懲處，是從基本的刑罰中延伸出來的；用兵無度，濫行征戰，是從必要的征伐中擴張而來。過度的人慾，本來只是基本生存的需求，但因過度放縱而不加節制才會導致禍害。先王制定根本規範，是體現天理的意義；後人流於慾望的追逐，是人慾的表現。〈損卦〉的大義，就是要人減損過度的人慾而回復到天理而已。」

5.10

伊川曰：「人而無克、伐、怨、欲[1]，惟仁者能之。有之而能制其情不行焉，斯亦難能也，謂之仁則未可也。此原憲之問，夫子答以知其為難，而不知其為仁。

此聖人開示之深也。」

注釋　1 克、伐、怨、欲：語自《論語・憲問》：「『克、伐、怨、欲不行焉，可以為仁矣？』子曰：『可以為難矣，仁則吾不知也。』」克，好勝。伐，自矜。怨，忿恨。欲，貪慾。

譯文　伊川說：「人而能免除好勝、自誇、怨恨、貪慾四者，只有仁者才能做到。一般人內心雖不能完全免除，但卻能克制這四種情感，也算是不容易，但這樣就稱為仁則不可以。這是原憲請問孔子的話，而孔子回答他說，能克制這四種情感已經是很難得，卻不認為這就是仁。這是聖人指點學生深刻的用心。」

5.11

明道先生曰：「義理與客氣常相勝[1]，只看消長分數多少，為君子小人之別。義理所得漸多，則自然知得客氣消散得漸少。消盡者是大賢。」

注釋　1 客氣：指由形軀欲求等習氣所引發的形氣之私。因為不同於本然的義理之性，故謂之「客」，故稱作客氣。

譯文　明道先生說：「義理之性與形氣之私常相互消長，只須看彼此消長的狀態，就可以判別君子與小人的不同。對義理之性的體會日漸增多，自然受形氣之私的影響漸漸減少。等到完全不受形氣之私所左右，便是大賢。」

5.12

或謂：「人莫不知和柔寬緩，然臨事則反至於暴厲。」明道曰：「只是志不勝氣，氣反動其心也。」

譯文　有人說：「沒有人不知道必須温柔寬和地對待別人，但一遇到事情，反而暴躁嚴厲。」明道說：「這只是心志不能作主而氣凌駕於上，氣反而牽動了自己的心。」

5.13

明道曰：「人不能祛思慮[1]，只是吝[2]。吝，故無浩然之氣。」

注釋　1 祛（粵：驅；普：qū）：消除、驅逐。2 吝：原指小器，此引申為氣度狹小。

譯文　明道說：「人不能去除種種閒雜繁瑣的思慮，就只是氣度狹小的人。氣度狹小的人，是不可能有廣大高明的正氣。」

5.14

明道曰：「治怒為難，治懼亦難。克己可以治怒，明理可以治懼。」

譯文　明道說：「對治憤怒之情是很難的，對治恐懼之情也是很難的。但藉由克制己私的工夫，則可以對治憤怒之情；通過對天理的體會，則可以對治恐懼之情。」

5.15

明道曰：「堯夫解『他山之石，可以攻玉』[1]。玉者温潤之物，若將兩塊玉來相磨，必磨不成，須是得他箇麤礪底物[2]，方磨得出。譬如君子與小人處，為小人侵陵，則修省畏避，動心忍性[3]，增益豫防[4]，如此便道理出來。」

注釋　1 堯夫：邵雍，字堯夫，謚號康節。北宋著名理學家、易學家，與周濂溪、張橫渠、程明道、程伊川並稱為北宋五子。「他山之石」二句：語出《詩經．小雅．鶴鳴》。2 麤礪：麤，通「粗」。麤礪，粗糙堅硬。3 動心忍性：《孟子．告子下》：「故天將降大任於斯人也，必先苦其心志，勞其筋骨，餓其體膚，空乏其身，行拂亂其所為，所以動心忍性，曾益其所不能。」原指震撼心志，使性格越發堅毅，此指能夠不顧外在的阻礙，持續堅定志向。4 豫防：豫，通「預」，事先。豫防，事先防範。

譯文

明道說：「邵雍解《詩經》「他山之石，可以攻玉」一語，指出玉的質性溫和富有光澤，但若要完全體現質樸的美玉，只用兩塊玉互相琢磨，是一定沒有辦法成功的，必須藉由其他粗糙堅硬之物，才能磨出玉的美好。就像君子和小人相處，君子在受到小人侵犯凌辱後退回自省、修養，堅定心性，增加學識，並且避免禍患，才能真切地體會出道理來。」

5.17

明道先生曰：「責上責下，而中自恕己[1]，豈可任職分？」

注釋

1 中：居中。此指自己。

譯文

明道先生說：「只知指責上位者、指責下位者，卻對自己寬恕包容，這樣的人怎麼可以擔任官職？」

5.18

明道曰：「『舍己從人』[1]，最為難事。己者，我之所有，雖痛舍之，猶懼守己者固，而從人者輕也。」

注釋　1　舍己從人：《書經・大禹謨》：「稽於眾，舍己從人，不虐無告，不廢困窮，惟帝時克。」

譯文　明道說：「『捨棄自己的立場而順從別人的看法』，是最難的一件事情。自己的立場，是依從我自己的想法而來，即使痛下決心捨棄它，還是會擔心內心仍然堅守自己的立場，只是勉強接納別人的看法。」

5.20

明道曰：「『飢食渴飲，冬裘夏葛』[1]，若致些私吝心在，便是廢天職。」

注釋　1「飢食渴飲」二句：語自韓愈《韓昌黎全集・原道》：「夏葛而冬裘，渴飲而飢食。」葛，葛麻衣，一種夏天所穿的衣服。裘，皮衣。

譯文　明道說：「『人飢渴了便要飲食，冬天穿保暖的衣服，夏天穿涼爽的衣服』，這些都是人基本的生存需求，但如果添加了一些私心貪慾，便是廢棄自然的職分。」

5.21

明道曰：「獵，自謂今無此好。周茂叔曰[1]：『何言之易也。但此心潛隱未發，

一日萌動，復如前矣。』後十二年因見，果知未也。」

注釋　1 周茂叔：周敦頤，字茂叔，號濂溪。

譯文　明道說：「打獵這事，我自認為現在已經沒有這個嗜好。周濂溪就說：『不要說得這麼容易。只是這個喜好之心在這一刻潛藏了而沒有表現出來而已，等到有一天透顯出來，你又會和從前一樣喜歡打獵。』等到十二年後，看到別人打獵又心生歡喜，果然沒有消除這個喜好。」

5.22

伊川先生曰：「大抵人有身，便有自私之理，宜其與道難一[1]」。

注釋　1 宜：應該。

譯文　伊川先生說：「大抵來說，只要人有形軀，便會有自私的心理，就不容易完全體現天道的意義。」

5.23

伊川曰：「罪己責躬不可無[1]，然亦不當長留在心胸為悔。」

注釋　1 躬：自己。

譯文　伊川說：「人一旦有錯，責備自己、怪罪自己是必須的，但也不該一直留在心中，成為不可抹滅的悔恨。」

5.24

伊川曰：「所欲不必沉溺，只有所向便是欲[1]。」

注釋　1 所向：指心念有所偏向。

譯文　伊川說：「心中的欲求，不必到耽溺的狀況才稱作欲，只要心中的念頭有所偏差便是欲。」

5.26

「人語言緊急，莫是氣不定否？」明道曰：「此亦當習。習到言語自然緩時，便是氣質變也。學至氣質變，方是有功。」

譯文

有人問：「如果一個人說話又快又急，莫非是氣不定的緣故？」明道回答：「這也是要學習。學習到說話自然緩和，便是改變了偏於躁進的氣質。必須學習到改變氣質為止，才是真正見到工夫。」

5.27

問：「『不遷怒，不貳過』[1]，何也？語錄有怒甲不遷乙之說，是否？」伊川先生曰：「是。」曰：「若此則甚易，何待顏子而後能？」曰：「只被說得麤了，諸君便道易，此莫是最難。須是理會得因何不遷怒。如舜之誅四凶[2]，怒在四凶，舜何與焉[3]？蓋因是人有可怒之事而怒之，聖人之心本無怒也。譬如明鏡，好物來時便見是好，惡物來時便見是惡，鏡何嘗有好惡也？世之人固有怒於室而色於市[4]，且如怒一人，對那人說話，能無怒色否？有能怒一人而不怒別人者，能忍得如此，已是煞知義理。若聖人因物而未嘗有怒，此莫是甚難。君子役物，小人役於物。今見可喜可怒之事，自家着一分陪奉他，此亦勞矣。聖人之心如止水。」

注釋

1「不遷怒」二句：語自《論語．雍也》。原典為：「哀公問：『弟子孰為好學？』孔子對曰：『有顏回者好學，不遷怒，不貳過。不幸短命死矣！今也則亡，未聞好學者也。』」2舜之誅四凶：典出《尚書・舜典》。四凶指共工、驩兜、三苗、鯀。3與：干涉、關係。4怒於室而色於市：語自《左傳》昭公十九年。原典為：「諺所謂『室於怒，市於色』者，楚之謂矣。」

譯文

有人問：「《論語》中『不遷怒，不貳過』，是什麼意思？在你的語錄中有說到，對甲生氣而不把氣遷怒到乙身上，是這個意思嗎？」伊川先生說：「是。」又問：「如果只是這樣也太容易，何必修養到顏淵這樣的境界才可以做到。」伊川說：「這道理被說得太粗淺了，各位覺得容易，但其實是最難的。必須先明白不遷怒的道理。像舜誅四凶，是四凶背離天道而有可怒的原因，就舜自身則有什麼可怒的？只因為人做了背離天道的事而憤怒，但就聖人的心來說，本來就沒有私藏怨恨之情。就像一面明鏡，好的東西映照出來便是好的，壞的東西映照出來便是壞的，鏡子本身何嘗先存着好惡之情？世上的人常常在家裏生了氣，然後到外面擺臉色。況且對一個人生氣，對那個人說話時，能不將怒氣表現出來嗎？在對一個人生氣，又能不遷怒其他人，能夠忍住這憤怒之情，已算是懂得道理了。若能像聖人只是順着事物的道理，當怒而怒，自身卻不曾私藏憤恨之情，沒有比這更難的。君子能以心作主而不受外物所左右，小人則輕易受外物影響而牽動內在的思緒。一看見可喜可怒之事，自己的情緒也跟着變化，這未免太耗費心志了。聖人的心就像靜止的水一般。」

5.30

謝子與伊川別一年[1]，往見之。伊川曰：「相別一年，做得什工夫？」謝曰：「也只去個矜字[2]。」曰：「何故？」曰：「仔細檢點得來，病痛盡在這裏。若按伏得這箇罪過，方有向進處。」伊川點頭，因語在坐同志者曰：「此人為學，切問近思者也。」

注釋

1 謝子：謝良佐，字顯道，學者稱上蔡先生。事見《宋元學案．上蔡學案》。2 矜：驕傲自大。

譯文

謝良佐與伊川分別了一年，謝良佐再去見伊川。伊川說：「在這分開的一年中，你做了什麼工夫修養？」謝良佐說：「只是去除了驕矜的習氣。」伊川說：「為何從這裏作工夫？」謝良佐回答：「在我仔細省察後，我體會到我生命的病痛都在這裏。如果能對治好這壞毛病，在修養上才能進一步。」伊川點了點頭，並告訴在場的學生說：「這個人作學問，是真切的面對自己而作深刻的省察。」

賞析與點評

這一條相當有名，以謝上蔡的修養，仍需花費一年的工夫才能去除「矜」字，可見使生命的活動成為自然而然是非常困難的。

5.31

思叔詬詈僕夫[1]。伊川曰：「何不『動心忍性』[2]？」思叔慚謝。

注釋

1 思叔：張繹，字思叔，伊川門人。事見《宋元學案・劉李諸儒學案》。詬（粵：夠；普：gòu）：指責。詈（粵：吏；普：lì）：責罵。2 動心忍性：語自《孟子・告子下》：「故天將降大任於是人也，必先苦其心志，勞其筋骨，餓其體膚，空乏其身，行拂亂其所為，所以動心忍性，曾益其所不能。」

譯文

張思叔怒罵僕人。伊川說：「為何不藉此機會深刻的反省，並學習克制自己的情性？」張思叔因而慚愧的道謝。

5.32

伊川曰：「見賢便思齊[1]，有為者亦若是[2]。見不賢而內自省，蓋莫不在己。」

注釋

1 見賢便思齊：語自《論語・里仁》：「見賢思齊焉，見不賢而內自省也。」2 有為者亦若是：語自《孟子・滕文公上》：「顏淵曰：『舜何人也？予何人也？有為者亦若是。』」

譯文

伊川說：「見到賢者便立志為學，希望自己也能達到這樣的境界，並認為只要努力修養便可達到。見到不賢的人則深刻的反省，自己是不是也犯同樣的過失。能否立志、能自省改過，都取決於自己。」

5.33

橫渠先生曰：「湛一[1]，氣之本；攻取[2]，氣之欲。口腹於飲食，鼻舌於臭味，皆攻取之性也。知德者屬厭而已[3]，不以嗜欲累其心，不以小害大，末喪本焉爾。」

注釋

1 湛一：張伯行《近思錄集解》解為「湛者不動，一者不雜。」2 攻取：攻擊奪取。此指對事物產生執着的欲求。3 屬厭：張伯行《近思錄集解》解為「屬，足也。厭，飽也。」

譯文　橫渠先生說：「寂然不動且純一不雜是氣的本然；一旦與物相接觸而執着於物，便是氣的下墮而產生欲。人的口腹貪圖飲食的美味，鼻舌追逐美好的氣味，這都是對外物執着的習性。對德性有所體會的人，在飲食上只求飽足，不會讓慾望的貪求而累壞了心的虛明，不以耳目之小而傷害了心志之大，不以慾望的追求而喪失了心性的根本。」

5·34

橫渠曰：「纖惡必除[1]，善斯成性矣[2]。察惡未盡，雖善必粗矣。」

注釋　1 纖惡：細小、輕微。纖惡，細微的過失。2 成性：體現出自己良善的道德本性。

譯文　橫渠說：「纖毫的過失都必須立即改正，這樣才能充分體現義理之性。倘若不能徹底地反省自己的過失，即使表現善也未必是真正道德的善。」

5·35

橫渠曰：「惡不仁，故不善未嘗不知。徒好仁而不惡不仁，則習不察，行不著[1]。是故徒善未必盡義，徒是未必盡仁。好仁而惡不仁，然後盡仁義之道。」

注釋

1 「習不察」兩句：《孟子．盡心上》：「行之而不著焉，習矣而不察焉，終身由之而不知其道者，眾也。」

譯文

橫渠說：「人如果厭惡不仁之事，則一有不善就能立刻覺察。如果只是喜好仁德卻不厭惡不仁德，則對不仁之事就會流於習慣而不能覺察，所做的事也未必明白究竟之理。所以如果只是表現善，未必真的合於道義；只知道是對的事，未必真能充分體現仁心。因此為學必須要好仁而惡不仁，然後才能真正實現仁義之道。」

卷六　家道

本卷導讀——

按照《大學》所說的實踐次序，由修身到齊家、治國、平天下。本卷討論齊家之道，卷中錄有許多有關處理倫常關係的親切語，從其中的討論也可以體會到宋儒對倫常關係的重視。

6.2

伊川曰：「孟子曰：『事親若曾子，可也[1]。』未嘗以曾子之孝為有餘也。蓋子之身所能為者，皆所當為也。」

注釋

1「事親若曾子」兩句：語自《孟子．離婁上》：「若曾子，則可謂養志也。事親若曾子者，可也。」孟子以曾子與曾元事親之事相比較，說明曾元只是養口體，而曾子則是

譯文　養志，並認為事親須如曾子方可。

伊川說：「孟子說：『像曾子一樣侍奉雙親就可以了。』孟子並不認為曾子的孝是多於本分的要求。一個人子能夠為父母做的，都是應該做的。」

‖6.6

伊川曰：「人之處家，在骨肉父子之間，大率以情勝禮，以恩奪義。惟剛立之人，則能不以私愛失其正理。故〈家人卦〉大要以剛為善[1]。」

注釋　1〈家人卦〉：《易經》中的一卦。卦象是下離上巽，象徵一家人。

譯文　伊川說：「人在家庭中，因為都是至近血親，所以在相處時多以親情考量更勝於禮法，以恩愛關係來取代義理的判斷。只有剛毅堅強的人，才能不以私情為重而失去公允的判斷。所以《易經》的〈家人卦〉，大體就是以剛強為善。」

‖6.7

伊川曰：「〈家人〉上九爻辭[1]，謂治家當有威嚴。而夫子又復戒云：『當先嚴其身也[2]。』威嚴不先行於己，則人怨而不服。」

注釋

1〈家人〉上九爻辭：〈家人卦〉的〈上九爻辭〉：「有孚，威如，終吉。」上九以陽剛處《家人》之終，言居一家之上，能存心誠敬，使人信服，又能威嚴治家，故最終獲得吉祥。孚，誠信。2 當先嚴其身：〈家人卦〉之上九〈象〉曰：「威如之吉，反身之謂也。」說明所謂威嚴治家，不是以威嚴的方式對待家人，而是強調反躬自省，嚴正的對待自己。

譯文

伊川說：「《易經．家人卦》的〈上九．爻辭〉指出，治理一個家庭必須要有威嚴。但孔子在〈象傳〉裏又警惕說：『必須先嚴謹的要求自己。』如果不是先嚴謹的要求自己舉止都必須合於常道，而只是一味的嚴格拘束別人，那麼別人終究會心懷怨恨而不服從。」

6.11

問：「〈行狀〉云：『盡性至命，必本於孝弟[1]。』不識孝弟何以能盡性至命也？」伊川曰：「後人便將性命別作一般事說了。性命孝弟，只是一統底事[2]；就孝弟中，便可盡性至命。如灑掃應對，與盡性至命，亦是一統底事，無有本末，無有精麤。卻被後來人言性命者，別作一般高遠說。故舉孝弟，是於人切近者言之。然今時非無孝弟之人，而不能盡性至命者，由之而不知也。」

注釋

1「盡性至命」二句：見於伊川為其兄明道所作的〈明道先生行狀〉。原文作：「知盡性至命，必本於孝悌；窮神知化，由通於禮樂。」《易經・說卦傳》：「昔者聖人之作《易》也……和順於道德而理於義，窮理盡性以至於命。」意即窮究天地萬物之理，彰顯內在的道德本性，以上達天道性命。2 只是一統底事：張伯行解為「只是合一統貫底事」。

譯文

有人問：「〈行狀〉中說到：『盡性至命，必本於孝弟。』我不明白為何孝悌之道就可以盡性至命？」伊川說：「這是因為後人都將性命的意義詮釋為其他事。性命之理與孝悌之事，統合起來只是一件事；在孝悌之事中，就可以充分彰顯天道性命之理的意義。又像日用平常這些灑掃應對的事，也和盡性至命是同一回事，這裏沒有何者為本，何者為末，何者為精，何者為粗的分別。只是被後來談性命問題的人，將它另作高玄道理來看，以為和一般日用沒有關係。所以我以孝悌為例，就是要在人最切近的地方做指點。現代並不是沒有孝悌之人，但卻不能充分彰顯天道性命的意義，正因為不了解這當中的道理呀！」

6.14

病卧於牀，委之庸醫，比之不慈不孝。事親者亦不可不知醫。

譯文　臥病在牀，如果找了庸醫治病，那就是對父母不孝，對子女不慈。侍奉雙親是以雙親身體為重，所以也必須具備相關的醫學知識。

6.18

橫渠先生嘗曰：「事親奉祭，豈可使人為之！」

譯文　橫渠先生曾經說過：「侍奉雙親、祭祀先人，怎麼可以叫別人來代替！」

6.19

橫渠曰：「舜之事親有不悅者，為父頑母嚚[1]，不近人情。若中人之性，其愛惡若無害理，姑必順之。親之故舊，所喜者，當極力招致，以悅其親。凡於父母賓客之奉，必極力營辦，亦不計家之有無。然為養又須使不知其勉強勞苦，苟使見其為而不易，則亦不安矣。」

注釋　1 嚚（粵：銀；普：yín）：奸詐、說話不老實。

譯文　橫渠說：「舜盡心侍奉雙親，卻不能彼此和睦融洽，是因為父親過於頑固，繼母說話又不老實，不近人情的緣故。如果是一般性情的父母，他們的好惡沒有違背理義的話，就姑且順着他們的意思去做。父母親的老朋友、親戚，如果是他們喜歡的，就應當極力的邀請，讓父母高興。凡是招待父母的賓客，就必須盡心盡力的籌辦，不管家裏能否支撐這個開銷。但奉養他們的時候，又不能讓他們知道子女的勉強和勞苦。如果讓父母知道子女做得很辛苦，父母心裏也會不安。」

‖6.20

橫渠曰：「〈斯干〉詩言：『兄及弟矣，式相好矣，無相猶矣[1]。』言兄弟宜相好，不要相學。猶，似也。人情大抵患在施之不見報則輟，故恩不能終。不要相學，己施之而已。」

注釋

1「兄及弟矣」三句：語自《詩經．祈父之什．斯干》。

譯文

橫渠說：「〈斯干〉詩說：『哥哥和弟弟要互相友好，但不必要求對方和自己做得一樣。』這意思是說，兄弟之間應該要相親相愛，彼此和睦，但不要看到對方的行為就改變自己，要和他一樣。猶，相似的意思。一般人情來說，問題大概都出在看不到對方善意回報就停止了，所以彼此恩情是很難維繫到最後。因此兄弟間不要互相學習、比較，自己能付出就盡力付出，這樣就可以了。」

卷七　出處

本卷導讀——

此卷論出處進退之道。當已修養內在德性，又能治理家庭，則可向外推擴，為國家社會貢獻心力。不過，出處進退必須謹慎，不可苟且，也不能有欲速求進之心。該進該退，該取該捨，每一個當下取捨都必須以道義作為準則，不然退而修養自身也是可以的。學者於此必須審慎思考。

7.1

伊川先生曰：「賢者在下，豈可自進以求於君？苟自求之，必無能信用之理。古人之所以必待人君致敬盡禮而後往者，非欲自為尊大，蓋其尊德樂道之心不如是，不足以有為也[1]。」

注釋

1「蓋其尊德樂道之心」三句：語自《孟子・公孫丑下》。原典為「故將大有為之君，必有所不召之臣。欲有謀焉，則就之。其尊德樂道，不如是，不足以有為也。」

譯文

伊川先生說：「賢者儘管居處下位，怎能推薦自己求用於國君？如果是自我推薦而求被國君所用，必然不會有被信任的道理。古人之所以一定等待國君親自表達敬重之意，充分表現任用賢人的禮數，才願意出來被任用，那不是想要妄自尊大才如此，而是假使國君存心不能以德性為尊，且樂於推行道義，那麼有德的人是很難有所作為。」

賞析與點評

此則是伊川釋《易經・蒙卦》〈象傳〉之意而發揮的君臣之道。

7.2

伊川曰：「君子之需[1]，時也，安靜自守。志雖有須[2]，而恬然若將終身焉，乃能用常也[3]。雖不進而志動者，不能安其常也。」

注釋　1 需：卦名。此則是伊川發揮《易經·需卦》〈初九·象傳〉之辭。〈象傳〉：「『需于郊』，不犯難行也。『利用恆，無咎』，未失常也。」《需卦》之始，須恆心等待，而不失常道。2 須：等待。3 常：恆常的道理。

譯文　伊川說：「君子處在《需卦·初九》之位，必須等待時機，安靜自守。即使有上進之心，也必須恬然自適，好像終身都可以如此。這樣才能行長久之道。但如果是還沒被進用，心卻已經妄動，這樣就不能安於常道。」

7·4

〈履〉之初九曰：「素履，往無咎[1]。」伊川《易傳》曰：「夫人不能自安於貧賤之素，則其進也，乃貪躁而動，求去乎貧賤耳，非欲有為也。既得其進，驕溢必矣，故往則有咎。賢者則安履其素，其處也樂，其進也將有為也。故得其進，則有為而無不善。若欲貴之心，與行道之心交戰於中，豈能安履其素乎？」

注釋　1「素履」兩句：《易經·履卦》〈初九·爻辭〉。〈履卦〉象徵小心行走。初九處〈履卦〉之始，必須無所雜念，謹慎遵守禮法，才能往而無咎。

譯文　〈履卦·初九〉的〈爻辭〉說：「樸實無華，小心行走，則可前進而不招致過失。」

伊川《易傳》說：「如果人不能安於貧賤的狀態，則他的出仕就會是貪婪輕率的行動，且只是為了免去貧窮的困境，而不是為了在德性事業上有所作為。等到他前進而有所得，那麼一定會過於驕傲，這樣的前進會招致禍患。賢者則能安於所處的狀態，貧窮困頓也能樂於行道，被任用時也能有一番作為。所以一旦有所作為，則必然沒有不善的。如果想要得到富貴的心，和想要實踐德性的心在內心交戰，那又如何能安然堅定地實踐平實的大道？」

7.5

伊川曰：「大人於否之時[1]，守其正節，不雜亂於小人之群類，身雖否而道之亨也。故曰：『大人否亨[2]。』不以道而身亨，乃道否也。」

注釋

1 大人：有德的君子。否：卦名。象徵否閉，說明世道不通，小人橫行。2 大人否亨：語自《易經．否卦》〈六二．爻辭〉。原典為「包承，小人吉；大人否，亨。」包承，包容順承。小人（六二陰爻）以柔順之道上承尊者（九五陽爻），尊者包容之而獲得吉祥。有德君子則否定小人之行，不和他們同類，因此德性亨通。

譯文

伊川說：「君子處在世道不通，小人橫行之時，仍然能堅守正道，不因此投靠到小人這一類，故雖然身處逆境而不順，但就體道而言，卻德性亨通。所以〈六二．爻辭〉說：「大人身處逆境，卻仍能亨通。」如果是不依循着正道而使自己處境亨通，這就是大道閉塞不通了。」

7.6

伊川曰：「人之所隨，得正則遠邪，從非則失是，無兩從之理。〈隨〉之六二[1]，苟係初則失五矣，故〈象〉曰：『弗兼與也[2]。』所以戒人從正當專一也。」

注釋

1 〈隨〉：《易經．隨卦》卦象為下震上兌，象徵隨從之意。〈六二．爻辭〉：「係小子，失丈夫。」係，關連，牽涉。意即六二柔居下位，應與九五相應，但卻就近依附初九，故而從正不專，有係小失大之象。

2 弗兼與也：語自《易經．隨卦》〈六二．象傳〉。原典為：「『係小子』，弗兼與也。」即若不專一依循正道，反而牽繫依附小人，則將因小失大，不能上交於君子。

譯文

伊川說：「人所依循的，如果是正道，就能遠離邪妄；如果選擇了道德的惡，就失去了道德的善。這裏的判斷是截然二分，沒有兩可的可能。〈隨卦．六二〉的陰爻，如果跟隨了初九，就會失去九五，所以〈象傳〉說：『不可能同時兼而有之。』

這是用來告誡人依循正道必須專一不二。」

7.13

伊川曰：「君子當困窮之時，既盡其防慮之道而不得免，則命也。當推致其命以遂其志[1]。知命之當然也，則窮塞禍患不以動其心，行吾義而已。苟不知命，則恐懼於險難，隕穫於窮厄[2]，所守亡矣，安能遂其為善之志乎？」

注釋

1 當推致其命以遂其志：此則是伊川發揮《易經．困卦》〈象傳〉的道理。〈象傳〉云：「澤無水，困，君子以致命遂志。」〈困卦〉卦象為上兌為澤，下坎為水。澤無水，而水在澤下；水在澤下，象徵困。困，即困頓之意，所以〈象傳〉說：「君子處困窮之時，寧可捨棄生命，也要實踐德性志業。」 2 隕穫：語自《禮記．儒行》曰：「儒有不隕穫於貧賤，不充詘於富貴。」隕穫，困迫失志、憂悶不安的樣子。

譯文

伊川說：「當君子處於困頓之時，既然已經盡力預防而最後還是不可避免，那就是命限了。即使如此，君子仍必須在既有的命限中，充分彰顯、挺立自己內在的德性，以完成道德志業。既然能體會生命中無可避免的限制，那麼在面對種種困頓阨窮、禍患災難時，就不會輕易改變自己的志向，仍能純粹依從內在道義的要求而行。如果不能體會命限在生命中存在的意義，遇到險難時就會心生恐懼，窮困潦倒就喪失心志，致使所持守的正道也因而亡失，若如此又如何能成就德性生命的志業？」

賞析與點評

伊川此條表達了強烈而純粹的道德意識，把儒家所謂「知命」、「立命」的意義講得很透徹。有德的君子以德性的實踐作為自己不能違反的命令，這是所謂「義」，也可以說是「理命」；而在面對不能突破客觀的限制，如吉凶禍福時，仍要按照無條件的道德命令而行，雖不能達到預期的結果，但絲毫不肯退縮，這是既承認客觀的限制，但不會因此而不盡理性的命令。客觀的限制可說是「氣命」，在這一層次上，人當承認自己的有限性，而不能妄自尊大。故所謂立命，是兩方面的命合在一起來說的。

7.20

伊川曰：「人之止[1]，難於久終，故節或移於晚，守或失於終，事或廢於久，人之所同患也。〈艮〉之上九[2]，敦厚於終，止道之至善也。故曰：『敦艮吉[3]。』」

注釋

1 止：伊川此則發揮《易經・艮卦》〈上九〉的道理。〈艮卦〉，上下卦象均為艮，象徵抑止。說明抑止私慾當在其未萌發之際，才是止於所當止。2〈艮〉之上九：〈上九・爻辭〉：「敦艮，吉。」上九處〈艮卦〉之終，為抑止至極之象。說明以敦厚的品德來抑止私慾，因而獲得吉祥。3 敦艮吉：語自〈上九・象傳〉：「『敦艮之吉』，以厚終也。」強調正因道德實踐始終如一，無任何私慾萌生，所以吉祥。

譯文

伊川說：「人即使了解必須止於至道，但最終還是很難持守到最後，所以要不晚年改變志節，要不最終失去操守，要不隨着時間而行事漸漸鬆懈，這都是一般人共同的毛病。〈艮卦〉〈上九・爻辭〉說到，能敦厚篤實以終，便充分發揮艮止之道而至於至善。所以〈象傳〉強調：『止於篤實，吉。』」

7.22

伊川曰：「賢者惟知義而已，命在其中。中人以下，乃以命處義[1]。如言『求之有道，得之有命，是求無益於得』[2]。知命之不可求，故自處以不求。若賢者則求之以道，得之以義，不必言命。」

注釋

1 處：決斷；安排。2「求之有道」三句：語自《孟子・盡心上》：「孟子曰：『求則得之，舍則失之，是求有益於得也，求在我者也。求之有道，得之有命，是求無益於得也，求在外者也。』」

譯文

伊川說：「賢者出處進退，只就義之所當為作決斷，至於死生禍福的問題就在義的決斷中表現出來。中人以下卻先以死生禍福作考量，才來決定事情的當行或不當行。孟子曾說：『可以用方法去追求，但最後能不能得到，這裏是有命限的，因此是強求也強求不來。』體會到命運的不可強求，就能以不強求的態度來面對。如果是賢者，合於正道的才去求，合於義理的才去獲得，這裏是不考慮命限的問題。」

7.23

伊川曰：「人之於患難，只有一個處置。盡人謀之後，卻須泰然處之。有人遇一事，則心心念念不肯捨，畢竟何益？若不會處置了放下，便是『無義無命』也[1]。」

注釋

1 無義無命：語自《孟子．萬章上》。萬章問孟子：「或謂『孔子於衞主癰疽，於齊主侍人瘠環』」一事。孟子回答，孔子進退出處皆依循禮義，對於能否得到任用，則認為「有命」，因此是不可能做出無義無命的事。

譯文

伊川說：「人面對患難時，惟有依着義之所當為來面對，沒有其他途徑。在盡了人事的努力後，就必須泰然面對種種可能的結果。如果人面對一件事情，就對那件事情的利益得失掛念不忘，那對人的身心修養又有什麼幫助？如果不懂得盡力處置後便放下，便是對道義、對命限體會得不夠。」

7.25

伊川曰：「人苟有『朝聞道，夕死可矣』之志[1]，則不肯一日安於所不安也。何止一日，須臾不能。如曾子易簀[2]，須要如此乃安。人不能若此者，只為不見實理。實理者，實見得是，實見得非。凡實理得之於心自別。若耳聞口道者，心實不見。若見得，必不肯安於所不安。人之一身，儘有所不肯為，及至他事又不然。若士者，雖殺之，使為穿窬必不為[3]，其他事未必然。至如執卷者[4]，莫不知說禮義。又如王公大人，皆能言軒冕外物[5]，及其臨利害，則不知就義理，卻就富貴。如此者，只是說得，不實見。及其蹈水火，則人皆避之，是實見得。須是有『見不善如探湯』之心[6]，則自然別。昔曾經傷於虎者，他人語虎，則雖三尺童子，皆知虎之可畏，終不似曾經傷者，神色懾懼，至誠畏之。是實見得也。得之於心，是謂有德，不待勉強，然學者則須勉強。古人有損軀隕命者，若不實見得，則烏能如此？須是實見得。生不重於義，生不安於死也。故有『殺身成仁』[7]，只是成就一箇是而已。」

注釋

1「朝聞道」兩句：語自《論語．里仁》。意思是說，若能體會大道的真義，即便當下死去，也了無遺憾。2 曾子易簀（粵：責；普：zé）：曾子，孔子弟子。簀，用竹子或木條編成的牀蓆。曾子在臨終前，因為牀蓆不符合自己的身份而要求更換。此事記載於《禮記．檀弓上》。3 穿窬（粵：餘；普：yú）：窬，牆上的洞。穿窬，指穿牆偷盜。4 執卷者：讀書人。5 軒冕外物：將官位爵祿視為身外之物。6 見不善如探湯：語自《論語．季氏》。7 殺身成仁：語自《論語．衛靈公》。原典為：「子曰：『志士仁人，無求生以害仁，有殺身以成仁。』」

譯文

伊川說：「人如果有『朝聞道，夕死可矣』這種嚮往正道的心志，那麼即使是一天，也不願做讓自己不安的事。何止是一天，在每一個當下都不願意。就像曾子臨終前堅持更換牀蓆，認為必須合於道義才安心。人若不能像曾子那樣堅持正道，只是因為對實理沒有真切的了解。所謂實理，就是面對一事，是就是是，非就是非，真真切切，實實在在，沒有兩種的可能。心一旦對理有真切的了解，表現出來的決斷，自會和那些耳朵只是聽聽，嘴巴只是說說，但對理並沒有真切體會的人不同。因為人一旦對理有真切的體會，必然不會讓自己做不安的事。但就人一身的處世，儘管有些事不應當做而自己也不肯做，但對別的不對的事又未必如此。如一個士人，即使以殺他作為要脅而逼他去做盜賊，他也不肯做，但其他事卻未必能如此。至於如讀書人，沒有不知道要標舉禮義的；又如那些王公大夫，都能說富貴不過是身外物。一旦面對利害關係，卻又不知道堅持道義，反而選擇了富貴。像這樣就只是把道理放在嘴巴說說，並沒有真實的體察。人面對水災、火災這樣危險情境，都知道要盡力躲避，那是因為對水、對火所造成的傷害有深刻的了解。對道義的了解也必須如此。見到不善，就要像見到熱湯一樣不敢碰，這樣就不會做不應該做的事。曾經被老虎所傷的人，別人一講到老虎，即使是小孩，都知道老虎的可怕，但一定不如他所流露出的恐懼樣子，因為他是真的打從心裏感到害怕。這便是有深刻的體會的不同。心能確實明白地了解道義，就是有德的人，就能不待勉強而自然表現理，但一般學者則必須先勉強努力。古人有為了道義而犧牲自己生命的，如果不是對道義有真實的了解，又怎麼可能會這麼做？一定是對道義有真切的體察才會如此。生命的延續如果不以實現道義為重，那麼活着不會比死去更令人心安。所以『（志士仁人）寧願捨棄生命以成就仁義』，只為了成就一個道德的善。」

賞析與點評

這一條是伊川重要的言論之一，他認為對於道理能真知、實見，則理對於我們才能成為實理。所謂實理，是指理是「真實的存在」之意。既然了解理是實理，我們便不能不去實踐它。即是說如果理為實理，而我們不肯依循它來實踐，則我們就是不承認這個理是真實的存在，我們如此做是不能為自己的理性所認可的，甚至可以說是自相矛盾的。能格物窮理，而使我們對於理達到這種真切了解的地步，伊川認為這就必然產生道德實踐，這是《大學》所謂「知至而後意誠」。而且人從事自己理性所肯定的道德實踐，只是行其所當行，即做本來應該做的事情，不是為了達到別的目的。這是本條作最後所說「只是成就一個是而已」之意。

7.26

伊川曰：「孟子辨舜跖之分，只在義利之間[1]。言間者，謂相去不甚遠，所爭毫末爾[2]。義與利只是箇公與私也。才出義，便以利言也。只那計較，便是為有利害。若無利害，何用計較？利害者，天下之常情也。人皆知趨利而避害，聖人則更不論利害，惟看義當為不當為，便是命在其中也。」

注釋

1「孟子辨舜跖之分」兩句：語自《孟子・盡心上》：「孟子曰：『雞鳴而起，孳孳為善者，舜之徒也。雞鳴而起，孳孳為利者，跖之徒也。欲知舜與跖之分，無他，利與善之間也。』」舜，上古聖王；跖，古代大盜。2 爭：互不相讓；較量、競爭。

譯文

伊川說：「孟子對舜與跖價值的分辨，只從依於義或依於利來判斷。說『間』，是說二者相距不遠，就在一念之間決定了道德的高下。義與利，只是一個公心和私心的不同。才不依循義之所當為而為的公心，便是依利害計較而行事的私心。只要起了計較的心，便是為了個人的利害。如果不考慮個人的利害，又何必去計較呢？看重利害，是一般天下人的常情。每個人都知道要尋求對自己有利的，逃避對自己有害的，惟獨聖人能不順着人情計較之心，只就義理之當然去判斷該做與不該做，而天命也就在其中了。」

賞析與點評

張伯行說：「此辨義利於心術之微，以發明孟子之意也。」這一條對於義利之辨及從義來說命之意說得十分明白，也顯示了儒家學問的最重要目的，是要顯發人純粹的道德意識。

7.28

趙景平問伊川曰[1]：「『子罕言利[2]。』所謂利者，何利？」曰：「不獨財利之利，凡有利心，便不可。如作一事，須尋自家穩便處，皆利心也。聖人以義為利。義安處便為利。如釋氏之學[3]，皆本於利，故便不是。」

注釋

1 趙景平：程頤弟子。2 子罕言利：語自《論語．子罕》：「子罕言利，與命，與仁。」3 釋氏：佛教。

譯文

趙景平問伊川說：「『孔子很少談論利。』這裏所說的利，是什麼利？」伊川回答：「不獨指財貨利益的利，只要存心對自己有利，都不可以。就像做一件事情，只找對自己是方便穩當的，都是存着私利的心。聖人則把義當做利。凡是合於道義的事，便是利益的事。就像佛教的學問，只考慮如何解脱生死苦難，這就是以利作為考量，所以就不對。」

7.34

問：「家貧親老，應舉求仕，不免有得失之累，何修可以免此？」伊川先生曰：「此只是志不勝氣。若志勝，自無此累。家貧親老，須用祿仕，然得之不得為有命。」曰：「在己固可，為親奈何？」曰：「為己為親，也只是一事。若不得，

7.38

其如命何？孔子曰：『不知命，無以為君子[1]。』人苟不知命，見患難必避，遇得喪必動，見利必趨，其何以為君子？」

注釋 1「不知命」二句：語自《論語．堯曰》。

譯文 有人問：「家境貧窮，又有年邁雙親，去參加科舉考試以求官，不免就有患得患失的壓力，該如何修養才能避免？」伊川先生說：「這只是所立的志向不能勝過氣性。如果志向堅定，自然就沒有患得患失的問題。因為即使家貧親老，須去擔任官職以獲取俸祿，但已可以了解得或不得這現實遭遇是有命限的。」又問：「這樣的想法，在自己固然是可以，但面對雙親又該如何？」伊川說：「不論是對自己或對雙親，都只是一件事。如果不能做官，那又能怎麼辦？孔子說：『不能了解生命的限制，就不能真正成為一個君子。』人如果不能了解命限，見到患難就逃避，遇到得失就改變心志，看到利益就趨前爭取，這樣哪裏有資格作為一位君子？」

橫渠曰：「人多言安於貧賤，其實只是計窮力屈才短，不能營畫耳[1]。若稍動得，恐未肯安之。須是誠知義理之樂於利欲也，乃能。」

注釋 1 營畫：計劃，規劃。

譯文 橫渠說：「人往往都說自己安於貧賤，其實不過是拙於謀略、能力不足、才學短淺，不能經營事業以謀生罷了。如果稍有辦法謀生，怎麼肯願意還安於貧賤。只有真正明白義理的人，才能了解義理之樂是甚於獲得利益的快樂，也只有這樣的人才真正能安於貧賤。」

7·39

橫渠曰：「天下事大患只是畏人非笑[1]。不養車馬，食麤衣惡，居貧賤，皆恐人非笑，不知當生則生，當死則死；今日萬鍾[2]，明日棄之；今日富貴，明日飢餓，亦不恤[3]，『惟義所在』[4]。」

注釋 1 非笑：非難、譏笑。2 鍾：古代容量單位，六石四斗為一鍾。3 恤：憂心，顧慮。4 惟義所在：語出《孟子．離婁下》。

譯文 橫渠說：「天下的事最令人害怕的就是被人指責與譏笑。家裏沒有車馬，食物粗淡，衣服粗劣，生活貧窮卑賤，這些都是怕被別人非議與譏笑的，卻不知道應當活着就活着，應當死去就死去；今日可以獲取高額俸祿，明天也可以立即捨棄；今天可以享受富貴榮華，明天也可以忍飢挨餓。對於這些有什麼好顧慮的，一切都只以道義作為依歸，這才是最重要的。」

卷八　治體

本卷導讀——

此卷論治國、平天下之道，主要內容是闡明治國綱領。宋儒論治體，是以義利之辨的內聖原則為本，認為將此根本的道理推擴出去，就可以達到外王的效果。

8.1

濂溪先生曰：「治天下有本，身之謂也。治天下有則，家之謂也。本必端，端本誠心而已矣。則必善，善則和親而已矣。家難而天下易，家親而天下疏也。家人離必起於婦人，故〈睽〉次〈家人〉[1]，以『二女同居而志不同行』也[2]。堯所以釐降二女於嬀汭[3]，舜可禪乎？吾茲試矣。是治天下觀於家，治家觀身而已矣。身端，心誠之謂也，誠心，復其不善之動而已矣。不善之動，妄也；妄復則無妄矣。無妄則誠矣。故〈無妄〉次〈復〉[4]，而曰：『先王以茂對時育萬物[5]。』深哉！」

注釋

1〈睽〉次〈家人〉：在《易經》的卦序裏，〈睽卦〉列在〈家人卦〉之後。〈家人卦〉卦象下離上巽，即風自火出，象徵一家人。〈睽卦〉卦象下兑上離，即上火下澤，象徵睽違乖異之義。2 二女同居而志不同行：語自《易經．睽卦》〈彖傳〉：「睽，火動而上，澤動而下；二女同居，其志不同行。」3 釐降二女於嬀汭：釐降，賜予。嬀、汭，河流名，舜之居地。堯將兩個女兒下嫁給當時還是平民的舜。4〈無妄〉次〈復〉：在《易經》的卦序裏，〈無妄卦〉列在〈復卦〉之後。〈復卦〉卦象為下震上坤，説明群陰剝陽，至於幾盡，但一陽來下，有回復之象。〈無妄卦〉卦象為下震上乾，説明陽剛自外而來而主於內，威勢震動而稟性剛強，象徵萬物皆不敢虛妄而動。5 先王以茂對時育萬物：語出《易經．無妄卦》〈象傳〉。原典為：「天下雷行，物與無妄；先王以茂對時育萬物。」

譯文

濂溪先生説：「治理天下是有根本的，而這個根本就在人一身之中。治理天下是有準則的，而這個準則就表現在一家之中。根本必須端正，而端正根本的方法在於誠心。準則必須是善的，而善的準則就是家人親愛和睦。管理好一個家庭比治理好一個國家還難，那是因為家人間的關係比起天下人更為親密，而親密的關係有時是很難講道理的。家人關係如果疏離，原因一定在於婦人，所以《易經》中的〈睽卦〉排序在〈家人卦〉後，理由就在於『兩個女人同住在一起，但心志卻不一致而各自猜疑』。這就是為什麼堯要將他兩個女兒嫁給還是平民的舜，那就是要測試舜是否能管理好自己的家庭，進而知道他是不是一個禪讓的人選。因此能否治理好一個家庭，就可以判斷是否可以治理天下；能否端正自己，就可以判斷是否能治理好一個家庭。立身之所以端正，在於真誠地面對自己。能真誠地面對自己，就在於能反省並改過自己的不善而表現善。不善的行為就是妄動。能將不善的行為改正，就是無妄。能夠無妄就是誠心了。所以《易經》中〈無妄卦〉在〈復卦〉之後，並且〈象傳〉說：『先王至誠無妄，使天地萬物得以順時生長而繁榮盛大。』這個道理甚為深遠！」

8.2

明道先生言於神宗曰[1]：「得天理之正，極人倫之至者，堯舜之道也。用其私心，依仁義之偏者，霸者之事也。『王道如砥』[2]，本乎人情，出乎禮義，若履大路而行，無復回曲。霸者崎嶇反側於曲徑之中，而卒不可與入堯舜之道。故誠心而王則王矣，假之而霸則霸矣[3]。二者其道不同，在審其初而已。《易》所謂『差若毫釐，謬以千里』者[4]，其初不可不審也。惟陛下稽先聖之言[5]，察人事之理，知堯舜之道備於己，反身而誠之，推之以及四海，則萬世幸甚！」

注釋

1 神宗：宋神宗，在位期間任用王安石執行新政。2 王道如砥：語自《詩經．小雅．大東》：「周道如砥，其直如矢。」砥，磨刀石。3 假：借。4「差若毫釐」二句：語自《禮記．經解》：「《易》曰：『君子慎始，差若毫釐，繆以千里。』此之謂也。」但《禮記》所引，已不見於今本《易經》。5 稽：考證、查驗。

譯文

明道先生對宋神宗說：「能夠體現天道正理，並充分彰顯人倫之義，就是堯舜之道。若私心造作，假借仁義之名而偏頗行事，就是霸者的表現。『王道就像磨刀石一樣平坦正直』，根源於人情，而表現在禮義，就像行走在大路，沒有迂迴斜曲。行霸道的人卻捨棄正道而走向彎斜崎嶇的小徑，而最終是不可能體現堯舜之道的。所以誠心實踐仁義之道而稱王天下，便是王道；假借仁義之名而稱霸天下，就是霸道。二者所行之所以不同，取決於其最初心志審慎的決斷。《易經》所說的『好像只有一點點的差失，但就已經錯謬了千里之遠。』這就是表示一開始的存心就必須小心謹慎。陛下只要思考聖賢立言的深意，考察人事盛衰的道理，就可以體會到堯舜之道就在一身之中。只要真誠的反求諸己，並具體的推擴到天下，這就是天下萬世的福分。」

賞析與點評

明道此條所言的是「王霸之辨」，也就是行動的存心是無條件為善與有條件為善的不同。故王霸之辨也就是「義利之辨」。明道此條是向宋神宗的進言，這裏的說法很有代表性，後來朱子著名的〈戊申封事〉，大意也不出此條之所說。

8.3

伊川先生曰：「當世之務，所尤先者有三：一曰立志，二曰責任，三曰求賢。今雖納嘉謀[1]，陳善算[2]，非君志先立，其能聽而用之乎？君欲用之，非責任宰輔[3]，其孰承而行之乎？君相協心，非賢者任職，其能施於天下乎？此三者，本也；制於事者，用也。三者之中，復以立志為本。所謂立志者，至誠一心，以道自任，以聖人之訓為可必信，先王之治為可必行。不狃滯於近規[4]，不遷惑於眾口，必期致天下如三代之世也。」

注釋

1 納嘉謀：採納好的謀略。2 陳善算：展示好的計策。陳，張揚、顯示。3 責任宰輔：責求行政首長盡應盡的本分。宰輔，指行政首長。4 狃（粵：扭；普 niǔ）：拘泥。滯：停置。近規：親近大臣的勸諫。

譯文

伊川先生說：「當今事務，特別須着重的要點有三：一是立志，二是責任，三是求賢。今朝廷雖能採納好的謀略，展示好的計策，但如果國君不先立志於王道事業，又怎麼可能接納並施行這些策略呢？國君想要推行這些策略，如果沒有責成宰相大臣確實地負責，又有誰能承擔大任而去施行呢？君臣同心協力共同推行政策，但如果沒有賢能的人來擔任要職，又有誰能將政策具體地施行於天下？所以說這三個要點是治國的根本；將這三個要點徹底的貫徹在事上，則是這三個要點實際的效用。三點之中，又以立志最為根本。所謂立志，就是至誠無妄的心，以實踐聖人之道為己任，並認為聖人的教誨是必然可以堅信不疑，先王的治世理想是必然可以具體推行。不因循苟且於近臣的規諫，不因眾人的言論而疑惑動搖，堅定的期許天下終會達到夏商周三代王道之治的理想。」

8.5

伊川曰：「古之時，公卿大夫而下，位各稱其德[1]。終身居之，得其分也[2]。

位未稱德，則君舉而進之。士修其學，學至而君求之。皆非有預於己也[3]。農工商賈，勤其事而所享有限。故皆有定志，而天下之心可一。後世自庶士至於公卿，日志於尊榮，農工商賈，日志於富侈。億兆之心交騖於利[4]，天下紛然，如之何其可一也？欲其不亂難矣！」

注釋 1 位：官職、等級。稱：相稱、配合。2 分：適當的名位、職責和權利。3 預：事前預想。4 騖：放縱追求之意。

譯文 伊川說：「古代公卿大夫各階層以下，每個人的名位都能和他們的德性相稱。他們終身擔任其職務，算是各自盡了他們的本分。如果所處的名分未能與德性相稱，則國君就會召聘他擔任更高的職位。士人修養品德與學識，等到學問達到一定的成就，國君就會聘用。這都不是自己預先計劃的。農民、工人和商人則各自勤奮地做自己的工作，但他們所享用的富貴必須要有限制。這都是為了安定他們的心志，使他們沒有非分之想，這樣天下人也就能夠同心。後代從一般士人到有爵位的公卿，每天都汲汲於更高的權力與尊榮，農人、工人和商人也都一心追求更多的財富。幾乎所有人的心，都交相放縱於利益的追求，致使天下紛擾而不安，這又怎麼可能同心呢？想要不亂是很難的。」

〈泰〉之九二曰：「包荒，用馮河[1]。」伊川《易傳》曰：「人情安肆，則政舒緩，而法度廢弛，庶事無節[2]。治之之道，必有包含荒穢之量，則其施為寬裕詳密，弊革事理，而人安之。若無含弘之度，有忿疾之心，則無深遠之慮，有暴擾之患。深弊未去，而近患已生矣，故在包荒也。自古泰治之世[3]，必漸至於衰替，蓋由狃習安逸[4]，因循而然。自非剛斷之君，英烈之輔，不能挺特奮發以革其弊也。故曰：『用馮河。』或疑上云『包荒』，則是包含寬容，此云『用馮河』，則是奮發改革，似相反也。不知以含容之量，施剛果之用，乃聖賢之為也。」

注釋

1「泰之九二曰」三句：語自《易經．泰卦》〈九二．爻辭〉：「包荒，用馮河，不遐遺；朋亡，得尚於中行。」意思是治士之臣有包容荒穢的胸襟，用徒步渡河的大勇，廣納遠方賢者；不結黨營私，而能輔佐持守中道的君王。包荒，包容荒穢。馮，徒步渡河。2 庶事：各種事務。3 泰治之世：太平治世。4 狃習：習慣、因襲。

譯文

《泰卦》〈九二．爻辭〉說：「包容荒穢的胸襟，用徒步渡河之勇。」伊川《易傳》說：「人情習於安逸放縱，施政就會流於寬鬆，各種法度也會荒廢鬆弛，種種行政措施就會沒有節制。這時候治理的方式就必須要有包容荒穢的度量，施行政策則必須要寬裕不迫、周詳嚴密，這樣才能革除弊端，使事情恢復條理，而民心才會安定。如果沒有包容荒穢的氣度，反而懷着憤恨忌惡的心，那就不會有深遠的謀略，反而造成暴動擾亂的禍患。長久以來的弊端還不能革除，眼前的禍患又已經產生，所以治理的關鍵就在包容荒穢的氣度。自古以來，太平盛世一定會走向衰亡，這是因為長久習慣於安逸的生活，對於事情容易因循苟且。如果沒有剛毅果斷的君王和英明睿智的臣子，是不可能挺拔特立而奮發有為的革除種種的弊端。所以說：『用徒步渡河之勇。』或許有人會提出疑問，上句『包荒』是包容寬大之意，這句『用馮河』卻是指奮發改革，兩句的意思好像完全相反。這是不了解以包容寬大的氣度，並施以剛毅果斷的施為，正是聖賢了解這個道理才能做出的行為。」

8.8

伊川曰：「凡天下至於一國一家，至於萬事，所以不和合者，皆由有間也。無間則合矣。以至天地之生，萬物之成，皆合而後能遂[1]。凡未合者，皆有間也。若君臣父子親戚朋友之間，有離貳怨隙者[2]，蓋讒邪間於其間也。去其間隔而合之，則無不和且治矣。〈噬嗑〉者[3]，治天下之大用也。」

注釋　1 遂：成就、成功。2 離貳：有異心、貳心。3〈噬嗑〉：此則是伊川發揮《易經・噬嗑卦》之意。〈噬嗑卦〉卦象為下震上離，象徵囓合；正因口中有物，所以可以咬合。

譯文　伊川說：「從天下到一國、一家，甚至萬事萬物，之所以不能融洽和諧，都是因為有間隔嫌隙的關係。如果沒有間隔嫌隙，就能融洽和諧。所以天地萬物的生成，都必須在彼此相合的狀態下才能完成。凡是不能相合的，都是因為有間隙的關係。如果君臣、父子、親戚以至於朋友間，彼此不同心而互相怨恨有嫌隙的，大概都是因為中間有惡意的謠言所引起的。如果能消除隔閡與誤解並彼此相融洽，那就沒有什麼不和諧的了。〈噬嗑卦〉所體現的意義，是最能用來治理天下的。」

8.9

〈大畜〉之六五曰：「豶豕之牙，吉[1]。」伊川《易傳》曰：「物有總攝，事有機會。聖人操得其要，則視億兆之心猶一心，道之斯行，止之則戢[2]，故不勞而治。其用若『豶豕之牙』也。豕，剛躁之物，若強制其牙，則用力勞而不能止。若豶去其勢，則牙雖存而剛躁自止。君子法豶豕之義，知天下之惡不可以力制也，則察其機，持其要，塞絕其本原。故不假刑法嚴峻，而惡自止也。且如止盜，民有欲心，見利而動，苟不知教，而迫於飢寒，雖刑殺日施，其能勝億兆利欲之心乎？

聖人則知所以止之之道，不尚威刑，而修政教，使之有農桑之業，知廉恥之道，『雖賞之不竊』矣[3]。」

注釋

1「豶（粵：焚；普：fén）豕之牙」二句：語自《易經・大畜卦》〈六五・爻辭〉。豶，閹割過的豬。豬既被閹割，則兇性已除，徒有尖牙也不足以畏懼，故吉。2「道之斯行」二句：依茅星來《近思錄集註》的解釋：「道之斯行，謂導之為善也。止之則戢，謂禁其為惡也。」戢（粵：輯；普：jí），止息。3 雖賞之不竊：語自《論語・顏淵》。原典為：「季康子患盜，問於孔子。孔子對曰：『苟子之不欲，雖賞之不竊。』」。若在位者不貪，即使獎賞人民去做盜賊，人民也會知道羞恥而不為。

譯文

〈大畜卦〉的〈六五・爻辭〉說：「像豶豬的利牙，吉。」伊川《易傳》說：「萬物一定有統攝的要點，事情一定有關鍵的契機。聖人能掌握治理天下的要點，則面對億兆人的心志就像一個人的心志，要引導為善就表現為善，要禁制為惡就停止作惡，所以不用勞心勞力就能治理得很好。其治理的要點就像面對豶豬的利牙一樣。豬是一種剛強暴躁的動物，如果想強力地控制牠的利牙，只會徒增辛勞而無法達到目標。如果能去掉豬的勢，儘管利牙還在，牠剛強暴躁的性情自然就會停止。君子效法對付豶豬的道理，了解天下種種的惡不是用強制的方法就可以解決，必須先觀察問題的緣由，把握事件的要點，並杜絕問題的本源。所以不用憑藉嚴厲的刑法，自然就阻絕了惡事的發生。況且像防止盜賊這一類，百姓已懷有私心，見到利益便蠢蠢欲動，如果還不知通過教化來改變他們，反而讓他們被飢寒所逼迫，則即使每天都施予嚴刑，又怎麼能壓制住億兆人民追逐利慾的心？聖人了解如何根治問題發生的道理，所以不推崇用刑法來威脅百姓，反而着重在修明政治、教化百姓，使人民擁有足以安身的農桑事業，又能了解到廉恥的道理，『這樣一來，即使通過獎賞，他們也不願再去做偷竊的事了』。」

8.11

伊川曰：「夫有物必有則[1]。父止於慈，子止於孝，君止於仁，臣止於敬[2]。萬物庶事，莫不各有其所。得其所則安，失其所則悖。聖人所以能使天下順治，非能為物作則也，惟止之各於其所而已。」

注釋

1 夫有物必有則：《詩經．大雅．烝民》：「天生烝民，有物有則。民之秉彝，好是懿德。」《孟子．告子上》引用此詩，說：「孔子曰：『為此詩者，其知道乎！故有物必有則，民之秉彝也，故好是懿德。』」說明萬事萬物都有其當然的理則，而人性根本的理則即是道德的善。此則是發揮《易經．艮卦》之意。2「父止於慈」四句：語自《禮記．大學》：「為人君，止於仁；為人臣，止於敬；為人子，止於孝；為人父，止於慈；與國人交，止於信。」

譯文

伊川說：「凡每一事物的存在，都有其必然的理則。就倫常關係來說，父親之所以成為父親，是必須要體現慈愛的理則；兒子之所以成為兒子，是必須要體現孝順的理則。國君之所以成為國君，是必須要體現仁愛的理則；臣子之所以為臣子，是必須要體現恭敬的理則。天下萬事萬物，沒有一個不是遵循它自己存在的理則而存在。因此，倘若能充分體現自身存在的道理，就能安頓自己的身心。相反地，若不能充分地體現，就會產生衝突與矛盾。聖人之所以能夠讓天下和順太平，並不是因為他為天地萬物訂定存在的準則，而是讓天地萬物充分地體現他們自己而已。」

8.13

伊川曰：「天下之事，不進則退，無一定之理。濟之終，不進而止矣[1]。無常止也，衰亂至矣。蓋其道已窮極也。聖人至此奈何？曰：惟聖人為能通其變於未窮，不使至於極也。堯舜是也，故有終而無亂。」

注釋　1「濟之終」二句：此則是伊川發揮《易經・既濟卦》〈彖辭〉「終止則亂，其道窮也」一語之意。說明最終停止不前，必導致危亂。

譯文　伊川說：「天下事務，如果不能繼續往前推動邁進，就會衰退，沒有一定不變的道理。〈既濟卦〉這一卦就是說，到了終點不能再前進而停止了。但又不可能一直停止，因此衰亂就會開始。這是因為天道運行的氣數已經窮盡。那麼聖人面對這樣的時局又能怎麼辦？只有聖人能在事情未窮盡時即通達變化，使問題不會真的走向極端。堯舜以德治理天下便是如此，即使走到最終也沒有產生衰亂。」

8.16

明道先生曰：「先王之世，以道治天下。後世只是以法把持天下。」

譯文　明道先生說：「先王時代，是以仁政之道來治理天下。後代卻只是用各種法令來維繫自己的權力。」

賞析與點評

從此條可以看到宋儒有很正確的政治意識。明道批評後代以法來把持天下，應該有現代所謂「rule by law」與「rule of law」的分別，後者是讓法來治，人不能凌駕於法律之上。

8.17

明道曰：「為政須要有紀綱文章[1]。『先有司』[2]。鄉官讀法[3]，平價[4]，謹權衡[5]，皆不可闕也。人各親其親，然後能不獨親其親[6]。仲弓曰：『焉知賢才而舉之？』子曰：『舉爾所知。爾所不知，人其舍諸？』便見仲弓與聖人用心之大小。推此義，則一心可以喪邦，一心可以興邦，只在公私之間爾。」

注釋

1 紀綱文章：典章法度和禮法章程。2 先有司：語出《論語．子路》。原典為：「仲弓為季氏宰，問政。子曰：『先有司，赦小過，舉賢才。』曰：『焉知賢才而舉之？』曰：『舉爾所知。爾所不知，人其舍諸？』」有司，官員。各種職務都有專門負責的官員，故稱之。3 鄉官：地方官吏。讀法：誦讀法令使百姓了解。其目的在於感發人的善心，懲治人的逸志。此制源於《周禮》。4 平價：協調、平穩物價。5 謹權衡：注意度量衡器具標準的統一。6「人各親其親」兩句：語出《禮記．禮運》：「大道之行也，天下為公。選賢與能，講信修睦，故人不獨親其親，不獨子其子，使老有所終，壯有

譯文

所用，幼有所長，矜寡孤獨廢疾者，皆有所養。」

明道說：「為政必須要有綱紀法度和禮法章程。『必須先劃分各級職務』，如責成地方官吏宣導法令，平衡物價，統一度量衡，這都是不可缺少的。人各自親愛自己的親人，才能進而推擴不只親愛自己的親人。仲弓說：『如何知道他是一位有才德的人而推舉任用他？』孔子說：『只要推舉任用你所知道的。你所不知道的，難道別人捨得不推舉他嗎？』從這裏就可以看到仲弓與聖人的用心與氣度的不同。再進一步推擴這個意思，就可以了解一個念頭可以使國家衰敗，一個念頭也可以使國家興盛，關鍵就只在存心是依於公還是依於私。」

8.18

明道曰：「治道亦有從本而言，亦有從事而言。從本而言，惟從『格君心之非』[1]，『正心以正朝廷，正朝廷以正百官』[2]。若從事而言，不救則已，若須救之，必須變。大變則大益，小變則小益。」

注釋

1 格君心之非：語自《孟子，離婁上》：「惟大人為能格君心之非。」惟有有德的君子才能端正國君的心，使不正歸於正。2「正心以正朝廷」兩句：語自《漢書．董仲舒傳》。

譯文

明道說：「人臣治理政事也有從根本來說，也有從事上來說。從根本來說，只要端正國君的心，使其不正歸於正。『端正國君的心就能端正朝廷，端正朝廷就能匡正百官的用心。』如果從事上說，不去救治也就算了，如果一定要救治弊端，就必須剛毅果斷、勇往直前的去改變。大的變化就能有大的改善，小的變化就能有小的改善。」

8.22

明道曰：「『君仁莫不仁，君義莫不義[1]。』天下之治亂，繫乎人君仁不仁耳。離是而非，則生於其心，必害於其政[2]，豈待乎作之於外哉？昔者孟子三見齊王而不言事，門人疑之。孟子曰：『我先攻其邪心[3]。』心既正，然後天下之事可從而理也。夫政事之失，用人之非，知者能更之，直者能諫之。然非心存焉，則一事之失，救而正之，後之失者，將不勝救矣。『格其非心』，使無不正，非大人其孰能之？」

注釋

1「君仁莫不仁」二句：語自《孟子．離婁上》。原典為：「孟子曰：『人不足與適也，政不足與間也。惟大人為能格君心之非。君仁莫不仁，君義莫不義，君正莫不正。一正君而國定矣。』」2「生於其心」二句：語自《孟子．公孫丑上》：「『何謂知言？』曰：『詖辭知其所蔽，淫辭知其所陷，邪辭知其所離，遁辭知其所窮。生於其心，害於其政；發於其政，害於其事。聖人復起，必從吾言矣。』」3「昔者孟子三見齊王」四句：見《荀子．大略》。

譯文

明道說：「『君主施行仁政，則天下沒有不體現仁德的；君主實踐道義，則天下沒有不服從理義的。』天下的治亂，完全取決於國君能不能施行仁政。偏離正道而選擇不善，則不善的念頭從心中產生，必然會危害到施政的方向，這哪裏還需要等待外來原因？從前孟子多次晉見齊王，卻不和他討論政事，他的學生感到非常疑惑。孟子說：『我先端正國君的念頭，使不善而歸於善。』心一旦端正了，則天下種種施政措施就可以依循正理行事。假使施政有所偏失，用人有所不當，睿智的臣子能更正國君，正直的臣子也能勸諫國君。但假設國君的存心是偏邪不正的，一旦事情有所偏失，就算已經匡正過來，後面的過失還是會接踵而來，根本無法一一改正。所以，『端正國君不善的念頭』，使不善的念頭歸於正道，這樣的事，如果不是有德的君子，又有誰能做到？」

8.23

橫渠先生曰：「道千乘之國[1]，不及禮樂刑政，而云『節用而愛人，使民以時』。言能如是，則法行。不能如是，則法不徒行[2]。禮樂刑政，亦制數而已耳[3]。」

注釋

1 道千乘之國：語自《論語・學而》：「子曰：『道千乘之國，敬事而信，節用而愛人，使民以時。』」道，治理。千乘之國，諸侯之國，其地能出一千乘的兵車。2 法不徒行：語出《孟子・離婁上》：「徒善不足以為政，徒法不能以自行。」徒，空的、不憑藉任何事物的。3 制數：法規、制度。

譯文

橫渠先生說：「孔子談論治理國家之事，並沒有提及禮樂刑法和施政措施，只說『要節制財用並愛護百姓，勞役百姓須考量時機是否恰當。』如果國君能這樣治理國家，則法令制度一定能順利推行。如果不能如此，則再多的法令制度也未必能夠施行。至於禮樂刑法和施政措施，也不過是形式上的規定而已。」

8.25

橫渠先生答范巽之書曰[1]：「朝廷以道學、政術為二事，此正自古之可憂者。巽之謂孔孟可作[2]，將推其所得而施諸天下耶？將以其所不為而強施之於天下歟？

大都君相以父母天下為王道；不能推父母之心於百姓，謂之王道可乎？所謂父母之心，非徒見於言，必須視四海之民如己之子。設使四海之內皆為己之子，則講治之術必不為秦漢之少恩[3]，必不為五伯之假名[4]。巽之為朝廷言，『人不足與適，政不足以間[5]。』能使吾君愛天下之人如赤子[6]，則治德必日新，人之進者必良士。帝王之道，不必改途而成，學與政不殊心而得矣。」

注釋

1 范巽之：范育，字巽之。張載弟子。2 作：興起、振起。此處指再生之意。3 秦漢之少恩：秦以法家治世，漢代則有酷吏。司馬談〈論六家要旨〉云：「法家嚴而少恩。」。4 五伯之假名：五伯，春秋五霸。假，假借。5「人不足與適」兩句：語出《孟子．離婁上》：「孟子曰：『人不足與適也，政不足與間也。』」適，音「謫」，譴責之意。間，反對、詆毀。6 赤子：嬰孩、兒童。指像赤子一般的純粹真誠之心。

譯文

橫渠先生答范巽之的書信說：「朝廷將道學和政術分為兩件事看，這正是自古以來最令人憂心的。巽之你說如果孔孟再生，是會將他們的學問所得施行於天下，還是將他們不肯作為的事強施行於天下？大抵國君臣相都知，所謂王道就是以愛護子女的心來治理天下百姓；如果不能推擴父母慈愛之心給天下百姓，這可以稱得上是王道嗎？所謂父母的心，不是只見於言說而已，必須真的將四海之內的百姓都當作自己子女般來照顧。假設能視四海之內的百姓為自己的子女，那麼在施政措施方面必然不會像秦漢時代那樣刻薄寡恩，也不會像春秋五霸那樣假借仁義之名而行霸道之實。巽之你想對朝廷進言，但『對朝廷的用人，臣子不宜指責；對各項施政，臣子不宜非議。』假使國君能夠愛護天下百姓就像對赤子一般，那麼治理天下的德業就會日新，推薦進用的人才也會是品德之士。行五帝三王之道不必更改方法就能成功，其根本就在道學與政術一同用心就可以了。」

卷九　制度

本卷導讀——

本卷表達了宋儒對於政治制度方面的思考。對於如何建立合理的制度，成就既大且久的王道政治，宋儒頗為用心，並非只尋求個人達到內聖的境界而已。其中對於禮樂與道德實踐在政治上的作用，宋儒給出頗有深度的思考。

9.4

伊川先生上疏曰：「三代之時，人君必有師、傅、保之官[1]。師，道之教訓[2]；傅，傅之德義[3]；保，保其身體。後世作事無本，知求治而不知正君，知規過而不知養德。傅德義之道，固已疏矣；保身體之法，復無聞焉。臣以為傅德義者，在乎防見聞之非，節嗜好之過。保身體者，在乎適起居之宜，存畏慎之心。

今既不設保傅之官，則此責皆在經筵[4]。欲乞皇帝在宮中，言動服食，皆使經筵官知之。有翦桐之戲[5]，則隨事箴規；違持養之方，則應時諫止[6]。」

注釋

1 師、傅、保之官：師，開導人君以啟發德性智慧。傅，輔佐人君體現德義之行。保，教導人君保養身體之道。師、傅、保三者各依其義而賦予官名。2 道：導，引導、指導之意。3 傅：輔助、教導。4 經筵：君王聽講經籍的地方。5 翦桐之戲：事見《呂氏春秋》卷第十八〈審應覽・重言〉及《史記》卷三十九〈晉世家〉。二文記載略有出入，但大意皆強調君無戲言，即使是以葉子當作玉珪而作的承諾，也必須遵守。6 則應時諫止：此處有本注云：「《遺書》云：『某嘗進說，欲令上於一日之中，親賢士大夫之時多，親宦官宮人之時少，所以涵養氣質，薰陶德性。』」

譯文

伊川先生上疏曰：「夏商周三代之時，國君身邊必定設有師、傅、保的官職。師的職責在於教導國君明白道理，傅的職責則在於輔佐國君體現德義之行，保的職責在於保養國君身體。後世輔佐國君的臣子，卻不知本末先後的道理，只知一味教導國君治理天下，卻不知治理天下必須先端正人主心志；只知必須勸諫君主的過失，卻不知存養君主的德性才是根本。輔佐國君體現德義之道早已荒廢，教導國君保養身體之方更不再聽聞。我認為輔佐國君道義的目的，在於防範國君聽聞錯誤的見解，節制國君過度的嗜好。保養身體的方法，在於日常生活必須謹慎、合宜，不可過度放縱。現在既然沒有設置保傅之官，那麼責任就在經筵的臣子上。我希望皇上在宮中，不論是言行舉止或衣服飲食，都必須讓經筵官知道。如果有隨意的戲言，就可以隨時提醒、規勸。倘若有背離保養身心之方，就可以立刻勸諫、制止。」

9.11

伊川先生曰：「管轄人亦須有法，徒嚴不濟事。今帥千人，能使千人依時及節得飯喫，只如此者，亦能有幾人？嘗謂軍中夜驚，亞夫堅卧不起[1]。不起善矣，然猶夜驚何也？亦是未盡善。」

注釋

1 亞夫堅卧不起：漢景帝時，周亞夫被封為太尉，前往平定吳、楚等七國的叛亂。半夜時軍中突然發生騷動，但周亞夫仍鎮定如常，卧牀不起。不久，就止息了紛亂。事見《史記・絳侯周勃世家》和《漢書・周勃傳》。

譯文

伊川先生說：「管理眾人也必須有方法，光只是嚴厲，對事情沒有幫助。比如說現在要統領一千人，只是讓這一千人在同一時間、同一節奏吃完飯，就這樣一件事，又有幾個能辦得到？曾聽說周亞夫帶兵，有天夜裏軍中突然發生騷動，他仍能鎮定以對，安臥不起。我認為能這樣帶兵固然很好，但為什麼半夜軍中會突然發生騷動？顯然只是嚴厲的帶兵是不夠的。」

9.12

伊川曰：「管攝天下人心，收宗族[1]，厚風俗，使人不忘本，須是明譜系[2]，收世族，立宗子法[3]。」

注釋

1 收：約束、整飭。2 譜系：記載家族血系、源流的家譜、族譜。3 宗子法：周代以來的宗法制度，以家族中的嫡長子為宗子。此處後本注：「一年有一年工夫。」指族譜須年年修訂，以免錯落，導致親族間的疏遠。

譯文

伊川說：「在上位者想要統攝天下人心，整頓世家大族，敦厚社會風俗，使人民不忘本，就必須修明宗族譜系，清楚地確立家族關係，並將歷代宗族的人都收攏起來，建立宗子繼承的法度。」

‖9.13

伊川曰：「宗子法壞，則人不自知來處，以至流轉四方。往往親未絕，不相識。今且試以一二巨公之家行之[1]，其術要得拘守得，須是且如唐時立廟院[2]，仍不得分割了祖業，使一人主之。」

注釋

1 巨公之家：指極有影響力的公卿大夫、名門望族。2 廟院：唐代時，五品以上官員准許建立私廟，稱為家廟，時稱廟院。

譯文

伊川說：「宗子法崩壞以後，人再也不知自己從哪裏來，以致流轉四方而無定所。即使親屬關係仍在，往往見了面卻彼此不相識。現在不妨從幾個公卿大家開始嘗試執行，但施行方法要謹慎持守，必須如唐代所建立的家廟制度一樣，由氏族共同來建立祖廟，後代子孫不能分割祖產，並且從族人中推派一個有能幹的人來管理。」

‖9.15

伊川曰：「冠昏喪祭[1]，禮之大者，今人都不理會。豺獺皆知報本，今士大夫家多忽此。厚於奉養而薄於先祖，甚不可也。某嘗修六禮[2]，大略家必有廟[3]，廟必有主[4]。月朔必薦新[5]，時祭用仲月[6]，冬至祭始祖[7]，立春祭先祖[8]，秋季祭禰[9]，忌日遷主祭於正寢[10]。凡事死之禮，當厚於奉生者。人家能存得此等事數件，雖幼者可使漸知禮義。」

注釋

1 冠昏喪祭：指冠禮、婚禮、喪禮、祭禮。冠禮，古代男子二十歲舉行的成年儀式。喪禮，有關喪葬的禮節。祭禮，各種祭祀的儀式。2 六禮：冠禮、婚禮、喪禮、祭禮、鄉飲酒禮、士相見禮。見《禮記・王制》。3 家必有廟：廟，祭祀祖先的宮室。只有天子、公卿大夫可以立廟，庶人則不可。4 主：神主牌位。5 月朔必薦新：月朔，農曆每月初一。薦新，恭奉當季收穫的五穀、蔬果以祭祀祖先。薦，祭拜時供奉的食物。6 時祭用仲月：時，四時、即四季；時祭，四季的祭禮。仲月，一個季節有三個月，中間的月份稱為仲月，即二月、五月、八月、十一月。四時的祭禮要在仲月時舉行。7 冬至祭始祖：始祖，或指受姓之祖（即有世系可考的最先的祖先），或指人類最初的始祖，如盤古。8 立春祭先祖：立春時，祭拜始祖以下，高祖以上的祖先。9 秋季祭禰（粵：你；普：nǐ）：祭祀先父的家廟，稱「禰」。10 正寢：天子的居處，平常百姓的正屋。

譯文

伊川說：「冠禮、婚禮、喪禮、祭禮四者，是所有禮制中最重要的，現在的人卻都不理會。連豺獺都知道要報本而表現祭禮的行為，現在士大夫家卻多忽略這些。

豐厚的奉養活着的人，卻輕率地祭拜祖先，這是非常不對的。我曾經編修六禮，大體來說，一個家族必須要有家廟，家廟中必須要有神主牌位。每個月的初一必須要恭奉新收穫的五穀蔬果以祭祀祖先，每一季的月中要舉行祭禮，每年的冬至要祭拜始祖，立春時則祭拜先祖，秋天收成時則祭祀先父，每逢忌日則將亡者神主牌位請到正屋來祭祀。凡是侍奉亡者之禮必須比奉養生者還要豐厚。一般家族若能保存這種種禮數，那麼即便是年幼的孩子，也會漸漸體會禮義的道理。」

9.16

伊川曰：「卜其宅兆[1]，卜其地之美惡也。地美則神靈安，其子孫盛。然則曷謂地之美者？土色之光潤，草木之茂盛，乃其驗也。而拘忌者惑以擇地之方位，決日之吉凶。甚者不以奉先為計，而專以利後為慮，尤非孝子安厝之用心也[2]。惟五患者不得不慎：須使異日不為道路，不為城郭，不為溝池，不為貴勢所奪，不為耕犁所及[3]。」

注釋

1 卜：古人灼燒龜甲或牛骨，觀察甲骨上的裂紋來推斷事情吉凶。此處作「選擇」解。宅兆：墓穴。2 安厝（粵：措；普：cuò）：安葬、埋葬。3 不為耕犁所及：句後注：

譯文

「一本所謂五患者：溝渠、道路、避村落、遠井、窖。」

伊川說：「選擇親人安葬的墓穴，其實是選擇那塊土地土質的好壞。土質好就可以安頓死者神靈，庇佑子孫昌盛。但什麼叫做土質好？如果土壤的顏色光滑潤澤，草木生長得很茂密，這就表示這塊土地很好。但有些人太過拘泥、忌諱，以為還要考慮安葬的方位，占卜決定安葬的時辰。甚至還有不先考量如何安頓死者，而只算計着怎樣的風水對後代比較有利，這尤其不是孝子安葬死者的用心。但有五個問題不得不慎重考慮：必須確定這塊地日後不會成為道路，不會被建造成城市，不會被挖成溝渠，不會被權貴勢力所奪，也不會成為耕種的土地。」

9.21

橫渠先生曰：「兵謀師律[1]，聖人不得已而用之。其術見三王方策[2]，歷代簡書。惟志士仁人為能識其遠者大者，素求預備而不敢忽忘。」

注釋

1 兵謀師律：兵法謀略、軍隊紀律。2 三王方策：三王，指三代的夏禹、商湯、周文王。方策，指各種文獻典籍。

譯文

橫渠先生說：「戰爭時所用的謀略和紀律，都是聖人不得已而用。這些兵事兵法見於三王典籍和歷代史書中。只有志士仁人才能體會用兵的遠大道理，因此平時就會熟悉了解用兵之術，不敢輕忽，以備不時之需。」

9.25

橫渠先生曰：「古者『有東宮，有西宮，有南宮，有北宮，異宮而同財』[1]。此禮亦可行。古人慮遠。目下雖似相疏，其實如此乃能久相親。蓋數十百口之家，自是飲食衣服難為得一，又異宮乃容子得伸其私，所以『避子之私也。子不私其父，則不成為子』。古之人曲盡人情。必也同宮，有叔父伯父，則為子者何以獨厚於其父？為父者又烏得而當之？父子異宮，為命士以上[2]，愈貴則愈嚴。故異宮，猶今世有逐位[3]，非如異居也。」

注釋

1「有東宮」五句：語自《儀禮・喪服》：「父子一體也，夫妻一體也，昆弟一體也……故昆弟之義無分，然而有分者，則辟子之私也。子不私其父，則不成為子，故有東宮，有西宮，有南宮，有北宮。異居而同財，有餘則歸之宗，不足則資之宗。」2 命士：《禮記・內則》載：「由命士以上，父子皆異宮。」命士，有官爵的官吏，一命及一命以上皆稱命士，最高者為九命。3 逐位：依地位不同來決定住屋的位置。

譯文

橫渠先生說：「古時《儀禮》記載，一個大家庭『有東屋、有西屋、有南屋、有北屋，不但擁有各自的門房，還可以共同持有家產』。這種禮制在今日仍然是可行的。古人的思慮十分深遠。就表面看，各自分房而住關係好像很疏遠，但其實這樣才能長久維繫彼此的情感。畢竟一個大家庭裏有數十百口的人，就飲食的口味、對衣服的要求都很難達到一致，更何況不同的居所，才能讓子女充分表達對父母的親暱之情。所以『避開叔伯，讓昆弟的兒子表達對父親的私暱之情。如果子女不私暱自己的父母，就不足以成其為子女。』這是古人充分體貼人情事理之處。如果一定要同住在一個屋簷下，有叔父、伯父在那裏，子女又如何獨厚偏愛自己的父母？做父母的又如何接受子女的偏愛？父子不同住，是因為有爵位的關係。身份地位越高，父子間的關係就要越嚴謹。所以所謂『異宮』，就像現在的大家庭，會隨着輩分、地位的高低而分配不同的住所，但不是不住在一起。」

卷十　政事

本卷導讀——

本卷討論臨政處事之方，對於居官任職如何處理上司、同僚與下屬的關係，有所闡釋。其中對於人的器量的限制與增長見識之方有深入的體會。

‖10.5

伊川先生曰：「君子觀天水違行之象[1]，知人情有爭訟之道。故凡所作事，必謀其始。絕訟端於事之始，則訟無由生矣。謀始之義廣矣！若慎交結[2]，明契券之類是也[3]。」

注釋

1　天水違行之象：此釋《易經・訟卦》〈大象〉之辭。〈訟卦〉上乾為天，下坎為水，天西轉、水東流二者相違背而行，以此象徵不和睦而起的爭訟。2 交結：交際、往來。3 契券：互相約束的契據。

譯文

伊川先生說：「君子觀察天水相違的景象，就體會到人情世間不免有爭訟。因此在處理事情前，必須先謀劃、商議，以杜絕爭訟的本源。在一開始處理事情，就先避免可能會引起的爭端，那麼訴訟就不會產生。事先謀劃這個意義的運用是很廣的，像結交朋友、彼此明定契約內容都是這一類。」

10.7

伊川曰：「世儒有論魯祀周公以天子禮樂[1]，以為周公能為人臣不能為之功，則可用人臣不得用之禮樂，是不知人臣之道也。夫居周公之位，則為周公之事。由其位而能為者，皆所當為也。周公乃盡其職耳。」

注釋

1 魯祀周公以天子禮樂：成王認為周公對安定國家有極大的功勞，因此賜予魯國祭祀周公可用天子的禮樂。此事見於《禮記》〈明堂位〉及〈祭統〉。

譯文

伊川說：「有學者討論到魯國用天子禮樂來祭祀周公的事，並認為周公成就了一般臣子所不能完成的功業，所以可以用臣子不應該享用的天子的禮樂。這其實是不了解人臣的道理。處在周公所處的地位，就要盡周公所盡的功業。處在怎樣的地位，就要盡怎樣的本分，這些都是理所當為的。周公只是盡了人臣的本分。」

10.9

伊川說：「人心所從，多所親愛者也。常人之情，愛之則見其是，惡之則見其非。故妻孥之言[1]，雖失而多從；所憎之言，雖善為惡也。苟以親愛而隨之，則是私情所與，豈合正理？故〈隨〉之初九，『出門而交則有功也』[2]。」

注釋

1 孥：兒女。2 出門而交則有功也：《易經．隨卦》〈初九〉：「官有渝，貞吉；出門交有功。」人心若能遷善改過，隨時依從正道而行，則出門與人交往必定成功。

譯文

伊川說：「人心所聽從的，多半是自己所親愛的。就一般常情，對於喜愛的，都只看見他們好的一面；對於厭惡的，都只看見他們不好的一面。所以妻兒的話，即使不合理，也會順從；討厭的人所說的話，儘管是好的，也會覺得厭惡。如果只是親愛的關係就順從，那麼就是完全出自私人的情感，哪裏還合於天下的公理？所以《易經》的〈隨卦．初九〉說：『不隨順個人的私情，只依從正道而行，則出門與人交往必定成功。』」

〈坎〉之六四曰：「樽酒簋貳用缶，納約自牖，終無咎[1]。」伊川《易傳》曰：「此言人臣以忠信善道，結於君心，必自其所明處乃能入也。人心有所蔽，有所通。通者明處也。當就其明處而告之，求信則易也。故曰：『納約自牖。』能如是則雖艱險之時，終得無咎也。且如君心蔽於荒樂，唯其蔽也，故爾雖力詆其荒樂之非，如其不省何？必於所不蔽之事推而及之，則能悟其心矣。自古能諫其君者，未有不因其所明者也。故訐直強勁者，率多取忤，而溫厚明辨者，其說多行。非惟告於君者如此，為教者亦然。夫教必因人之所長，所長者，心之所明也。從其心之所明而入，然後推及其餘，孟子所謂成德達材是也[2]。」

注釋

1「樽酒簋（粵：鬼；普：guǐ）貳用缶」三句：《易經．坎卦》六四爻辭。樽，酒器。簋，盛黍稷的圓形器皿。缶，瓦器。納約，結納信約。牖，窗戶。一樽薄酒，兩盤淡食，用瓦器盛物以奉上，內心光明地如明窗般與尊者結納信約，因此終將免於禍患。說明六四處「險」之時，居上坎之下，但因柔順得正，上承九五，能以虔誠的心與尊者結交，就像奉上簡樸的酒食一般，因此不致於陷入坎險。2 成德達材：語自《孟子．盡心上》：「孟子曰：『君子之所以教者五：有如時雨化之者，有成德者，有達財者，有答問者，有私淑艾者。此五者，君子之所以教也。』」各因學生所長而教之。

譯文

《易經．坎卦》〈六四〉爻辭說：「一樽薄酒，兩盤食物，用瓦器盛着，以這樣簡薄的禮來侍奉君主，然後從君主所明白的地方真誠地開導他，就不會招致禍患。」伊川《易傳》說：「這是說人臣所以能忠信善道，結交於君心，一定是從君主能明白的地方來勸諫，才能打動君主的心。人心有障蔽之處，也有通達的地方。通達就容易明白事理。因此當就君主明白之處來勸告他，這樣獲得君主的信任也比較容易。所以說：『從窗戶的光明處去結納信約。』若能如此，即使身處艱難，最終也不會招致禍患。就像君主一心耽溺於荒樂，這就是他障蔽之處，雖然你極力批評荒樂的錯誤，但他不會反省又如何？一定要從他不被蒙蔽的地方，逐步推論道理，這樣才能讓他醒悟。自古以來真正能勸諫君主的方法，沒有一個不是從君主明白之處作指點。所以猛烈批評君主過失而標舉自己的正直，多半只是惹怒了君主，而温厚地從君主明白之處作指點，則多獲得君主的認同。但事實上，不只勸告君主當如此，連教導學生也應該如此。凡是教導學生，就要從學生的長處去作引導。學生的長處，就是他心裏明白之處。從他心裏明白之處開始教起，然後慢慢引導到其他地方，這就是孟子所說的成就一個人的品德與才能吧！」

‖10.14

〈睽〉之〈象〉曰：「君子以同而異[1]。」伊川《易傳》曰：「聖賢之處世，在人理之常，莫不大同，於世俗所同者，則有時而獨異。不能大同者，亂常拂理之人也。不能獨異者，隨俗習非之人也。要在同而能異耳。」

注釋

1 君子以同而異：語自《易經・睽卦》〈象傳〉：「上火下澤，睽；君子以同而異。」君子觀《睽》之象而體悟到大同小異之理，即謀求事物之「大同」，並存不可同的「小異」。

譯文

〈睽卦・象傳〉：「君子要謀求大同並存小異。」伊川《易傳》說：「聖賢處世，在人情事理上沒有不依照常理而行的，但對於世俗所認同的，有時反而持不同的意見。不能依照常理而行，就是違背倫常事理的人，不能獨異於世俗，就是隨波逐流、習以為非的人。因此修養關鍵在於依循常理，且不受世俗所限。」

‖10.20

〈漸〉之九三曰：「利禦寇[1]。」伊川《易傳》曰：「君子之與小人比也[2]，自守以正。豈惟君子自完其己而已乎？亦使小人得不陷於非義。是以順道相保，禦止其惡也。」

注釋 1 利禦寇：《易經・漸卦》〈九三・爻辭〉曰：「凶利禦寇。」〈象傳〉云：「利用禦寇，順相保也。」「利禦寇」是誡勉九三之辭。九三陽爻處於下卦最上一爻，過於剛強，故誡勉之，以為若能慎用，便可利於抵禦寇賊。順相保，指九三不宜亢進，應當慎守正道，與人和順相保，就可以免除災禍。2 比：親近。

譯文 〈漸卦〉的〈九三・爻辭〉說：「利於防禦寇賊。」伊川《易傳》說：「君子與小人相處，必須以正道來端正自己。但難道君子只求自己人格圓滿就可以嗎？也必須幫助小人，使他們不陷溺在不合道義的事上。這就是順着正道彼此相互保全，以防止惡的產生。」

‖10.26

伊川曰：「防小人之道，正己為先。」

譯文 伊川說：「防範小人的方法，首先必須先端正自己的言行。」

‖10.29

明道先生與吳師禮談介甫之學錯處[1]，謂師禮曰：「為我盡達諸介甫。我亦未

敢自以為是，如有說，願往復。此天下公理，無彼我。果能明辨，不有益於介甫，則必有益於我。」

注釋

1 吳師禮：字安仲。見《宋元學案・士劉諸儒學案》。介甫：王安石，字介甫。宋神宗時推行新法，史稱「王安石變法」。

譯文

明道先生和吳師禮談到王安石學問的弊病。明道先生對吳師禮說：「請把我的意見完全傳達給王安石。我也不敢說我一定是對的，如果有其他的看法，我真誠的願意彼此互相討論。因為我們所追求的是天下的公理，而公理盡在人心，不會分彼我。如果能將這個道理明白辨析清楚，即使對王安石沒有幫助，但對我一定有助益。」

10.35

門人有曰：「吾與人居，視其有過而不告，則於心有所不安。告之而人不受，則奈何？」明道曰：「與之處而不告其過，非忠也。要使誠意之交通，在於未言之前，則言出而人信矣。」又曰：「責善之道，要使誠有餘而言不足，則於人有益，而在我者無自辱矣。」

譯文 有學生問：「我和人相處，看到別人有錯卻不提醒，內心就會覺得不安。但是當提醒了卻不被接受，又怎麼辦？」明道先生說：「和人相處，如果不提醒別人所犯的過失，就不是一個真誠的人。在還沒有說話前，你們就以真誠的心彼此相待，那麼一旦你開口提醒，別人就會相信。」又說：「相互勸勉為善的道理，關鍵在於要有足夠誠意，然後話點到就好，這樣對方較能虛心的接受，自己也不會自取其辱。」

‖10.40

明道曰：「凡為人言者，理勝則事明，氣忿則招怫[1]。」

注釋 1 怫：違反、違逆。

譯文 明道說：「凡是和人說話，如果能依道理來處理，就可以把事情講得清楚、明白。但如果只是用氣憤的情緒來面對，則反而招致對方的不滿與反抗。」

‖10.41

明道曰：「居今之時，不安今之法令，非義也。若論為治，不為則已，如復為

之，須於今之法度內處得其當，方為合義。若須更改而後為，則何義之有？」

譯文　明道說：「處在今日之時，卻不遵守今日的法令，就是不合於道義。若說到治理天下，不做就算了，如果要做，就必須在既有的法令內，權衡斟酌以獲得最恰當的處置，這才是合於道義。如果認為必須先更改現有的法令，才能有一番作為，這哪裏合乎道義？」

10.43

伊川先生曰：「人惡多事，或人憫之。世事雖多，盡是人事。人事不教人做，更責誰做？」

譯文　伊川先生說：「一般人都厭惡事情太多，有些人還對事情太多的人感到可憐。世上的事情雖然多，但都是人的事情。人的事情不由人來完成，還要讓誰來做？」

10.44

伊川曰：「感慨殺身者易，從容就義者難。」

譯文

伊川說：「在面臨死生存亡之際，因一時情緒激昂、悲憤而死比較容易；若是體會到義所當為而從容淡定赴死，則比較難。」

賞析與點評

殺生都足以成仁，捨生都足以取義，但在面對死亡那一刻仍顯義理上的差別。若能從容赴義，淡定以對，便是真正義理之勇，不然則只是一時的血氣驅使。

10.47

問：「人於議論多欲直己[1]，無含容之氣，是氣不平否？」伊川曰：「固是氣不平，亦是量狹。人量隨識長。亦有人識高而量不長者，是識實未至也。大凡別事，人都強得，惟識量不可強。今人有斗筲之量[2]，有釜斛之量[3]，有鍾鼎之量[4]，有江河之量。江河之量亦大矣，然有涯。有涯亦有時而滿，惟天地之量則無滿。故聖人者，天地之量也。聖人之量，道也。常人之有量者，天資也。天資之量須有限。大抵六尺之軀力量只如此，雖欲不滿，不可得也。如鄧艾位三公[5]，年七十，處得甚好，及因下蜀有功，便動了。謝安聞謝玄破苻堅[6]，對客圍棋，報至不喜，及歸折屐齒[7]，強終不得也。更如人大醉後益恭謹者，只益恭謹，便是動了。雖與放肆者不同，其為酒所動一也。又如貴公子位益高，益卑謙。只卑謙，便是動了。雖與驕傲者不同，其為位所動一也。然惟知道者，量自然宏大，不勉強而成。今人有所見卑下者，無他，亦是識量不足也。」

注釋

1 直己：一般注釋依《孔子家語．弟子行》：「直己而不直人，汲汲於仁，以善自終」一語，解「直己」為「自身守正不阿」。但《禮記》云：「夫歌者，直己而陳德也。」「直己」指直書胸臆之意，而張伯行《近思錄集解》亦解「直己」為「直自己之所見。」依上下文判斷，當同於張伯行解。2 斗筲：斗，容量單位，十升為一斗。筲，竹器，容量為一斗二升。斗筲，形容量小，後比喻為才識氣量狹小。3 釜斛（粵：酷；普：hú）：一釜為六斗四升，十斗為一斛。釜斛，比斗筲容量大些。4 鍾鼎：一鍾約等於六斛四斗。鼎，古代煮食的器具，也是傳國的重器。因此，有大的意思。鍾鼎之量，指大的度量。5 鄧艾：三國魏名將。景元四年（二六三），帶兵險渡陰平，迫使蜀漢投降，建立奇功。但也因恃功而驕，遭受鍾會誣陷而死。6 謝安聞謝玄破苻堅：謝安，東晉著名宰相。前秦苻堅率領百萬軍攻至淝水，京師為之震動。謝安命謝玄（謝安之姪）迎戰，並大敗秦軍，東晉才得以安定。7 屐齒：木屐底下凸出像齒的部分。

譯文

有人問：「一般人在討論事情，都希望別人順從自己的意見，而自己卻沒有包容別人看法的度量。這是不能平心靜氣的關係嗎？」伊川說：「固然是心氣不能平和，但也是因為度量狹小的緣故。人的度量會隨着見識而增長，但也有人見識很高，卻度量狹小，這只能說他的見識其實還不夠。別的事或許還可以勉強維持，但人的見識度量卻是不行。人的度量有的像斗筲那樣狹小，有的像釜斛那樣大些，有的像鍾鼎那樣大，有的則像江河那樣大。人能有江河般的度量也算大了，但終究是有限的。有限的度量，也有滿的時候，只有像天地那樣大的度量，才永遠不會有滿溢的時候。所謂聖人，就是具有像天地般的度量。聖人的度量能如此廣大，是因為以道作為行事準則。一般人度量的大小，則完全憑藉個人的資質。個人的天資再好，終究是有限的。畢竟人的一身形軀力量也不過如此，即使不滿足也不能改變什麼。就像魏國將軍鄧艾，已經位居三公之位，年紀也大，平常處世態度也很好，但因攻下蜀漢而立了大功，不免也露出驕矜的態度。東晉時的謝安，雖然聽聞謝玄打敗苻堅的大好消息，還能和客人下棋，臉上不表現任何喜色，但一回到家，鞋跟斷了都沒發現。這就說明單憑人的天資終究是勉強不來的。又像有人喝酒喝得大醉之後，態度更加恭敬謹慎。這種恭敬謹慎其實也是受到酒的影響。雖然和喝醉酒後行為放肆的人不同，但都是受到酒的影響則是一樣。又像貴公子，當地位越是崇高，越是表現得謙卑。但刻意表現得謙卑，就是心已經受到影響。雖然這和表現驕傲的態度不一樣，但都是受到名位權力的影響則是一樣。所以只有真正體會大道的人，才能體現宏大的度量，且不須勉強，自然如此。現在的人見解卑下，沒有其他原因，只因見識度量不夠的緣故。」

10.48

伊川曰：「人才有意於為公，便是私心。昔有人典選[1]，其子弟係磨勘[2]，皆不為理。此乃是私心。人多言古時用直，不避嫌得，後世用此不得。自是無人，豈是無時！」

注釋

1 典選：主管選拔人才之事。典，掌管、治理。2 係：關連、牽涉。磨勘：指勘查、考核應舉者的資歷、績效。

譯文

伊川說：「人一有意表現公正，就是私心作祟。從前有人負責選舉人才，他的子弟也在考察名單中，他就刻意不處理。這就是私心。一般人多以為古人比較純樸正直，因此可以不避嫌而推舉自己的子弟，但後代的人就沒有辦法如此，因此還是必須先避嫌。這是人自己存心的緣故，哪裏是現在沒有時機讓他秉公而行！」

‖10.49

君實嘗問先生曰[1]：「欲除一人給事中[2]，誰可為者？」先生曰：「初若泛論人材，卻可。今既如此，頤雖有其人，何可言？」君實曰：「出於公口，入於光耳，又何害？」先生終不言。

注釋

1 君實：司馬光，字君實。2 除：委任官職。給事中：官職名。唐宋以降，掌侍從規諫。

譯文

司馬光曾問伊川先生說：「需要一位給事中的官，你認為誰可以擔任？」先生說：「如果一開始只是談論人才，看看誰能直言勸諫，那還可以。現在既然是要我私下推薦，雖然我心中是有人選，但也無法跟你說。」司馬光說：「從你的口中說出，進到我的耳裏，是不會有第三人知道，又有什麼關係？」伊川終究是不肯說出人選。

‖10.50

伊川先生云：「韓持國服義最不可得[1]。一日，頤與持國、范夷叟泛舟於潁昌西湖[2]。須臾，客將云[3]：『有一官員上書，謁見大資[4]。』頤將為有甚急切公事，乃是求知己。頤云：『大資居位卻不求人，乃使人倒來求己，是甚道理？』夷叟云：『只為正叔太執。求薦章[5]，常事也。』頤云：『不然。只為曾有不求者不與，來求者與之，遂致人如此。』持國便服。」

注釋

1 韓持國：韓維，字持國，穎昌人。其學說見《宋元學案・范呂諸儒學案》。2 范夷叟：范純禮，字夷叟。范仲淹第三子。穎昌：今河南許昌。3 客將：即牙將，負責接待客人的往來。4 大資：宋代設資政殿大學士，官名。大資即資政的別稱，如參政稱大參。5 薦章：推薦的書信。章，成篇的文字。

譯文

伊川先生說：「韓持國服膺義理的精神甚是難得。某日，我和持國、范夷叟在穎昌西湖泛舟。沒多久，侍者來說：『有一位官員呈上書信，說要拜見大資。』我還以為是什麼緊要的公事，原來只是要求寫推薦函。我就說：『大資居處高位卻不為朝廷求取人才，反而讓人來請託寫推薦函，這是什麼道理？』夷叟說：『這是正叔你太過執着，拜託寫推薦函是很平常的事。』我說：『我不是說推薦函不可以有。只因為這社會風氣變成如果不去求個推薦，就不能獲得別人的賞識；去求個推薦，就能獲得別人的賞識，所以才會導致一般人都希望得到大官的賞識。』持國聽到這番話，就很信服。」

賞析與點評

如果持國不是嚮往聖人之道的人，就不可能了解並信服伊川的言論，因此伊川才說持國的精神是很難得的。

10.52

伊川曰：「學者不可不通世務[1]。天下事，譬如一家，非我為則彼為，非甲為則乙為。」

注釋

1 世務：社會上的事務，如兵農禮樂刑名等實際之事。

譯文

伊川說：「學者不可以不通達當世的事務。既然要實踐大道的理想，就要通達天下的事務。天下的事就像一家的事，不是我做就是他做，不是甲做就是乙做，總之是不可以推託的。」

10.53

伊川曰：「『人無遠慮，必有近憂[1]。』思慮當在事外。」

注釋　1「人無遠慮」二句：語自《論語·衛靈公》。

譯文　伊川說：「《論語》說：『人如果沒有先思慮長遠的事，一旦事情到來，就會有迫切的憂慮。』這說明了對事情的籌劃一定要防患於未然。」

10.54

伊川曰：「聖人之責人也常緩。便見只欲事正，無顯人過惡之意。」

譯文　伊川說：「聖人即使責備人，也是以寬厚和緩的態度來面對。只因聖人責備人的目的在於使事情歸於正道，並不是要突顯別人的過失。」

10.57

伊川每見人論前輩之短，則曰：「汝輩且取他長處。」

譯文　伊川每見人評論前輩的缺失，就會說：「你們這些晚輩要懂得學習前輩的長處。」

10.58

劉安禮云[1]：「王荊公執政[2]，議法改令，言者攻之甚力。明道先生嘗被旨赴中堂議事。荊公方怒言者，厲色待之。先生徐曰：『天下之事，非一家私議，願公平氣以聽。』荊公為之媿屈[3]。」

注釋

1 劉安禮：劉立之，字宗禮。此處作「安禮」，恐抄刻錯誤。見《伊洛淵源錄》卷十四及《宋元學案．劉李諸儒學案》。2 王荊公：即王安石。3 媿（粵：愧；普kuì）：「愧」的異體字。

譯文

劉安禮說：「王安石執政時，因議論新法修改政令，被反對者大力批評。明道先生曾接到朝廷的旨令，前往政事堂討論政事。當時王安石正對持反對意見的大臣生氣，因此也用嚴厲的態度對待明道先生。明道先生並沒有因此就勃然大怒，反而緩緩的說：『天下大事並不是自己一家就可以私自決定，希望你可以平心靜氣的聽聽別人的意見。』王安石聽了，就對自己的態度感到慚愧。」

10.59

劉安禮問臨民。明道先生曰：「使民各得輸其情。」問御吏。曰：「正己以格物。」

譯文

劉立之問明道如何管理百姓。明道先生說：「讓百姓充分的表達自己的想法。」問管理官吏的辦法。明道說：「端正自己的言行，就能讓一切歸於正道。」

‖10.60

橫渠先生曰：「凡人為上則易，為下則難。然不能為下，亦未能使下。不盡其情偽也。大抵使人常在其前，己嘗為之，則能使人。」

譯文

橫渠先生說：「一般人作長官使喚別人容易，做下屬被人使喚者難。但如果不能做人下屬，也就不能做一個能使喚下屬的好長官。因為不能通透了解下屬曲曲折折之實情。因此能在使喚下屬前，自己也曾經歷過，這樣就能在輕重緩急間得心應手。」

‖10.62

橫渠曰：「人所以不能行己者，於其所難者則惰。其異俗者，雖易而羞縮。惟心弘，則不顧人之非笑，所趨義理耳。視天下莫能移其道。然為之，人亦未必怪。正以在己者義理不勝。惰與羞縮之病，消則有長，不消則病常在。意思齷齪[1]，

無由作事。在古氣節之士，冒死以有為，於義未必中，然非有志概者莫能，況吾於義理已明，何為不為？」

注釋

1 齷齪（粵：握促；普：wò chuò）：拘於瑣碎，氣度狹隘。

譯文

橫渠說：「人之所以不能堅持自己認為對的事，在於所堅持的事很難被貫徹，因此就會產生怠惰之心。對於不同於世俗的觀點，雖然較容易去做，但又往往因為羞愧而退縮。只有心志宏大的人，才能不顧慮別人的非議恥笑，只就義之所在，當去做就去做。環顧天下之大，沒有什麼可以改變他的志向。但即使如此，人們也未必會怪罪他。原因就在於一般人的作為不一定都能依理而行。怠惰與羞縮的毛病若能消除，則依循理義的心志就會增長；如果不能消除，則毛病就一直存在。心志狹小淺陋的人，是沒有辦法成就大事的。從前有氣節的人，願意冒着生命危險去成就一番事業。即使他們的作為未必合於道義，但至少具備高度的志氣與節操，更何況現在我們對於道義的了解已經夠透徹了，還有什麼不可以勇往直前呢？」

卷十一　教學

本卷導讀——

本卷討論教人之道，儒者教導學生並非傳授知識，而是要學生成德，在這個目的下的教學，乃着重如何使學生明善誠身，涵養性情、變化氣質。

11.1

濂溪先生曰：「剛善為義，為直，為斷，為嚴毅，為幹固；惡為猛，為隘，為強梁。柔善為慈，為順，為巽；惡為懦弱，為無斷，為邪佞。惟中也者，和也，中節也，天下之達道也，聖人之事也。故聖人立教，俾人自易其惡，自至其中而止矣。」

譯文

濂溪先生說：「氣稟剛毅而表現為善的特質，就是正直、果斷、嚴肅堅毅、能幹堅強；表現為惡就是兇猛、狹隘、剛強橫暴。氣稟柔順而表現為善的特質，就是慈祥、和順、謙遜；表現為惡就是懦弱、優柔寡斷、諂媚阿諛。只有氣稟不偏不倚，才能恰當合宜的體現自己的行為，並通達於天下的正道，而這是聖人才可以做到的。所以聖人設立教化，幫助別人改善自己不好的氣性，使他們也能慢慢的趨向於恰當合宜的中道的表現。」

賞析與點評

「自易其惡，自至其中」為一篇的綱領，說明教人之道在於使人變化氣質。從本則可知，濂溪所說的人性還是從剛柔善惡的氣性來規定，未能直接從人生命中都有的誠體神用來說性。雖然如此，從此則所說的人可以自易其惡，自至其中，可知濂溪言人性也預設了人生命中的誠體，因為惟有誠體的作用，才能使人自至其中。

明道先生曰：「憂子弟之輕俊者，只教以經學念書，不得令作文字。子弟凡百

玩好皆奪志。至於書札，於儒者事最近，然一向好者，亦自喪志。如王、虞、顏、柳輩[1]，誠為好人則有之，曾見有善書者知道否？平生精力一用於此，非惟徒廢時日，於道便有妨處，足以喪志也。」

注釋

1 王、虞、顏、柳輩：指王羲之、虞世南、顏真卿、柳公權。王羲之，東晉時期著名書法家，有「書聖」之稱。虞世南，初唐著名書法家，與歐陽詢、褚遂良、薛稷合稱初唐四大家。顏真卿，唐代著名書法家，與柳公權並稱「顏柳」。

譯文

明道先生說：「如果擔憂子弟性情輕挑，不夠篤實穩重，就只教授經書，不要讓他學寫文章。各種嗜好玩物都會讓子弟改變心志。至於書信札記，是一般儒者最常用的表達方式，但如果沉溺在這裏，也會喪失心志。像王羲之、虞世南、顏真卿、柳公權這一類，確實也是個好人，但誰曾見過以書法成名而能通曉大道的人？一生的心力都用在寫作書法上，不只浪費自己的時間，而且還妨礙求道，這就足以讓人喪失心志。」

11.9

明道曰：「子厚以禮教學者最善，使學者先有所據守。」

譯文 明道說：「橫渠用禮的精神與內涵來教導學者是最好的方法，這能讓學者在剛開始學習時有所依據。」

11.10

明道曰：「語學者以所見未到之理，不惟所聞不深徹，反將理低看了。」

譯文 明道說：「用學者尚未體會到的道理來教導學者，不只讓聽的人沒有辦法體會其中的深意，反而將道理看低了。」

11.14

伊川先生曰：「說書必非古意，轉使人薄。學者須是潛心積慮，優游涵養，使之自得。今一日說盡，只是教得薄。至如漢時說下帷講誦[1]，猶未必說書。」

注釋 1 下帷講誦：典自《史記．董仲舒傳》：「下帷講誦，弟子傳以久次相受業，或莫見其面。」

譯文 伊川說：「講解書中的文意一定不是古人教學的方法，因為這樣反而讓學習者了解得不夠透徹。學者必須用心鑽研書中的道理，一再深思熟慮，而後從容體會、涵養其中，使自己有深切的感受與領悟。現在教導學生卻一下子把道理說完，這只是將道理變得淺薄，失去了原本深刻的意涵。至於像漢代時候的講學，所謂放下帷幕，講誦經書，就未必只是講解文意而已。」

11.15

伊川曰：「古者八歲入小學，十五入大學[1]。擇其才可教者聚之，不肖者復之農畝。蓋士農不易業。既入學則不治農，然後士農判。在學之養，若士大夫之子，則不慮無養。雖庶人之子，既入學則亦必有養。古之士者，自十五入學，至四十方仕，中間自有二十五年學，又無利可趨，則所志可知。須去趨善，便自此成德。後之人，自童稚間已有汲汲趨利之意，何由得向善？故古人必使四十而仕，然後志定。只營衣食，卻無害。惟利祿之誘最害人。」

注釋

1「古者八歲入小學」二句：語自《漢書·食貨志上》：「八歲入小學，學六甲、五方、書計之事，始知室家長幼之節。十五入大學，學先聖禮樂而知朝廷君臣之禮。」六甲，天干地支相配計算時日，其中有甲子、甲寅、甲辰、甲午、甲申、甲戌，故稱為「六甲」。

伊川說：「古時候八歲進小學，十五歲進大學。選拔好的而且可以教導的人才來教導他們，不好的就讓他們回去耕種。決定好讀書或務農就不再改變。既然進入大學，就不再從事農耕，這樣士人與農人的責任就可以清楚地劃分。在學校接受教育，如果是士大夫的孩子，就不用擔心生計的問題。但即使是一般人的孩子，學校也會提供生活所需。所以古代的士人，從十五歲進入大學，到四十歲出來做官，中間有二十五年的時間都在學習，而沒有利害的驅使誘惑，這樣就可以知道他的心志是非常堅定的。只要心志趨向於實現善的理想，由此便可以逐步實踐內在的德性。後代的人從孩童期間已經一心追求利益，怎麼可能還有向善的要求？所以古代的人一定要到四十歲才能做官，那是因為這時候心志才能確定而不輕易受到誘惑。如果只是一般人追求衣食基本的滿足，那也不妨礙。但如果是作官的人受到名利金錢的誘惑，那對人的傷害就影響很大了。」

譯文

11.17

伊川曰：「孔子教人，『不憤不啟，不悱不發』[1]。蓋不待憤悱而發，則知之不固；待憤悱而後發，則沛然矣。學者須是深思之。思而不得，然後為他說便好。

初學者須是且為他說，不然，非獨他不曉，亦止人好問之心也。」

注釋

1「不憤不啟」二句：語自《論語．述而》：「子曰：『不憤不啟，不悱不發，舉一隅不以三隅反，則不復也。』」憤，心裏想了解卻了解不來。悱（粵：匪；普：fěi），心裏頭有想法，卻表達不出來。

譯文

伊川說：「孔子教導學生的方法，『如果不是要發憤通曉道理的，就不去啟發他；如果不是想將道理講明的，就不去指點他。』那是因為如果不等學生發憤要求，就把道理輕易講明，那學生對道理的了解就不夠穩固。但如果是等學生深思熟慮，並進一步要求了解道理，則一旦啟發學生，他就能通透了解、豁然貫通。學習本來就需要深入的思考問題。等到他思考問題，還是沒有辦法獲得解決，再為他說解道理，這時才能真正達到教學的功效。但對於剛開始學習的人，就必須為他仔細說解道理，不然，不只是讓他一直沒有辦法知道道理，也阻止了他可能進一步深思發問的求知心。」

11.20

橫渠曰：「古之小兒便能敬事。長者與之提攜，則兩手奉長者之手。問之，則掩口而對。蓋稍不敬事，便不忠信。故教小兒，且先安祥恭敬。」

譯文

横渠説：「古代的孩童從小就知道必須恭敬謹慎地做每一件事。長輩要牽着你的手往前走，就懂得用雙手恭敬的捧着長輩的手。長輩問話，就懂得遮掩自己的口，並輕聲柔順地回答。那是因為如果從小就不夠恭敬謹慎，自然難培養出真誠守信的品德。因此，教導孩童必須先教會他們安詳恭敬的處事態度。」

卷十二　警戒

本卷導讀——

此卷論戒謹之道，對於人的生命常受自然生理、感性慾望影響的現象，此卷有深入的探索與體會。

12.1

濂溪先生曰：「仲由喜聞過[1]，令名無窮焉。今人有過，不喜人規，如護疾而忌醫，寧滅其身而無悟也。噫！」

注釋

1 仲由喜聞過：語自《孟子・公孫丑上》：「孟子曰：『子路，人告之以有過則喜。禹聞善言則拜。大舜有大焉，善與人同，舍己從人，樂取於人以為善。……故君子莫大乎與人為善。』」意思是在德性修養上，勇於改過並樂於效法他人善言善行是很重要的工夫，因此孟子將勇於改過的子路與堯舜並稱。

譯文　濂溪先生說：「子路樂於接受別人的指正，並勇於改過，因此美好的名聲流傳不息。現在的人犯了過錯卻不喜歡別人的規勸，就像生了病卻隱瞞起來，不去就醫，寧願毀滅自己的身體也不悔悟。唉！」

12.5

伊川曰：「聖人為戒，必於方盛之時。方其盛而不知戒，故狃安富則驕侈生，樂舒肆則綱紀壞，忘禍亂則釁孽萌[1]。是以浸淫，不知亂之至也。」

注釋　1 釁（粵：孕；普：xìn）：徵兆、禍兆。孽：災禍。

譯文　伊川說：「聖人在最安樂的時候，一定會心懷戒懼，天下國家才得以長治久安。但一般人處在安樂之時，卻不懂得戒慎恐懼的道理，習於安定富裕的生活而變得驕縱、奢侈，耽溺在舒適任意的環境而破壞了綱紀，忘了災亂所帶來的教訓而使禍端萌生，就像被水慢慢的淹溺，卻不知道災難即將到來。」

12.9

〈益〉之上九曰：「莫益之，或擊之[1]。」伊川《易傳》曰：「理者天下之至公，利者眾人所同欲。苟公其心，不失其正理，則與眾同利。無侵於人，人亦欲與之。若切於好利，蔽於自私，求自益以損於人，則人亦與之力爭，故莫肯益之而有擊奪之者矣。」

注釋

1「莫益之」二句：語自《易經．益卦》〈上九．爻辭〉。

譯文

〈益卦〉的〈上九．爻辭〉說：「不要再增加自己的利益，不然恐怕會被別人奪取。」伊川《易傳》說：「天理是天下最公正無私的，利益則是眾人熱衷追逐的。如果存心能夠無私、純粹，不違背天下的至理而行，這樣就可以和眾人分享利益。因為自己不去侵犯別人，別人自然願意分享。相反，如果急切地追求自己的利益，被自己的私慾所蒙蔽，只求對自己有利而去損害他人，那麼人自然會為了保護自己的利益而與你相爭奪。那麼就不會有人與你分享利益，而只會發生打擊、爭奪的事。」

12.13

伊川曰：「雖舜之聖，且畏巧言令色。說之惑人易入而可懼也如此。」

譯文　伊川說：「即使像舜這樣的聖君，也會畏懼受阿諛奉承的人所迷惑。可見人是多麼容易受到心存柔順的人所蠱惑，這真是要戒懼呀！」

12.14

伊川曰：「治水，天下之大任也，非其至公之心，能舍己從人，盡天下之議，則不能成其功。豈方命圮族者所能乎[1]？鯀雖九年而功弗成，然其所治，固非他人所及也。惟其功有敍，故其自任益強，咈戾圮類益甚[2]。公議隔而人心離矣。是其惡益顯，而功卒不可成也。」

注釋　1 方命圮（粵：鄙；普：pǐ）族：方，不順。命，天理。圮，毀壞。族，族類。違背天理行事，毀敗善類。語自《尚書．堯典》。2 咈（粵：乏；普：fú）戾：違背。

譯文　伊川說：「治理洪水，是承擔天下的重任，如果沒有至公無私的心，能夠捨棄己見而聽從別人，使天下所有好的議論都被具體地運用與參考，是不能成就天下的大功。因此這豈是不順天命、傷害自己族類的人所能辦到的？鯀雖然治水九年卻不能成功制止洪水的侵犯，但他治水的事功，也不是一般人可以做到的。只是他仗着自己的事功，更加任意妄為，違背天理人情，傷害自己的族類，以致未能聽到好的建議，令人心背離了他，因此他的惡名更加顯著，最終不能成就功業。」

12.16

伊川曰：「人有欲則無剛，剛則不屈於欲。」

譯文　伊川說：「人有私慾就沒有辦法剛正不阿，剛正不阿的人則不會受到慾望的牽制。」

賞析與點評

《論語．公冶長》：「子曰：『吾未見剛者！』或對曰：『申棖。』子曰：『棖也慾，焉得剛？』」此可謂剛欲之辨。人如果多貪欲，則雖然氣性剛強，也維持不久。所以剛強必須以天理作根據。

12.18

明道先生曰：「富貴驕人，固不善。學問驕人，害亦不細。」

譯文　明道先生說：「富貴使人變得驕傲放縱，固然不是一件好事，但自以為學問淵博，高人一等，這樣膚淺的自信，對人的傷害也很大。」

12.20

明道曰：「人於外物奉身者，事事要好。只有自家一箇身與心，卻不要好。苟得外面物好時，卻不知道自家身與心，卻已先不好了。」

譯文

明道說：「人對於用來保養自己形軀的外物，都要求是用最好的，但對於自己身心的修養，卻不用心。如果真得只追求物慾的滿足，卻不重視自己內在德性的修養，那麼心就真得被物慾蒙蔽而下墮了。」

賞析與點評

此則所說，即孟子所謂毋以小害大，以賤害貴之意。

12.21

明道曰：「人於天理昏者，是只為嗜欲亂着他。莊子言：『其嗜欲深者，其天

機淺[1]。』此言卻最是。」

注釋　1「其嗜欲深者」二句：語自《莊子・大宗師》。

譯文　明道說：「人不能真切的明白天理，只因陷溺在慾望中而不能自拔。莊子說：『慾望甚深的人，對天道的體會就會相對薄弱。』這句話說得極為正確。」

12.22

伊川先生曰：「閱機事之久[1]，機心必生。蓋方其閱時，心必喜。既喜則如種下種子。」

注釋　1 機事：機巧、巧詐的事情。

譯文　伊川先生說：「常常用心智機巧來處理事情，心機必然產生。那是因當用心機處理事情，心裏就會暗自竊喜。既然內心會暗自竊喜，那麼就像種下機心的種子，隨時都會起作用。」

12.23

伊川曰：「疑病者，未有事至時，先有疑端在心。周羅事者，先有周事之端在心。皆病也。」

譯文 伊川說：「疑心病重的人，儘管事情還沒發生，內心已經萌生各種可能的疑慮。喜歡安排處置事情的人，儘管事情還沒有開始，內心已經在籌劃各種可能的辦法。這些都是修養德性的人必須去除的毛病。」

12.24

伊川曰：「較事大小，其弊為枉尺直尋之病[1]。」

注釋 1 枉尺直尋：語自《孟子．滕文公下》。枉，彎曲。直，伸也。尋，古代長度單位，約七尺或八尺。指彎曲一尺而能伸長八尺。後比喻稍微委屈自己，損失小部分以求獲得更大利益。是孟子學生陳代勸孟子出仕的話。

譯文 伊川說：「只計較事情利益的大小，而不去考慮是否合於道義，這就是『枉尺直尋』的毛病。」

12.26

伊川曰：「雖公天下事，若用私意為之，便是私。」

譯文　伊川說：「雖然做的是天下的大業，但如果內心懷藏着私意，那就只是私。」

12.29

伊川曰：「未知道者如醉人。方其醉時，無所不至，及其醒也，莫不愧恥。人之未知學者，自視以為無缺，及既知學，反思前日所為，則駭且懼矣。」

譯文　伊川說：「還不能明白大道的人就像喝醉酒，當他醉的時候，什麼事情都敢做，但等到醒來，沒有不感到慚愧羞恥的。人還不懂得學習道理的時候，自以為毫無缺憾，等到修養自己，反省到自己的所作所為，才感覺到驚駭恐懼。」

12.31

橫渠先生曰：「學者捨禮義，則飽食終日，無所猷為[1]，與下民一致。所事不逾衣食之間，燕遊之樂爾[2]。」

注釋　1 猷（粵：由；普：yóu）：圖謀。2 燕遊：宴飲遨遊。

譯文　橫渠先生說：「學者如果不從事禮義的修養，只是飽食終日，是不可能有一番作為的，那和一般未自覺為善的人沒有什麼兩樣。所做的事情不過就是追求衣食溫飽，享受宴樂的生活而已。」

12.32

橫渠曰：「鄭衛之音悲哀[1]，令人意思留連，又生怠惰之意，從而致驕淫之心。雖珍玩奇貨，其始感人也，亦不如是切，從而生無限嗜好。故孔子曰：『必放之[2]。』亦是聖人經歷過，但聖人能不為物所移耳。」

注釋　1 鄭衛之音：本指春秋戰國時鄭、衛等國的民間音樂，但因儒家認為過於淫靡，不同於雅樂，因此斥為淫聲。2 必放之：《論語．衛靈公》：「放鄭聲，遠佞人。鄭聲淫，佞人殆。」放，棄，禁絕之。鄭聲，鄭國之音。佞人，有口才卻心術不正的人。殆，危也。

譯文　橫渠說：「鄭衛的音樂聽起來是很感傷的，讓人不自覺流連而產生怠惰的心，又進而產生沉迷其中而有驕縱放蕩的心情。即使是能打動人的珍玩奇貨，也沒有像它那麼真切，使人產生無限的慾望。所以孔子說：『一定要杜絕它。』這也是孔子曾經聽過鄭衛之音而有的覺察，只是聖人不輕易受到外物所迷惑吧了！」

12.33

橫渠曰：「孟子言反經[1]，特於鄉原之後者[2]。以鄉原大者不先立，心中初無主，惟是左右看，順人情，不欲違，一生如此。」

注釋

1 反經：語自《孟子．盡心下》：「君子反經而已矣。經正，則庶民興；庶民興，斯無邪慝矣。」慝，邪惡、壞人。反經，歸於常道、常理。2 鄉原：《論語．陽貨》：「子曰：『鄉原，德之賊也！』」鄉原，指外貌忠厚老實，得人喜愛，實際卻是不辨明是非的人。

譯文

橫渠說：「孟子說『反經』，特別是針對鄉原而發。鄉原就是不先立大道作為行事的準則，使得內心無所依循，因而只是順着外在的人情，不想得罪任何一個人，而隨時改變自己的態度，且一生都是這樣。」

卷十三　異端

本卷導讀——

本卷所錄的文字都是對於異端之學的批評，孟子的時代所說的異端是楊墨，而北宋儒者所針對的異端則是佛老，佛教更是主要的論敵。對於佛教的理論，宋儒雖然不能說掌握得非常深入與詳細，但對於儒佛的不同，已有很清楚的表達。從本卷所收錄的文字中，可以了解宋儒是從道德意識來看人生，以至一切的存在。從這個角度來看一切，會把一切看作是有其真實存在的根據，以及一切的存在都有其存在的價值或理由，不能如佛教所說一切如夢如幻，如泡影。

13.1

明道先生曰：「楊墨之害[1]，甚於申韓[2]。佛老之害[3]，甚於楊墨。楊氏為我，疑於義。墨氏兼愛，疑於仁。申韓則淺陋易見，故孟子只闢楊墨，為其惑世之甚

也。佛老其言近理，又非楊墨之比。此所以為害尤甚。楊墨之害，亦經孟子闢之，所以廓如也。」

注釋

1 楊墨：楊，即楊朱，戰國時代思想家，學術主張「為我」、「拔一毛而利天下不為也」。墨，即墨翟，戰國時代墨家思想代表，提倡兼愛、非攻、節用等學說。2 申韓：申，即申不害，戰國後期法家代表人物。韓，即韓非，戰國後期法家集大成者。3 佛老：此指佛教和道家思想。

譯文

明道先生說：「楊朱、墨子學說對世人的傷害，更甚於法家的申不害、韓非。佛教、道家的思想對世人的傷害，則更甚於楊朱、墨子。楊朱主張『為我』，看似合於道義的表現。墨子主張『兼愛』，好像是仁心的要求。申不害、韓非的言論過於淺俗鄙陋，很容易讓人看到他學說的破綻，所以孟子只駁斥楊朱、墨子的學說，因為這兩個學說對世人的迷惑、影響很大。佛教、道家的思想比起楊朱、墨子的學說，更像是表現了道的意義，因此對世人的傷害也就更大。楊朱、墨子學說的害處，經過孟子的駁斥，已經清楚明白，不再對世人造成傷害。」

伊川先生曰：「儒者潛心正道，不容有差。其始甚微，其終則不可救。如『師也過，商也不及』[1]，於聖人中道，師只是過於厚些，商只是不及些。然而厚則漸至於兼愛，不及則便至於為我。其過不及同出於儒者，其末遂至楊墨。至如楊墨，亦未至於無父無君，孟子推之便至於此，蓋其差必至於是也。」

注釋

1「師也過」二句：語自《論語・先進》。「子貢問：『師與商也孰賢？』子曰：『師也過，商也不及。』曰：『然則師愈與？』子曰：『過猶不及。』」師，即顓孫師，字子張。商，即卜商，字子夏。二人皆為孔子弟子。

譯文

伊川先生說：「身為一個儒者，必須靜心專注在正道的修養，不容有一點差錯。因為一開始或只是小小的偏失，但最後卻會導致不可收拾的地步。就像《論語》裏頭，孔子評論子張、子夏是否賢者，孔子認為子張的言行太過，子夏則不及。這是從聖人的中道來說，子張的表現過於愛人，子夏則流於過分拘謹。但是過於厚愛別人，最後會逐漸走向不分彼此的「兼愛」主張。對人過於拘謹、保守，則會流於只是關注自己的「為我」思想。這種過或不及都是出自於儒者，但最後末流卻成為楊朱、墨子的信徒。事實上，楊朱、墨子未必真得主張無父無君這樣違背天性的言論，只是孟子將他們的學說推到底就會走到這個地步。」

明道先生曰：「道之外無物，物之外無道。是天地之間，無適而非道也。即父子而父子在所親，即君臣而君臣在所嚴，以至為夫婦，為長幼，為朋友，無所為而非道。此道所以不可須臾離也[1]。然則毀人倫，去四大者[2]，其外於道也遠矣。故『君子之於天下也，無適也，無莫也，義之與比』[3]。若有適有莫，則於道為有間，非天地之全也。彼釋氏之學，於『敬以直內』則有之矣[4]，『義以方外』則未之有也。故滯固者入於枯槁，疏通者歸於恣肆。此佛之教所以為隘也。吾道則不然，率性而已。斯理也，聖人於《易》備言之。」

注釋

1 此道所以不可須臾離也：語自《禮記．中庸》：「天命之謂性，率性之謂道，修道之謂教。道也者，不可須臾離也，可離非道也。」2 四大：佛教用語。佛教以地、水、火、風作為宇宙、人身基本組成元素，並以此為幻化。3「君子之於天下也」四句：語自《論語．里仁》。適，可也。莫，不可也。比，從也。君子之於天下，無可無不可，惟有依循義之所當為而為。4 敬以直內：語自《易經．坤卦》〈文言〉：「君子敬以直內，義以方外，敬義立而德不孤。」

譯文

明道先生說：「物不能離開道而存在，道也不能離開物而獨存。天地間所有事物的表現，都是道的意義的呈顯。在父子的關係中，就可以看到父子間彼此相親愛的道理；在君臣關係中，就可以看到君臣上下尊卑的道理；以至於夫婦、長幼、朋友之間的關係，沒有一個不是道的意義的呈顯。這就表明道無所不在，人必須依從道的要求而行。但佛教卻毀壞人倫的關係，以為人是地、水、火、風幻化而成，因此要人破除這一切虛妄而證空。這是遠遠背離了天道的意義。所以，君子對於天下一切事，沒有一定非得如此不可，沒有一定非得不如此不可，完全只依從義之所當為而為。如果夾雜了個人的私慾己見，以為非得如此為或不為的看法，這就背離了天道純粹無私的本意，也就難以體現天地存在真實的意義。佛教通過定靜工夫以達到心的收斂、凝聚，就這一點和儒家「以誠敬存養本心，使內在端正純粹」的工夫相似，但卻缺乏像儒家「以道義處事，使言行能恰當合宜」的工夫。正因不能肯定外在世間也是天理的表現，所以執着空理的人，最後流於枯槁，毫無生氣；強調幻化的人則隨性任意，卻以為自己自然、灑脫。這就是佛教學說終究只是狹隘的道理的原因。儒家的道理就不是如此，完全只是順着天道性命的要求而行。這個道理，聖人在《易經》中已經詳細、完備地表明了。」

13.4

明道曰：「釋氏本怖死生，為利，豈是公道？惟務上達而無下學，然則其上達

處，豈有是也？元不相連屬，但有間斷，非道也。孟子曰：『盡其心者，知其性也[1]。』彼所謂識心見性是也。若存心養性一段事，則無矣。彼固曰出家獨善，便於道體自不足。或曰：『釋氏地獄之類，皆是為下根之人設此怖令為善。』先生曰：『至誠貫天地，人尚有不化，豈有立偽教而人可化？』」

注釋

1 「盡其心者」二句：語自《孟子．盡心上》：「孟子曰：『盡其心者，知其性也。知其性，則知天矣。存其心，養其性，所以事天也。殀壽不貳，修身以俟之，所以立命也。』」

譯文

明道說：「佛教是從人害怕生死的問題開始建立學說，這只是私利的考量，哪裏是正道的表現？只是向上追求寂滅解脫，卻沒有向下如實的體道工夫，如此，所了悟的空理，怎麼會是真正的大道？將形而上的大道與形而下的氣化世界截然劃分，並且只肯定形而上的理的世界，這絕對不是真正的大道。孟子說：『充分彰顯心體的意義，就可以體會性理的意義。』佛教所說的觀照內心以見本性，也是這個道理。但孟子所強調的存心養性工夫，在佛教就沒有了。佛教固然可說，出家只是為了求自我解脱，以了悟生死，但就這一點，就可知他們對道體的體會不夠真切。有人認為：『佛教提出地獄之類的說法，其實是為了氣質較為駑頓、低劣的人設說。藉由對地獄種種的描述，使這些人感到害怕恐懼並努力為善。』明道先生說：『按理來講，至誠無私應可以感通天地萬物，但仍有人執着於私慾，任意而為。面對這樣的人，難道藉由佛教學說就可以改變，使他為善嗎？』」

賞析與點評

本條後半部分對佛教地獄之說給出了一個儒家式的批評，認為佛教假設地獄的存在是為了讓容易作惡的人有所警惕，令人們不敢為非作歹，這是給出一個連自己都不能肯定的說法來警惕人。然而，當自己已經處在不真誠的情況中，不真誠的人哪能感動別人，使人改過遷善呢？這一批評也確有其道理。

13.6

明道曰：「所以謂萬物一體者，皆有此理。只為從那裏來，『生生之謂易』[1]，生則一時生，皆完此理。人則能推，物則氣昏，推不得。不可道他物不與有也。人只為自私，將自家軀殼上頭起意，故看得道理小了他底。放這身來，都在萬物中一例看。大小大快活[2]。釋氏以不知此，去他身上起意思。奈何那身不得，故卻厭惡，要得去盡根塵[3]，為心源不定，故要得如枯木死灰。然沒此理。要有此理，除是死也。釋氏其實是愛身，放不得，故說許多。譬如負版之蟲，已載不起，猶自更取物在身。又如抱石投河，以其重愈沉，終不道放下石頭，惟嫌重也。」

注釋

1 生生之謂易：語自《易經・繫辭上》。2 大小大快活：猶言許多快活。3 要得去盡根塵：佛家以耳、目、口、鼻、身、意為六根，以色、聲、香、味、觸、法為六塵。認為幻塵滅，幻根亦滅；幻根滅，幻心亦滅。幻心既滅，即可脫離苦海，證得大自在。

譯文

明道說：「所以說天地萬物為一體，是就人與萬物皆具此天地之性說。一切的存在都是天地生化而成，就如同《易傳》所說：『生生不息，就是天地生化萬物的道理』。所以人與萬物並生，都是完滿、具足此天命之性。人的氣性較為清明，能表現天命之性，萬物的氣性較為昏濁，不能彰顯天命之性，但不可以就此認為萬物不具備此天命之性。一般人只就自己的利益、禍福作考量，才把這道理看輕了。如果能撇開自身的利益，只從天地生化萬物的道理來看，就可以知道人一身在天地中的意義，心胸氣度也就開闊了。佛家卻不知道這個道理，只認為人的一身只是形軀，這形軀又是苦的根源，而人又不能擺脫它，因此對它產生厭惡，以為非得去掉六根、六塵才可；認為人心不定，所以非得讓心如同枯木死灰一般。但事實上這是沒有道理的，如果要真正達到佛家所說，除非是死。佛家事實上是很貪愛自己的，正是因為放不下對自身的執着，所以才說了許多要自己放下的道理。就像蝜蝂之蟲，牠的背上已經揹了超出牠能負荷的物品，但當看到東西還要繼續往背上揹。又像抱着石頭投河的人，石頭的重量讓他很快地沉下去，卻還不放下石頭，只是嫌這石頭太重。」

賞析與點評

宋儒觀天地萬物，認為萬物與自己是一體的；雖說一體，但不廢其中的人物的分別。理的意義的呈顯，不能離開氣。人在天地間之所以可貴，在於人能自覺地體現理，但也因為如此，人必須體現理，這是人所以存在於天地的意義。但另一方面，人固然可貴，人也應該把自己看作是萬物的一類，萬物有其生必有其死，人也不能例外。明道以此義批評佛教，認為佛教不能安於有生必有死的事實，這其實是太看重自己的自私心理。

13.8

明道曰：「佛氏不識陰陽晝夜死生古今，安得謂形而上者與聖人同乎？」

譯文　明道說：「佛家不了解陰陽晝夜、死生古今都是天道生化萬物的具體表現，這怎麼可以說他所說的形而上的空理和聖人所說的相同？」

13.10

問：「神仙之說有諸？」明道曰：「若說白日飛昇之類，則無。若言居山林間，保形鍊氣以延年益壽，則有之。譬如一爐火，置之風中則易過[1]，置之密室則難過。有此理也。」又問：「揚子言『聖人不師仙，厥術異也[2]。』聖人能為此等事否？」曰：「此是天地間一賊。若非竊造化之機，安能延年？使聖人肯為，周孔為之矣。」

注釋　1 過：宋元時期俗語，意思為火熄滅。2「聖人不詩仙」二句：語自西漢揚雄《法言・君子》：「或曰：『聖人不師仙，厥術異也。聖人之於天下，恥一物之不知；仙人之於天下，恥一日之不生。』曰：『生乎！生乎！名生而實死也。』」

譯文　有人問：「道教神仙之說有道理嗎？」明道回答說：「如果是說修煉成仙而飛天這一類，是沒有道理的。但如果說是生活在山林間，保養身軀、鍛鍊形氣，讓自己壽命得以延長，這是有道理的。就像一盆爐火，放在通風的地方就很容易燒盡，放在密不透風的地方就不容易燒盡，就是這個道理。」有人又問：「揚雄說：『聖人不會學神仙之術，因為神仙之術不合於天地之道。』那麼聖人可以修煉神仙之術嗎？」明道說：「從天地的造化來說，修煉神仙之術就像是一個小偷。如果不是去窺探、改變聚散生滅的道理，人如何能延長自己的壽命？假使聖人肯去做，周公、孔子早就做了。」

13.12

橫渠先生曰：「釋氏妄意天性，而不知範圍之用[1]，反以六根之微[2]，因緣天地。明不能盡，則誣天地日月為幻妄。蔽其用於一身之小，溺其志於虛空之大。此所以語大語小，流遁失中。其過於大也，塵芥六合；其蔽於小也，夢幻人世。謂之窮理可乎？不知窮理而謂之盡性可乎？謂之無不知可乎？塵芥六合[3]，謂天地為有窮也。夢幻人世，明不能究其所從也。」

注釋

1 範圍：猶裁成。聖人充分彰顯內在德性，所以能裁成天地之道。2 六根：即眼、耳、鼻、舌、身、意。3 六合：即天地。六合指上下和東西南北。

譯文

橫渠先生說：「佛教妄意揣測天性，卻不知盡性以裁成天地化育的作用，反而以六根的起滅來說明天地萬物生化的道理。識心明覺不能完全說明天地存在的意義，就認為天地日月的存在只是虛幻妄作。這是因為佛教只見到自己有限的形軀生命，卻不知此生命同時可以彰顯無限的道德價值，因而只流於追求無盡的虛空而不可自拔。因此不論他們將問題集中在小小的六根問題上，或是將重點放在追求無盡的虛空上，基本來說都是偏離中道。將天地比作一粒微塵，這是將虛空的意義過於放大。將人世間的活動視作如夢如幻，這是被小小的軀體所蒙蔽。因此可以說佛教思想已經窮盡天地的道理嗎？不能窮盡天地的道理而可以說已經彰顯人性的意義嗎？可以說是無所不知嗎？將天地之大看作微塵一般，而說天地是有限的，並從這裏說明人生只是如夢如幻，就可以知道佛教學說根本不能窮盡天地的道理，不能彰顯人存在的意義。」

賞析與點評

此段充分表現出橫渠對世界的肯定，並詳細地批評佛教視人生如幻化的講法。宋儒從道德意識來面對人生，對於人生乃至一切事物的存在，都認為是實事實理，並無虛幻。

橫渠曰：「大易不言有無。言有無，諸子之陋也。」

譯文　橫渠說：「《易經》是不談論有無的問題。談論有和無，就可以看出其他思想家的鄙陋。」

賞析與點評

《易經》雖說「形而上者謂之道，形而下者謂之器」（〈繫辭上傳〉），但也強調「一陰一陽之謂道」（〈繫辭上傳〉）。說明「道」雖作為「器」的形而上的存在根據，但「道」不是抽離在「器」之上而獨自存在，而是就在日用中彰顯其神妙的作用。因此由「器」的「有」而說道的「無」，進而說「無」生「有」，這是橫渠所反對的。

卷十四　聖賢

本卷導讀——

此卷論述聖賢道統及歷代賢者。聖賢致力於德性生命的完成，蔚為典範，此卷記載了他們的言行以表彰他們的人格，使後學者得以嚮往與學習。對於聖賢不同的生命氣象，宋儒是很有體會的，這方面的文字可以說是對於人格之美的描述。

14.2

明道曰：「仲尼，元氣也。顏子，春生也。孟子，并秋殺盡見。仲尼無所不包，顏子示『不違如愚』之學於後世[1]，有自然之和氣，不言而化者也。孟子則露其材，蓋亦時然而已。仲尼，天地也。顏子，和風慶雲也。孟子，泰山巖巖之氣象也。觀其言皆可見之矣。仲尼無跡，顏子微有跡，孟子其跡著。孔子儘是明快人，顏子儘豈弟，孟子儘雄辯。」

注釋

1　不違如愚：語自《論語．為政》：「子曰：『吾與回言終日，不違如愚。退而省其私，亦足以發。回也不愚。』」意思是孔子說：我整天教導顏回，顏回都只是聽着而沒有意見，好像愚笨的人一樣。但從他平日對道理的實踐來看，他卻發揮得很好，可見他不是一個愚笨的人。

譯文

明道說：「孔子所體現的聖賢氣象，就像天地的元氣，渾淪溥博，周流不息。顏子的氣象，就像春陽普照大地，使萬物生長。孟子的氣象，就像秋天充滿肅殺之氣，使萬物漸息。孔子才德兼備，因此無所不包。顏子展示『不違如愚』之學於後世，有自然柔和的氣度，不須言說便能融化所學的氣質。孟子則極盡顯露他的才能，大概是時代的緣故而不得不如此。孔子就像廣大無垠的天地。顏子就像和煦的風、祥瑞的雲。孟子則像泰山高聳陡峭，不容逾越。從觀察他們的言說就可以體會。孔子為學渾然天成，不着痕跡。顏子為學有為仁之問，喟然之嘆，因此仍有跡可循。孟子全然發露其才，因此其跡明顯彰著。孔子私慾盡除，是一個清明睿智的人。顏子不遷怒，不貳過，是一個和樂謙遜的人。孟子與當時戰國諸子辯說，是位雄辯的人。

14.3

明道曰：「曾子傳聖人學，其德後來不可測，安知其不至聖人？如言『吾得正而斃[1]。』且休理會文字，只看他氣象極好。被他所見處大。後人雖有好言語，只被氣象卑，終不類道。」

注釋

1 吾得正而斃：語自《禮記・檀弓上》：「曾子曰：『爾之愛我也不如彼。君子之愛人也以德，細人之愛人也以姑息。吾何求哉？吾得正而斃焉，斯已矣。』舉扶而易之，反席未安而沒。」意思是曾子病重，但仍堅持更換適合他身分的竹蓆，以為這樣才合於正道。但更換後的竹蓆還來不及鋪平，曾子就斷氣了。

譯文

明道說：「曾子傳承聖人的學問，他的德性境界後來已經不可測度，因此怎知他還不能到達聖人的地位？就像他說『我是合於正道而死。』暫且不要理會文字，就看曾子所表現出來的氣象，已經非常好。後來的人雖然也有好的議論，但因氣量狹小、卑弱，終究不合於正道。」

14.5

明道曰：「荀卿才高，其過多。揚雄才短，其過少。」

譯文　明道說：「荀子才學過人，但他的學說有許多的錯誤。揚雄才學短淺，因此所犯的過失較少。」

賞析與點評

荀子敢於發表不同言論，如主張性惡，反對子思、孟子之學。揚雄才學短淺，只是模仿聖人言論，作《太玄》、《法言》。因此相較於荀子的學說，揚雄所犯的錯誤較少。

14.6

明道曰：「荀子極偏駁，只一句性惡，大本已失。揚子雖少過，然已自不識性，更說甚道？」

譯文　明道說：「荀子的言論極為偏頗、駁雜，就一句『性惡』，就知道他對人性最根本的了解已經錯誤了。揚雄雖然錯誤較少，但已不了解人性，還說什麼聖賢之道？」

賞析與點評

揚雄的人性論主張是「善惡混」，明道認為即使揚雄相較於荀子的言說有較少錯誤，但就對人性錯誤的了解來看，基本上已經背離正道。

14.7

明道曰：「董仲舒曰：『正其誼，不謀其利。明其道，不計其功[1]。』此董子所以度越諸子。」

注釋

1「正其誼」四句：語自《漢書・董仲舒傳》。誼，應有的道理或原則。通「義」。

譯文

明道說：「董仲舒說：『以應然的道理作為處事的準則，不先計算能得多少利益。做該做的事來彰顯天道的意義，而不先考量能在當中獲得多少成效。』董仲舒這句話正表現了他超越於一般學者的地方。」

14.10

明道曰：「孔明有王佐之心[1]，道則未盡。王者如天地之無私心焉[2]，行一不

義而得天下不為。孔明必求有成而取劉璋[3]。聖人寧無成耳，此不可為也。若劉表子琮將為曹公所并[4]，取而興劉氏可也。」

注釋

1 孔明：諸葛亮，字孔明。漢末輔佐劉備，建立蜀漢。2 王者：這裏指能夠實現王道，推行仁政的國君。3 劉璋：東漢末為益州牧。迎劉備進城，反被劉備藉故攻打而被奪取益州。4 若劉表子琮將為曹公所并：東漢末，劉表為荊州州牧。劉表死後，其子劉琮繼承，但不久便投降曹操。

譯文

明道說：「諸葛孔明輔佐劉備，有剷除逆臣、復興漢室的心，但行事卻未必符合正道。王者就像天地沒有一點私心。做一件不義的事而得到天下也不願意做。諸葛孔明卻為了達到目的，要求劉備一定要攻打劉璋。聖人則寧願失敗，因為這是不應該做得事。但如果像劉表的兒子劉琮，要將荊州歸降於曹操，那麼將荊州佔領作為恢復漢室的根據地，則是可以的。」

‖14.11

明道曰：「諸葛武侯有儒者氣象。」

譯文　明道說：「諸葛孔明有儒者的氣象。」

賞析與點評

此兩則表示諸葛孔明雖不合於聖賢之道，但就他志在恢復漢室，剷除奸臣的用心上，還是表現了儒者宏大的氣度與規模。

14.13

明道曰：「文中子本是一隱君子[1]，世人往往得其議論，附會成書。其間極有格言，荀揚道不到處。」

注釋

1 文中子：王通，謚號文中子。隋末教育家、思想家。

譯文

明道說：「王通本來是一個隱居的君子，後人往往將他的言論蒐集起來，編輯成書。這是因為王通的一些言論確實是有一些道理，而且這些道理是荀子、揚雄都未必能說得到的。」

14.14

明道曰：「韓愈亦近世豪傑之士[1]，如〈原道〉中言語雖有病，然自孟子而後，能將許大見識尋求者，才見此人。至如斷曰：『孟子醇乎醇。』又曰：『荀與揚擇焉而不精，語焉而不詳。』若不是他見得，豈千餘年後，便能斷得如此分明？」

注釋

1 韓愈：字退之，唐朝人。

譯文

明道說：「韓愈也算是近代一位出色的人物，像他寫的〈原道〉，雖然有些講法是有毛病的，但自孟子以後，能將真正的道理表達出來的，就只有韓愈這個人了。就像他在文章中評斷說：『孟子的學問極為純粹、深厚。』又說：『荀子、揚雄的學問，雖然有所揀擇，但卻不夠精到。雖然提出了一些論點，但又不夠詳盡。』如果不是他對道理有真切的體會，怎麼可能在千餘之後，還能將這些人的學問評斷得這麼恰當明確？」

14.15

明道曰：「學本是修德，有德然後有言。退之卻倒學了。因學文日求所未至，遂有所得。如曰：『軻之死，不得其傳[1]。』似此言語，非是蹈襲前人，又非鑿空撰得出，必有所見。若無所見，不知言所傳者何事。」

注釋　1「軻之死」二句：引自韓愈〈原道〉一文。

譯文　明道說：「做學問的目的在於修養品德，因此先有品德，才會有好的文章表現。韓愈卻倒過來學了。他是為了寫好文章，每天都努力學習，希望將沒學到的學問都學到，也因此對聖賢道理漸漸有所體會。像他說：『孟子死後，就再也沒有人可以傳聖賢之學了。』像這樣的言論，絕非承襲前人，也不可能憑空杜撰，一定是出於自己的見解。如果不是出於自己的見解，那就不知道他傳什麼學問了。」

‖14.16

周茂叔胸中灑落，如光風霽月。其為政，精密嚴恕，務盡道理。

譯文　周濂溪人品極高，光明磊落，無一毫私慾夾雜。就像和煦的日光帶着陣陣和風，雨後的月亮更加清新明亮。他處理政事心思縝密，行事嚴謹卻待人寬和，務必盡力依照道理行事。

‖14.17

伊川先生撰〈明道先生行狀〉曰：「先生資稟既異，而充養有道。……先生為

學，自十五六時，聞汝南周茂叔論道，遂厭科舉之業，慨然有求道之志。未知其要，泛濫於諸家，出入於老釋者幾十年，返求諸六經而後得之。明於庶物，察於人倫。知盡性至命，必本於孝悌；窮神知化，由通於禮樂。辨異端似是之非，開百代未明之惑。秦漢而下，未有臻斯理也。……先生教人，自致知至於知止，誠意至於平天下，灑掃應對至於窮理盡性，循循有序。病世之學者，舍近而趨遠，處下而闚高[1]，所以輕自大而卒無得也。……至其道之而從，動之而和。不求物而物應，未施信而民信，則人不可及也。」

注釋

1 闚：觀察、探索。

譯文

伊川先生撰寫〈明道先生行狀〉，說道：「先生資質稟賦極好，比一般人優異，又能修養德性，提升自己的品性。……先生為學，在十五六歲時，曾向周濂溪請教聖賢的道理，從此以後便決心放棄科舉，對聖賢志業心生嚮往。但因為還不能掌握儒學要義，因此廣泛地涉獵各種學說，對道家的體無與佛家的空義鑽研了數十年之久，後來回歸於六經的學習，才在當中體會到聖賢的道理。先生明白辨識於種種事物，洞察通透於人倫關係。他體會到要真切地了解天道性命之理，就必須從孝悌做起；要了解神妙不測的道體，就必須從禮樂制度來體會。他分辨佛老似是而非之說，揭開了長久以來不能明白的迷惑。可以說從秦漢以來，沒有一個人能夠像他達到這樣的境界。……先生教人，從《大學》的格物致知到止於至善，從內聖的誠意工夫到外王的平天下，從日用的灑掃進退到對窮究天道性命的道理，都是循序漸進，有次序可循。對於當世學者捨棄從日用中來體會道理，反而追求高遠玄虛的境界，因此妄自尊大卻一無所得而感到憂心。……。至於他教導百姓，而百姓皆願意遵從；推動政策，百姓也都願意執行；不勉強行事，但事情自然能符應。還沒有施信在百姓身上，百姓已經願意相信他。明道先生這樣的氣質與風範，確實是一般人不能企及的。」

14.18

明道先生曰：「周茂叔窗前草不除去。問之，云：『與自家意思一般。』」

譯文　明道先生說：「周濂溪不割除窗前的草。問他原因，他說：『和我內在心思一般。』」

賞析與點評

不論是周濂溪所說的「誠」或是明道所說的「仁」，基本上都表示了儒家思想「生生」之義，即天理流行，生生不息。

14.19

張子厚聞生皇子，甚喜。見餓莩者[1]，食便不美。

注釋 1 餓莩：（粵：piu⁵；普：piǎo）餓死的人。

譯文 橫渠聽聞皇帝生下皇子，內心便感到非常歡喜。看到餓死的人倒卧在路邊，吃東西便不覺得美味。

賞析與點評

仁者以天地之心為心，所以天地萬物和我都是休戚相關，因此不論是聽聞皇帝生子或見到路邊餓死者，都會興發共感之情。

14.20

伯淳嘗與子厚在興國寺講論終日，而曰：「不知舊日曾有甚人於此處講此事。」

譯文 明道曾和橫渠在興國寺講論學問一整天，明道突然感嘆說：「不知道以前有沒有人和我們一樣在這裏講論這件事。」

賞析與點評

心同理同，道脈相傳，古今之人關注的問題理當都是一樣。可惜佛老學說橫行，人偏離了正道，討論聖賢學問的地方變成了佛寺，因此明道產生這樣的感嘆。

14.21

謝顯道云[1]：「明道先生坐如泥塑人，接人則渾是一團和氣。」

注釋

1 謝顯道：謝良佐，字顯道，壽春上蔡人。事見《宋元學案·上蔡學案》。

譯文

謝上蔡說：「看明道先生端坐在那裏時，莊重嚴肅得像一個泥塑人。但看他待人接物時，卻又是一團和氣。」

14.22

侯師聖云[1]：「朱公掞見明道於汝[2]，歸謂人曰：『光庭在春風中坐了一個

月。』」游、楊初見伊川[3]，伊川瞑目而坐。二子侍立。既覺，顧謂曰：「賢輩尚在此乎？日既晚，且休矣。」及出門，門外之雪深一尺。

注釋

1 侯師聖：侯仲良，字師聖，二程舅氏華陰先生無可之孫。二程弟子。事見《宋元學案．劉李諸儒學案》。2 朱公掞：朱光庭，字公掞。二程弟子。事見《宋元學案．劉李諸儒學案》。3 游：游酢，字定夫。事見《宋元學案．廌山學案》。楊：楊時，字中立，學者稱龜山先生。事見《宋元學案．龜山學案》。二人皆為二程著名弟子。

譯文

侯師聖說：「朱光庭在汝州向明道問學。回來以後對人說：『聽明道先生講學，就像在和煦的春風中，愜意的坐了一個月。』」游酢與楊時初次去見伊川時，伊川正閉目而坐。兩人就站在旁邊侍候。伊川醒了以後，回頭對他們說：「你們還在這裏呀？天色既然晚了，就先回去吧！」等到他們離開，門外已經積了一尺深的雪。

賞析與點評

這兩則分別體現了明道、伊川兩位先生作為師長的不同風範。

14.23

劉安禮云[1]：「明道先生德性充完。粹和之氣，盎於面背[2]。樂易多恕，終日怡悅。立之從先生三十年，未嘗見其忿厲之容。」

注釋

1 劉安禮：此應指劉立之。劉立之，字宗禮。早孤，自幼養於二程家，從學二程。見《宋元學案．劉李諸儒學案》。2 盎：充滿的、盈溢的。

譯文

劉安禮說：「明道先生德性充足，學養完備。因此他純粹、和諧的風範與氣度，充分體現在他的一言一行中。他態度和樂平易，對人寬容，時時都能和顏悅色。我跟隨先生有三十年之久，從來沒見過他有憤怒、嚴厲的面容。」

14.25

呂與叔撰〈橫渠先生行狀〉云[1]：「康定用兵時[2]，先生年十八，慨然以功名自許。上書謁范文正公[3]，公知其遠器，欲成就之，乃責之曰：『儒者自有名教，何事於兵？』因勸讀《中庸》。先生讀其書，雖愛之，猶以為未足，於是又訪諸釋老之書。累年，盡究其說。知無所得，反而求之六經。嘉佑初，見程伯淳、正叔於京師，共語道學之要。先生渙然自信，曰：『吾道自足，何事旁求？』於是盡棄異學，淳如也。……學者有問，多告以知禮成性，變化氣質之道，學必如聖

人而後已。聞者莫不動心有進。……先生氣質剛毅，德成貌嚴，然與人居，久而日親。其治家接物，大要正己以感人。人未之信，反躬自治，不以語人。雖有未諭，安行而無悔。故識與不識，聞風而畏。非其義也，不敢以一毫及之。」

注釋

1 呂與叔：呂大臨，字與叔。初學於橫渠，橫渠卒，乃問學於二程。事見《宋元學案．呂范諸儒學案》。2 康定用兵：指北宋康定元年（一〇四〇），西夏景宗元昊攻打北宋西北要地延州所發生的戰爭。3 范文正公：范仲淹，字希文。康定元年，時任陝西經略安撫副使，兼知延州。

譯文

呂與叔撰寫〈橫渠先生行狀〉說：「康定元年，朝廷正在用兵時，橫渠只有十八歲，便慷慨立志投身沙場，以建立功業。他上書拜見范仲淹，范仲淹知道他才智非凡，氣度高遠，因此想要成就他。於是，便告誡他說：『作為儒者，自有實踐並教化聖人經典道理之事，何須汲汲投身於沙場上的征戰？』又勸告、勉勵橫渠應多讀讀《中庸》一書。橫渠研讀後，雖然頗為喜愛《中庸》所闡述的道理，但還是覺得不夠，於是又遍讀了佛教與道家的書籍。經過了很多年，透徹研究了他們的學說，了解到這些學說都不能讓自己有所收穫，於是又反過來研讀六經。嘉佑初年，橫渠在京師見到了程明道、程伊川二先生，並且一起討論儒學要義。橫渠自此一掃疑慮，自信地說：『我們儒家道理自身是圓滿具足，一點也沒有虧欠，因此又何必向外探求？』從此盡棄儒家以外的學問，因此他的學問趨向於純粹、篤實。……學者向他請教為學方法，他都告訴他們，須探究禮的精神，體現天命之性以變化氣質的道理，且必須達到聖人境界才可以停止。聽聞這些道理的人，沒有一個不感動而勉勵自己，提升自己的人格。……橫渠先生性情剛強堅毅，德性充足完備，容貌整齊嚴肅，但與他相處久了，就可以了解他是一個親切的人。他治理家務、處理事物，都向內要求自己為善來感化別人。倘若人不相信他，他就反省自己，要求自己做得更好，而不是先責備別人。如果別人還是不相信他，他也不會感到懊悔，至少他盡了為人的本分。因此，不論認識或不認識他的人，都聽聞他的為人而十分敬畏他；與他相處，都不敢有絲毫不合道義的事。」

14.26

橫渠先生曰：「二程從十四五時，便脫然欲學聖人。」

譯文　橫渠先生說：「明道、伊川二先生從十四五歲的時候，就立志學做聖人。」

賞析與點評

明道在十四五歲便立志學做聖人，二十二三歲時便作〈定性書〉。伊川在十八歲時作〈顏子所好何學論〉。

名句索引

六畫

七畫

八畫

九畫

十一畫

十二畫

十三畫

十四畫

十五畫及以上

新 視 野
中華經典文庫

新　視　野
中華經典文庫